传世名著典藏丛书

诠解

列子

[战国]列子 著
李国珍 编译

江苏凤凰美术出版社
全国百佳图书出版单位

图书在版编目（CIP）数据

列子诠解 /（战国）列子著；李国珍编译 . -- 南京：江苏凤凰美术出版社，2018.7
（传世名著典藏丛书）
ISBN 978-7-5580-3715-3

Ⅰ . ①列… Ⅱ . ①列… ②李… Ⅲ . ①道家②《列子》—译文 Ⅳ . ① B223.2

中国版本图书馆 CIP 数据核字（2017）第 329586 号

责任编辑　曹昌虹
封面设计　格林文化
责任监印　唐　虎

书　　名	列子诠解
著　　者	列　子
编　　译	李国珍
出版发行	江苏凤凰美术出版社（南京市中央路 165 号　邮编：210009）
	北京凤凰千高原文化传播有限公司
出版社网址	http://www.jsmscbs.com.cn
印　　刷	天津兴湘印务有限公司
开　　本	710mm×1000mm　1/16
印　　张	17
版　　次	2018 年 7 月第 1 版　2018 年 7 月第 1 次印刷
标准书号	ISBN 978-7-5580-3715-3
定　　价	40.00 元

营销部电话　010-64215835-801
江苏凤凰美术出版社图书凡印装错误可向承印厂调换　电话：010-64215835-801

序 言

　　上下五千年悠久而漫长的历史，积淀了中华民族独具魅力且博大精深的文化。中华文化是中华民族无数古圣先贤、风流人物、仁人志士对自然、人生、社会的思索、探求与总结，而且一路下来，薪火相传，因时损益。它不仅是中华民族智慧的凝结，更是我们道德规范、价值取向、行为准则的集中再现。千百年来，中华文化已经融入每一位中华儿女的血液，铸成了我们民族的品格，书写了辉煌灿烂的历史。中华文化与西方世界的文明并峙鼎立，成为人类文明的一个不可或缺的组成部分。凡此，我们称之曰"国学"，其目的在于与非中华文化相区分。中华民族之所以历经磨难而不衰，其重要一点是它有着源于由国学而产生的民族向心力和人文精神的根骨。可以说，中华民族之所以是中华民族，主要原因之一乃是其有异于其他民族的传统文化！

　　概而言之，国学包括经史子集、十家九流。它以先秦经典及诸子之学为根基，涵盖两汉经学、魏晋玄学、隋唐佛学、宋明理学和同时期的汉赋、六朝骈文、唐宋诗词、元曲与明清小说并历代史学等一套特有而完整的文化、学术体系。观其构成，足见国学之广博与深厚。可以这么说，国学是华夏文明之根，中华儿女之魂。

　　从大的方面来讲，一个没有自己文化的国家，可能会成为一个大国甚至富国，但绝对不会成为一个强国；也许它会强盛一时，但绝不能永远屹立于世界强国之林！而一个国家若想健康持续地发展，则必然有其凝聚民众的国民精神，且这种国民精神也必然是在自身漫长的历史发展中由本国人民创造形成的。中华民族的伟大复兴，中华巨龙的跃起腾飞，离不开国学的滋养。从小处而言，继承与发扬国学对每一个中华儿女来说同样举足轻重，迫在眉睫。国学之用，在于"无用"之"大用"。一个人的成功很大程度上取决于他的思维方式，而一个人思维能力的成熟程度亦绝非先天注定，它是在一定的文化氛围中形成的。国学作为涵盖经、史、子、集的庞大知识思想体系，恰好能为我们提供一种氛围、一个平台。潜心于国学的学习，人们就会发现其中蕴含的无法穷尽的智慧，并从中领略到恒久的治世之道与管理之智，也可以体悟到超脱的人生哲学与立身之术。在现今社会，崇尚国学，学习国学，更是提高个人道德水准和建构正确价值观念的重要途径。

近年来，国学热正在我们身边悄然兴起，令人欣慰。更可喜的是，很多家长开始对孩子进行国学启蒙教育，希望孩子奠定扎实的国学根基，以此帮助他们树立正确的道德观和价值观。欣喜之余，我们同时也对中国现今的文化断层现象充满了担忧。从"国学热"这个词汇本身也能看出，正是因为一定时期国学教育的缺失，才会有国学热潮的再现。我们注意到，现今的青少年对好莱坞大片趋之若鹜时却不知道屈原、司马迁为何许人；新世纪的大学生能考出令人咋舌的托福高分，但却看不懂简单的文言文。这些现象一再折射出一个信号：当今社会人群的国学知识十分匮乏。在西方大搞强势文化和学术壁垒的同时，国人偏离自己的民族文化越来越远。弘扬经典国学教育，重拾中华传统文化，这样的需求已迫在眉睫。

本套"传世名著典藏"丛书的问世，也正是为弘扬国学传统文化而添砖加瓦并略尽绵薄之力。本人作为一名大学教师，从事中国文化史籍的教学与研究工作多年，对国学文化及国学教育亦可谓体悟深刻。为了完成此丛书，我们从搜集整理到评点注译，历时数载，花费了很多的心血。这套丛书集传统文化于一体，涵盖了读者应知必知的国学经典。更重要的是，丛书尽量把晦涩的传统文化知识予以通俗化、现实化的演绎，并以大量精彩案例解析深刻的文化内核，力图使国学的现实意义更易彰显，使读者阅读起来能轻松愉悦、饶有趣味。虽然整套书尚存瑕疵，但仍可以负责任地说，我们是怀着对祖国传统文化的深厚感情和治学者应有的严谨态度来完成该丛书的。希望读者能感受到我们的良苦用心。

王琪

2017年7月

前 言

　　《列子》又名《冲虚经》，于前450至前375年所撰，是道家重要典籍，也是我国古代思想文化史上著名的典籍。全书八篇，一百四十章，由哲理散文、寓言故事、神话故事、历史故事组成。每篇文字，不论长短，都自成系统，各有主题，篇篇珠玉，浅显易懂，读来妙趣横生，隽永味长，发人深思。

　　列子，名御寇，战国前期思想家，郑国人。思想上崇尚虚无缥缈，生前被称作"有道之士"。古书中有他御风而行的记载，这是他潇洒的一面。然而现实中的列子则时常处于困顿之中。《吕氏春秋·观世篇》说："子列子穷，容貌有饥色。"但他穷得非常有骨气，坚决拒绝郑国暴虐的执政者阳子馈赠的粮食。他认为应摆脱人世间贵贱、名利的羁绊，清静修道。相传他曾向关尹子问道，拜壶丘子为师，后来又先后师事老商氏和支伯高子，得到他们的真传。他修成御风之术，能够御风而行。《述异记》中说，列子常在立春日乘风而游八荒，立秋日就反归"风穴"。他驾风行到哪里，哪里就枯木逢春，重现生机。唐玄宗天宝元年（742）李隆基封其为冲虚真人，其书名为《冲虚真经》。宋宣和加封列子为冲虚观妙真君。

　　列子属于道家，其著作《列子》一书的理论价值很高。他在老子"道"的基础上，把我国古代的唯物主义学说和辩证法思想推向一个崭新的阶段，并且能够用它们解释社会，阐释人生，具有宝贵的借鉴价值。它不仅为道教的发展作出了巨大的贡献，也为中国哲学的发展作出了不可估量的贡献。

首先，《列子》从世界本体、宇宙生成和物种转化角度阐明了"道"的性质，形成了独特的天道自然观。它提出客观世界存在着统一的本质和规律，它本身无形无象，神秘莫测，无增无减，独立不改。它明确的规定了道的物质属性，丰富发展了老子道德本体论，使道德物质性及变化发展循环规律更加清晰和明了。其次，《列子》在继承前代辩证法哲学思想基础上，使其辩证法思想达到前所未有的水平。它把宏观世界的无限和微观世界的无尽统一在物质的基础上，完善了其大无外、其小无内的命题，提出了宇宙结构的层次及运动变化的无穷无尽性、物质性，不仅把中国哲学中运动理论提高到一个新的层次，而且把中国古代辩证法哲学提高到相当高的水平。再次，《列子》提出自然命运决定论，比天帝决定命运的宿命论更为进步。它提出人力不可与命运相争，命运决定人的寿夭、穷达、贵贱、贫富，不是人力所能制约的。同时，它认为人应该遵循天地自然规律，不能排斥人在自然规律面前的主观能动性。最后，《列子》在阐明贵虚、内观、生死、幻梦诸问题上皆有新意。全书贯穿贵虚的思想，他崇尚自然，认为一切都在不停地幻化之中，瞬息盈亏，暗中移易，终究归于寂灭，一切皆虚，无所谓生死、有无、是非、成败。基于贵虚，列子又提出自然生死观，指出生与死是自然规律，与道相依。该生的而生存着、该生的却死掉了，都是符合自然规律的；该死的死了，该死的却还活着，也都是自然规律的体现。

《列子》思想中那种独特的唯物自然观和辩证的运动发展观是当时社会的进步，对后来哲学的发展起到了不可估量的影响。基于此，《列子》也形成了鲜明的政治观和人生观。《列子》一书中，有关列御寇政治思想的记载很多。如《黄帝》篇中的"梦游华胥"、《汤问》篇中的"终北之国"都体现了列子所宣扬的无为而治的政治思想。在他们的理想国家里，一般都是"其国无师长，自然而已"，然而却能做到"不治而不乱，不言而自言，不化而自行"，最终达到大治的目的。同时，列子反对绝对权威以及个人迷信的思想。如《仲尼》篇记载孔子与南太宰的一次对话，作者利用孔子之口说出三王、五帝、三皇全都不是圣人之后，公然提出"西方之人有圣者"。毫无疑问，列御寇能说出这样的话，除了有深邃的思想之外，还需要有巨大的理论勇气。《说符》中有一则"晋国苦盗"的小故事，其中写到一个叫郄雍的人善于识别盗贼，深得晋君信任。当郄雍被盗贼杀死后，晋君愁眉不展，不知以后再用什么办法来捉拿盗贼，赵文子回答说："君欲无盗，莫若举贤而任之。事教明于上，化行于下，民有耻心，则何盗之为？"显然，这和周公、孔子的修身为本、用贤人治国的思想完全相符。列御寇的人生观是建立在人类整体或具体的个人都应该受到尊敬和爱护的思想之上的。《天瑞》篇"孔子游于泰山"段中说"天生万物唯人为尊"，对于每一个人来说，生命只有一次，应该倍加珍惜。可以说这是人本主义思想在战国时代的产生和萌芽。《杨朱》篇中有关人"有生便有死"、"生难遇、死易及"的观点是人人皆知的道理，所以，列子同意杨朱贵己乐生的理论。冯友兰先生说："《列子》最突出的是《杨朱》篇。说它最突出，因为它公开地系统地提倡肉体快乐，这在中国哲学著作中是少见的，"也正因其强烈的纵欲主义色彩与封建正统观念格格不入，历来研究者批评的多，肯定的少。但是，决不能把列子或杨朱批判禁欲主义的言论当成纵欲主义和享乐主义的证据而加以反对和抵制。它作为一种传统思想文化资源，我们的科学态度应是取其精华，弃其糟粕，既反对其人生仅限于肉体逸乐的狭隘思想，又要汲取其对个体生存的有益启示，深掘它所具有的当代价值，服务于现时代。

　　《列子》一书中记载了许多民间故事、寓言和神话传说，因而在中国古代文学史上也有一定地位。书中还有大量的养生与古代气功的论述，亦值得研究。为了将《列子》精神更加发扬光大，使更多的人领悟到其中的智慧，为社会主义现代化建设服务，我们精心编著了这本《列子诠解》。本书以诸子集成刊本为底本，在撰写上参考了上述著作和论文，参互对比，取长补短。该书在忠于原书原解的基础上，力求使译文通俗易懂。当然，限于笔者水平，书中也难免出现疏漏，敬请专家、读者批评指正。

目录

序言	
前言	
天瑞篇	1
黄帝篇	27
周穆王篇	66
仲尼篇	91
汤问篇	119
力命篇	160
杨朱篇	187
说符篇	220

天瑞篇

【题解】

　　天瑞,指自然界的阴阳变化,四时循环往复都与"道"的规律相符合。《天瑞》全篇共有十四个自然段,分为三大部分,紧紧围绕世界本原展开论述,其中阐释的自然观和人生观是《列子》全书的总纲。第一部分为前四个自然段,分别从物质本体、宇宙生成和生物进化的角度阐明了"道"的本质,揭示了列子的自然天道观,基本反映了先秦道家哲学思想的特点。第二部分由中间的五个自然段组成,总述道的本质,进一步揭示"道"与具体事物、"道"与运动的关系,在此基础上又"提"出了自然生死问题,进一步形成《列子》的社会人生观。第三部分由最后五个自然段组成,其主旨在于强调"道"的本质是虚无静默,而人也应该以虚无静默的态度来对待人生,进一步丰富了《列子》人生观的内容。

【原文】

　　子列子①居郑圃,四十年人无识者。国君卿大夫视之,犹众庶②也。

　　国不足,将嫁③于卫。弟子曰:"先生往无反期,弟子敢有所谒,先生将何以教?先生不闻壶丘子林④之言乎?"子列子笑曰:"壶子何言哉?虽然,夫子尝语伯昏瞀人⑤,吾侧闻之,试以告女。其言曰:有生⑥不生,有化⑦不化。不生者能生生,不化者能化化。生者不能不生,化者不能不化,故常生常化。常生常化者,无时不生,无时不化。阴阳尔,四时尔,不生者疑独⑧,不化者往复。往复,其际不可终;疑独,其道不可穷。《黄帝书》曰:'谷神⑨不死,是谓玄牝。玄牝之门⑩,是谓天地之根⑪。绵绵若存,用之不勤。'故生物者不生,化物者不化。自生自化,自形自色,自智自力,自消自息。谓之生化、形色、智力、消息者,非也。"

【注释】

①子列子:前一"子"字,是古代弟子对自己老师的尊称。列子,生卒年不详。相传为春秋末或者战国初之道家,名御寇,郑国人。《列子》八篇是否为他所作,历来说法不一。从思想内容和语言使用上看,当属先秦著作。

②众庶:众民;百姓。

③嫁:往;赴。

④壶丘子林：壶丘，复姓。实则为"壶丘林"，"子"为尊称。相传为列子的老师，春秋时郑国人。一说壶丘林为虚拟人物，并无其人。

⑤伯昏瞀人：伯昏，复姓。瞀（mào）人，愚人。列子之友，同学于壶丘子林。

⑥有生：指有形体的具体事物。

⑦有化：指存亡变化的有形之物。

⑧疑独：疑，通"凝"。即凝结独立。

⑨谷神：谷，山谷，意谓空虚。谷神，指由道质和道性所构成的大道，也可谓大自然。因道的状态类似虚无，所以称其为谷，因其蕴藏妙用而因应无穷，所以称之为谷神。

⑩玄牝（pìn）：玄，幽远微妙。牝，女性、雌性生殖机能的代名词，指女性生殖器。玄牝，微妙化生之意，是说道化生万物而不见其所以生，所以将道比作一个女性生殖器。以一个巨大深远的而不可见、却又神秘而可以生产万物的生殖器作为"道"的象征。门：宇宙产生万物的门户。

⑪根：本原。

【译文】

列子居住在郑国的圃田，四十年了都没有遇到赏识他的人。国君以及公卿大夫都把他当做普通百姓一样看待。

有一年，郑国发生饥荒，粮食十分短缺，列子准备前往卫国。他的弟子们知道后，对他说："先生前往卫国，不知道什么时候才能回来，所以弟子冒昧地向您请教，先生将用什么来教导我们呢？先生不是听过您的老师壶丘子林的言论么？"列子笑着说："壶子哪里说过什么呢？即使这样，但先生曾经对伯昏瞀人讲过一番话，我在旁边听到了，现在让我试着告诉你们。他的言论这样说：天地间凡是有形体的事物都不能派生其他事物；有变化的事物都不能使其他事物发生变化。不为外物所产生的能够产生万物，不为外物所控制着变化发展的能够使万物变化发展。产生万物的不可能不产生，让万物变化发展的不可能不让万物变化发展，因此万物经常在产生，经常在变化。所谓经常产生经常变化，就是无时无刻不在产生，无时无刻不在变化。如天地之间阴阳二气，一年四季春夏秋冬的变化，都是这样。不为外物产生出来的就会凝结而独立，不为外物变化发展的就会循环往复地运行。循环往复，它的边际没有终结；凝结独立，它的规律不可穷尽。《黄帝书》上说：'谷神之妙永恒存在，这就叫做玄牝。玄牝的门户，就是天地万物产生的根源。它绵绵不断，似有似无，无穷无尽地发挥着作用。'因此，产生万物的，本身不为外物所生；使万物变化发展的，本身不受外物控制而发展变化。万物都是在它的制约下自然产生，自然变化，自然显现形态，自然着上颜色，自然运用智慧，自然使用力量，自然消亡，自然生长。但是若把这种情况说成是它有意识地产生变化，有意识地显现形态、着上颜色，有意识地运用智慧、使用力量，有意识地消亡生长，那就不对啦。"

【原文】

子列子曰:"昔者,圣人因阴阳以统天地。夫有形者生于无形,则天地安从生?故曰:有太易,有太初,有太始,有太素①。太易者,未见气也;太初者,气之始也;太始者,形之始也;太素者,质之始也。气形质具而未相离,故曰浑沦②。浑沦者,言万物相浑沦而未相离也。视之不见,听之不闻,循③之不得,故曰易也。易无形埒④,易变而为一,一变而为七,七变而为九⑤。九变者,穷也,乃复变而为一。一者,形变之始也。清轻者上为天,浊重者下为地,冲和气者为人;故天地含精,万物化生⑥。"

【注释】

①有太易,有太初,有太始,有太素:太易、太初、太始、太素、太极并为先天五太,是无极过渡到天地诞生前的五个阶段。太易,是道家哲学中代表无极过渡到天地诞生的第一个阶段,指宇宙万物的最终本原。太初,指天地形成之前元气产生的时期。太始,指天地形成之前气有了一定的状态的时期。太素,指形成天地的素质,此时有形态的气又有了固定的性质。

②浑沦:形容混沌不清。
③循:通"揗"。抚慰;抚摩。
④形埒(liè):指界限,界域。
⑤易变而为一,一变而为七,七变而为九:指"易"形成天地的数变过程。根据《易纬乾凿度》:"易始于太极,太极分而为二,故生天地。"则此处"易变而为一"的"一"当指天地开辟前元气形变的开始;"一"变而为"七、九"和"八、六",分别代表少阳、老阳、少阴、老阴,以构成阴阳两仪,并由此形成天地。这里全举阳数,所以说"一变而为七,七变而为九",而略去了"八、六"的阴数。
⑥化生:化育生长;变化产生。

【译文】

列子说:"从前,那些知识渊博、德高望重的圣人用阴阳两气的理论作为指导,来阐述天地的形成以及万物的产生和变化。总的来说,有外观形态的物质产生于没有外观形态的物质,那么天地是怎样产生的呢?因此说,有太易,有太初,有太始,有太素。所谓太易,是尚未形成元气的那种状态;所谓太初,是指开始出现元气那种状态;所谓太始,是整个形体开始出现的那个状态;所谓太素,是构成天地万物的性质开始确定的那个阶段。这个时候,天地万物的元气、形状、性质都已经具备,但相互之间尚未离散,因此称它为浑沦。所谓浑沦,是说天地万物已经形成,但它们浑然一体,没有相互离散开来。看它看不见,听它听不到,摸它摸不着,因此我们把它叫做易。易没有形状,没有边域。易经过变化成为元气形态的'一',一再变化而成为'七',七继续变化而成为'九'。九变化发展就到了终极,于是又循环变成'一'。'一'就是万物各种变化发展的初始状态。变化之中,清新轻盈的元气向上升浮为天,浑浊凝重的元气向下降沉为地,而中和平允的元气便促成人类的产生;因此天地之间包含阴阳精气,万物得以化育生长。"

【原文】

子列子曰:"天地无全功①,圣人无全能,万物无全用。故天职生覆,地职形载,圣职教化,物职所宜。然则天有所短,地有所长,圣有所否②,物有所通③。何则?生覆者不能形载,形载者不能教化,教化者不能违所宜,宜定者不出所位。故天地之道,非阴则阳;圣人之教,非仁则义;万物之宜,非柔则刚:此皆随所宜而不能出所位也。故有生者,有生生者;有形者,有形形者;有声者,有声声者;有色者,有色色者;有味者,有味味者。生之所生者死矣,而生生者未尝终;形之所形者实矣,而形形者未尝有;声之所声者闻矣,而声声者未尝发;色之所色者彰矣,而色色者未尝显;味之所味者尝矣,而味味者未尝呈:皆无为之职也。能阴能阳,能柔能刚,能短能长,能圆能方,能生能死,能暑能凉,能浮能沉,能宫能商,能出能没,能玄④能黄,能甘能苦,能膻⑤能香。无知也,无能也;而无不知也,而无不能也。"

【注释】

①全功:功业完美,泽被万物。
②否(pǐ):不好,坏,恶。
③通:顺通。
④玄:本义是赤黑色,黑中带红。
⑤膻:羊肉的气味,多指类似羊臊气的恶臭。

【译文】

列子说:"天地没有完备无缺的功效,圣人没有完备无缺的本领,万物没有完备无缺的用处。因此上天的职责是覆育众生,大地的职责是承载万物,圣贤的职责是主管政教风化,各种事物都有各自适宜的职能。正因为是这样,上天有它不足之处,大地有它所长之处,圣人有自己的缺陷,事物有它通达的地方。为什么是这样呢?因为覆育众生的上天不能承载万物,承载万物的大地不能施行教化,教化人们的圣贤不能违背事物适宜的本性,适宜的事物本性被规定后就不能超越各自的位置。所以天地的自然法则,不是阴气就是阳气;圣人的教化,不是仁爱就是正义;万物的性质,不是柔软就是刚硬:这些情况都是依据各自的性质而不超越各自应该所处的位置。因此天地间有生命,就有产生生命的生命物质;有形体,就有产生形体的形体物质;有声音,就有产生声音的声音物质;有色彩,就有产生色彩的色彩物质;有滋味,就有产生滋味的滋味物质。生命产生的生物是死亡了,但产生生命的生命物质却未曾终结;物质所表现的形体

是确定了，但产生形体的形体物质却没有显现；声音所造成的声响是听见了，但产生声音的声音物质却未曾发声；色彩所描绘的画面是明显的，但产生画面的色彩物质却未曾显示；滋味所调制的食物被品尝了，但产生滋味的滋味物质却未曾呈现。这些情况都是顺应自然不勉强而为的"道"的职能促使的。这'道'，不仅能阴，而且能阳；不仅能柔，而且能刚；不仅能短，而且能长；不仅能圆，而且能方；不仅能生，而且能死；不仅能暑，而且能凉；不仅能浮，而且能沉；不仅能奏出宫调，而且能奏出商调；不仅能够出现，而且能够隐藏；不仅能将颜色改变成黑色，而且能及时将颜色改变成黄色；不仅能甘，而且能苦；不仅能吃膻腥，而且能吃鲜香。它既无知，又无能；但又无所不知，无所不能。"

【原文】

子列子适①卫，食于道，从者见百岁髑髅②，攓③蓬④而指，顾谓弟子百丰曰："唯予与彼知而未尝生未尝死也。此过⑤养⑥乎？此过欢乎？种有几⑦：若蛙为鹑⑧，得水为㡭⑨，得水土之际，则为蛙蠙之衣⑩。生于陵屯⑪，则为陵舄⑫。陵舄得郁栖⑬，则为乌足。乌足之根为蛴螬⑭，其叶为蝴蝶。蝴蝶胥⑮也，化而为虫，生灶下，其状若脱，其名曰鸲掇⑯。鸲掇千日化而为鸟，其名曰乾馀骨。乾馀骨之沫为斯弥。斯弥为食醯颐辂⑰。食醯颐辂生乎食醯黄軦⑱，食醯黄軦生乎九猷⑲。九猷生乎瞀芮⑳，瞀芮生乎腐蠸㉑。羊肝化为地皋㉒，马血之为转燐也，人血之为野火也。鹞㉓之为鹯㉔，鹯之为布谷，布谷久复为鹞也。燕之为蛤也，田鼠之为鹑也，朽瓜之为鱼也，老韭之为苋也。老羭㉕之为猿也，鱼卵之为虫。亶爰㉖之兽，自孕而生，曰类。河泽之鸟，视而生，曰鹢㉗。纯雌其名大腰㉘，纯雄其名稚蜂㉙。思士不妻而感，思女不夫而孕。后稷㉚生乎巨迹，伊尹㉛生乎空桑。厥昭㉜生乎湿，醯鸡㉝生乎酒。羊奚㉞比乎不笋㉟，久竹生青宁㊱，青宁生程㊲，程生马，马生人。人久入于机㊳。万物皆出于机，皆入于机。"

【注释】

①适：到。
②髑髅（dú lóu）：人死后干枯无肉的头盖骨或者全部骨骼。
③攓（qiān）：拔取。
④蓬：草名。多年生草本植物，花白色，中心黄色，叶似柳叶，子实有毛，亦称"飞蓬"。
⑤过："果"的假借字。这里是果真的意思。
⑥养：古字与"恙"通。俞樾《诸子评议》："养，当为恙。《尔雅·释诂》：'恙，忧也。'恙与欢对，犹忧与乐对也。"
⑦几：通"机"，机会，机遇。

⑧鹑(chún)：鹌鹑的简称。古称羽毛无斑者为鹌，有斑者为鹑。后混称为鹌鹑。欧洲、亚洲和非洲的一种迁徙性雉类猎鸟，约18厘米长，上部棕黑色而有皮黄斑点，喉部呈黑白二色，胸部为发红色的皮黄色，腹部呈白色。

⑨䨞(jì)："继"的古体字。植物名，水䨞，俗称节节草。

⑩蛙蠙之衣：蛙蠙，一种水草，青苔。也有说是车前草。亦作"蝇蠙衣"。衣，是覆盖之意。

⑪陵屯：陵，山头。屯，小山。陵屯，这里指高洁之处。

⑫陵舄(xì)：成玄英疏："陵舄，车前草也。"王先谦集解引司马彪曰："言物因水成而陆产，生於陵屯，化作车前，改名陵舄也。一名泽舄，随燥湿变也。"

⑬郁栖：指粪壤，也指肥沃的土地。郁，腐臭。栖，表示所在的地方。

⑭蛴螬：金龟子的幼虫，长寸许，居于土中，以植物根茎等为食，为主要地下害虫。

⑮胥：片刻，一会儿。

⑯鸲掇(qú duō)：虫名。

⑰颐辂(lù)：蠛蠓一类的小昆虫。

⑱黄軦(kuàng)：蠛蠓一类的小昆虫。

⑲九猷(yóu)：昆虫名。一种成虫期寿命很短的小昆虫。

⑳瞀芮(mào ruì)：昆虫名。蚊类。形似蝇而小，吸人畜血液。

㉑腐蠸(quán)：虫名。成玄英疏："腐蠸，萤火虫也，亦言是粉鼠虫。"

㉒地皋：草名。

㉓鹞(yào)：一种凶猛的鸟，样子像鹰，比鹰小，捕食小鸟，通常称"鹞鹰"、"鹞子"。有时亦把类似鹞的鸢称做鹞鹰。

㉔鹯(zhān)：猛禽名，亦称晨风。似鹞，青黄色，食鸠、鸽、燕、雀。

㉕老羭(yú)：老母羊。

㉖亶爰(dǎn yuán)：传说中的山名。

㉗鹢(yì)：水鸟名。形似鸬鹚，善高飞。

㉘大腰：谓龟鳖之类。

㉙稚蜂：亦作"䄠蜂"。蜂名；小蜂。

㉚后稷：古代周族的始祖，名弃，曾经被尧举为"农师"，被舜命为后稷。《诗经·生民》篇说："厥初生民，时维姜嫄。生民如何，克禋克祀，以弗无子。履帝武敏歆，攸介攸止，载震载夙，载生载育，时维后稷。"传说有邰氏之女姜嫄踏巨人脚迹，怀孕而生，因一度被弃，故又名弃。善于种植各种粮食作物，曾在尧舜时代当农官，教民耕种，被认为是开始种稷和麦的人。

㉛伊尹：生卒年不详。商初大臣。名伊，一说名挚。今洛阳人。生于伊洛流域古有莘国的空桑涧（今洛阳市嵩县莘乐沟），奴隶出身。因为其母亲在伊水居住，有孕，梦中神仙告诉他说：白臼冒出来水就立即朝东走去，不要回头！第二天看到白臼冒出水来，她便把情况告诉了乡邻们，大家朝东走，走了十里才回头看，家乡全被水淹没了，而伊尹母亲化为内空的桑树。有莘氏女子采摘桑叶时，在内空的桑树之中得一婴儿，因而取名叫伊尹，并把伊尹献给君王。君王令厨工哺养。伊尹长大后很贤德，成为殷汤君王的宰相。

㉜厥昭：虫名。蜻蛉虫的别称。

㉝醯鸡：是醋瓮中的蠛蠓，一种小虫，即蠛蠓（古人以为是酒醋上的白霉变成），瓮子有盖盖

着，不见天日；一旦揭去盖子，它就见到天了。

㉞羊奚：草名。

㉟不笋：不长笋的老竹。

㊱青宁：虫名。生于老竹根部。

㊲程：豹子。《尸子》云，程，中国之豹。

㊳人久入于机：久，应为"又"的误写。据王叔岷《列子补正》，久，乃"又"之误。机，通"几"，几微，细微物。

【译文】

列子在去往卫国的旅途中，有一天在路边吃饭休息，他的弟子们看见草丛中有一具百年的骷髅。列子拔去蓬草，指着骷髅，回头对他的弟子百丰说："只有我和它懂得万物既没有生，也没有死的道理。死去的果真忧愁吗？活着的果真快乐吗？物种都有它出生与复归的机遇：如青蛙变化为鹌鹑，得到水又变化为节节草，到了水土交会之处，就又继续变化为青苔。生长在土岗上，就变为车前草。车前草生长在肥土中，又变为乌足草。乌足草的根变为蛴螬，它的叶子变为蝴蝶。蝴蝶很快就又变为昆虫，如果生长在灶下，它的形状就会像蜕皮更新的东西，它的名字叫鸲掇。鸲掇经过千日，又变为鸟，它的名字叫乾馀骨。乾馀骨的唾沫变为斯弥虫，斯弥虫又变为醋上的颐辂虫。醋上的颐辂虫又生出了醋上的黄軦虫，醋上的黄軦虫又生出了九猷虫。九猷虫生出了瞀芮虫，瞀芮虫又生出了萤火虫。羊的肝脏变为附在地面上的白气，马血转化为磷火，人血变成鬼火。鹞鹰变化为晨风鸟，晨风鸟变化为布谷鸟，布谷鸟历经长时间变化又成为鹞鹰。燕子变为蛤蜊，田鼠变为鹌鹑，腐烂的瓜变成鱼，老韭菜变成苋菜，老母羊变为猿猴，鱼卵变为虫子。亶爰山上的兽雌雄一体，自孕而生崽，叫做类，河泽中的鸟两性相视而生子，叫做鹓。完全都是雌性的龟类叫做大腰，完全都是雄性的蜂类叫做稚蜂。传说中思幽之国的相思男子不娶妻便有感应，相思女子不嫁夫也能怀孕。古代周始祖后稷是由于母亲踏上巨人的脚印而出生，殷商大臣伊尹是由于母亲梦遇神仙而出生在中空的桑树之中。厥昭生在潮湿之地，蠛蠓生于酒气里面。羊奚草与不长笋的老竹混杂长在一起，老竹子长出青宁虫，青宁虫生出豹子，豹子产生马，马产生人。人经过若干时日死后便散为细微物。万物都产生于这种细微物，又都返回这种细微物当中。"

【原文】

《黄帝书》曰："形动不生形而生影，声动不生声而生响，无动不生无而生有。"形，必终者也；天地终乎？与我偕①终。终进乎？不知也。道终乎本无始，进②乎本不久。有生则复于不生，有形则复于无形。不生者，非本不生者也；无形者，非本无形者也。生者，理之必终者也。终者不得不终，亦如生者之不得不生。而欲恒其生,画③其终,惑于数④也。精神者,天之分⑤;骨骸者,地之分。属天清而散,属地浊而聚。精神离形,各归其真,故谓之鬼。鬼,归也,归其真宅。黄帝曰:精神入其门,骨骸反其根⑥,我⑦尚何存?"

【注释】

①偕:一同,一起。
②进:通"尽"。
③画:截止;停止;终结。
④数:这里指的理数、法则。
⑤分(fèn):此"分"为"有",意即属有。
⑥根:此处指物质的本原。
⑦我:指个人的包括身体和精神的本体。

【译文】

《黄帝书》说:"形体动不产生形体而产生影子,声音动不产生声音而产生回响,虚无动不产生虚无而产生实有。"有形之物一定会终结。那么天地会终结吗?天地与我一样有终结。这种终结有穷尽的时候吗?不知道。"道"本来就没有开始所以也就无所谓终结,本来就没有形态所以也就无所谓穷尽。有生命的事物将回复到没有生命以前的状态,有形状的事物将回复到没有形状以前的状态。没有生命的事物,并不是原来就没有生命;没有形状的事物,并不是原来就没有形状。生命,按道理说是必然要终结的。该终结的事物不得不终结,正如该存在的事物不能不存在一样。而想要它永远存在,制止它的终结,这是不懂得自然的理数啊!精神,是天所具有的;骨骸,是地所具有的。属天的性质清轻便离散,属地的性质浊重便凝聚。精神离开了形体,各自回到它们原来的地方,因此称它为'鬼'。鬼,就是归,回归到它原来的地方。黄帝说:'精神归入天门,骨骸返回它原来的地根,我还留存什么呢?'"

【原文】

人自生至终,大化有四:婴孩也,少壮也,老耄①也,死亡也。其在婴孩,气专志一②,和之至也;物不伤焉,德③莫加焉。其在少壮,则血气飘溢④,欲虑⑤充起,物所攻⑥焉,德故衰焉。其在老耄,则欲虑柔焉,体将休焉,物莫先焉;虽未及婴孩之全,方⑦于少壮,间⑧矣。其在死亡也,则之于息焉,反其极矣。

【注释】

①老耄(mào):七八十岁的老人。亦指衰老。

②气专志一:气,指人的精神状态。志,指心意所向。
③德:指具体事物从"道"得到的性质,是"道"的特征和体现。
④飘溢:飘散洋溢,充溢外露。
⑤欲虑:欲望。
⑥攻:这里指侵蚀、扰乱之意。
⑦方:比较。
⑧间:这里是距离、差别之意。

【译文】

人从出生到死亡,经历四个大的变化阶段:婴孩,少壮,老年,死亡。人在婴孩阶段,神气专注,心志一贯,身心最为和谐;外物不能伤害他,德行达到最高境界。人在少壮阶段,血气飘散洋溢,欲望充盈腾涌;外物便加以侵害,德行因此也就开始衰退了。人在老耄阶段,欲望减弱,身体即将休息,外物也就不和它争先了;这时的德行虽然比不上婴孩时期那种身心完善的程度,但比起少壮时期,就有距离了。人到了死亡时候,形体已经走向安息,就返回到他的归宿了。

【原文】

孔子游于太山①,见荣启期②行乎郕③之野,鹿裘带索④,鼓琴而歌。孔子问曰:"先生所以乐,何也?"对曰:"吾乐甚多。天生万物,唯人为贵。而吾得为人,是一乐也。男女之别,男尊女卑,故以男为贵,吾既得为男矣,是二乐也。人生有不见日月不免襁褓⑤者,吾既已行年⑥九十矣,是三乐也。贫者士之常⑦也,死者人之终也,处常得终,当何忧哉?"孔子曰:"善乎!能自宽者也。"

【注释】

①太山:即泰山。山名。
②荣启期:《庄子》、《淮南子》等书中皆提到此人,当为春秋时期的隐者。
③郕(chéng):古邑名,在今山东省宁阳县东北。
④鹿裘带索:鹿裘,鹿皮做的大衣,也泛指一般比较粗劣的皮衣,常用为丧服及隐士之服。带索,以绳索为衣带。形容贫寒清苦。
⑤襁褓(qiǎng bǎo):亦写作"襁緥"、"襁保"、"緥緥"。襁指婴儿用的带子,褓指小孩儿的被子。后来以此借指未满周岁的婴儿。
⑥行年:经历的年岁,指当时年龄。
⑦常:普遍。

【译文】

孔子到泰山游览,看见荣启期在郕邑的郊外散步,身上穿着粗制皮衣,腰上系着绳索衣带,一边弹琴,一边唱歌。孔子问道:"先生这样快乐的原因是什么呢?"荣启期回答说:"我快乐的原因很多:大自然生育万物,在这万物中只有人最为尊贵;而我自己能够成为人,这是第一件值得快乐的事情。人类中有男女的区别,男人尊贵,女人卑贱,因此以男人为珍贵;而我已经是一个男人了,这是第二件值得快乐的事情。人出生来到世上,有的没有见到日月就在母腹中夭折,有的难免死在襁褓之中,而我现在已经活到九十岁了,这是第三件值得快乐的事情。贫困是读书人的普遍现象,死亡是人生的最终归宿,我安于贫困,等待死亡,还有什么可忧愁的呢?"孔子说:"好啊!真是个能够自我宽慰的人啊。"

【原文】

林类①年且百岁,底春②被③裘,拾遗穗于故畦④,并歌并进。孔子适卫,望之于野。顾谓弟子曰:"彼叟可与言者,试往讯之!"子贡请行。逆⑤之垄端,面之而叹曰:"先生曾不悔乎,而行歌拾穗?"林类行不留,歌不辍。子贡叩⑥之不已,乃仰而应,曰:"吾何悔邪?"子贡曰:"先生少不勤行,长不竞时,老无妻子,死期将至,亦有何乐而拾穗行歌乎?"林类笑曰:"吾之所以为乐,人皆有之,而反以为忧。少不勤行,长不竞时,故能寿若此。老无妻子,死期将至,故能乐若此。"子贡曰:"寿者人之情⑦,死者人之恶。子以死为乐,何也?"林类曰:"死之与生,一往一反。故死于是者,安知不生于彼?故吾知其不相若矣。吾又安知营营⑧而求生非惑乎?亦又安知吾今之死不愈昔之生乎?"子贡闻之,不喻⑨其意,还以告夫子。夫子曰:"吾知其可与言,果然;然彼得之而不尽者也。"

【注释】

①林类:春秋时候的隐士。
②底春:底,尽头。底春,春末。
③被:同"披"。穿着,覆盖的意思。
④故畦:庄稼收割后的田垄。
⑤逆:迎,接。
⑥叩:叩问之意,即恭敬的询问。
⑦情:常情。此处作人的欲念、欲望讲。
⑧营营:追求奔逐。
⑨喻:明白,理解。

【译文】

　　林类的年纪将近百岁,时逢春末,穿着皮袄,在收割后的田地里捡拾别人漏掉的谷穗,一边唱着歌,一边往前走。孔子前往卫国,在田野上看见了他,便回头对学生说:"那位老人是可以一谈的人,谁去试着请教他。"子贡请求前去。子贡在田埂的一头迎面走去,对着林类叹气说:"先生不曾后悔吗?这么大年纪还边走边唱地捡拾谷穗?"林类不停地往前走,歌声也没有停下来。子贡再三地向他恭敬询问,他才抬头答复,说:"我有什么可后悔的呢?"子贡说:"先生少年时期不努力勤奋,长大以后又不竞争时运,到老了还没有妻子儿女,眼看死期将要到来,有什么快乐值得捡拾谷穗时还能边走边唱呢?"林类笑着说:"我感到快乐的原因,人人都有,但别人却反而以此为忧愁。正因为我少年时期不努力勤奋,长大以后不竞争时运,所以才能这样长寿。到老了还没有妻子儿女,眼看死期将要到来,所以才能这样快乐。"子贡问:"长寿,是人人都希望的;死亡,是人人都厌恶的。您却把死亡当作快乐,为什么呢?"林类说:"死亡对于出生,不过是一来一往。所以,死在这里,又怎么知道不在别处生呢?因此,我怎么知道死与生不是一回事呢?我又怎么知道苦苦追求长生的人不会感到困惑呢?而且又怎么知道我今日的死亡不比以往活着更好呢?"子贡听了这番话,不理解其中的意思,回来告诉孔子。孔子说:"我知道这人是可以一谈的,果然这样;但是他是掌握道理还没有达到尽善程度的人。"

【原文】

　　子贡倦于学,告仲尼曰:"愿有所息。"仲尼曰:"生无所息。"子贡曰:"然则赐息无所乎?"仲尼曰:"有焉耳,望其圹①,睾如②也,宰如③也,坟如④也,鬲如⑤也,则知所息矣。"子贡曰:"大哉死乎!君子息焉,小人伏焉。"仲尼曰:"赐!汝知之矣。人胥⑥知生之乐,未知生之苦;知老之惫,未知老之佚⑦;知死之恶,未知死之息也。晏子曰:'善哉,古之有死也!仁者息焉,不仁者伏焉。'

　　"死也者,德之徼⑧也。古者谓死人为归人。夫言死人为归人,则生人为行人矣。行而不知归,失家者也。一人失家,一世非之;天下失家,莫知非焉。有人去乡土、离六亲⑨、废家业、游于四方而不归者,何人哉?世必谓之为狂荡之人矣。又有人钟⑩贤世,矜巧能,修名誉,夸张于世而不知已者,亦何人哉?世必以为智谋之士。此二者,胥失者也。而世与一不与一⑪,唯圣人知所与,知所去。"

【注释】

①圹(kuàng):墓穴,亦指坟墓。
②睾(gāo)如:睾,通"皋"。近水处的高地,形容高高的样子。

③宰如：宰，指冢，坟墓。宰如，这里指宽大的样子。
④坟如：这里指隆起的样子。
⑤鬲(gé)如：鬲，古代炊具，形状像鼎而足部中空。这里取它中空和上小下大如坟墓的样子。
⑥胥：全，都。
⑦佚：同"逸"。
⑧徼(jiǎo)：循，即巡回之意。此处引申为循环、复归。
⑨六亲：父、母、兄、弟、妻、子。
⑩钟：集中，专一。
⑪与一不与一：与，认为，称许，赐予。一，前"一"字，指足智多谋之人；后"一"字，指轻狂放荡之人。

【译文】

子贡对学习有些倦怠，便告诉孔子，说："希望找个地方休息一下。"孔子说："人生本来就没有什么休息的地方。"子贡问："那么，学生我就没有休息的地方了吗？"孔子回答说："有啊。你看那个墓穴，那高耸的样子，那宽大的样子，那隆起的样子，那与世隔绝而中空的样子，就知道休息的地方该在哪里了。"子贡说："天啊，这是死亡！君子在那里安息，小人在那里躺着。"孔子说："赐！你算明白它了。人们都知道活着的快乐，却不知道活着的劳苦；知道老年的疲乏，却不知道老年的安逸；知道死亡的可恶，却不知道死亡是休息。晏子说过：'美妙啊，古人对于死亡的态度！仁德的君子在此安息，不仁的小人在此躺着。'死亡是人的本性的回归。古人把死人称做归人。说死人是归人，那么活着的人就是行人了。出行在外而不知道归返，便是抛弃家庭的人。一个人抛弃家庭，世上所有的人都会责怪他；而天下的人都抛弃家庭，反而就没有人知道这是不对的。有人离开家乡，背离亲人，废弃家业，浪迹四方而不知道归返，这是怎样的人呢？世人一定会说他是轻狂放荡的人了。又有人热衷于盛世之治，自恃聪明能干，博取功名地位，到处夸耀自己而不知休止，这又是怎样的人呢？世上的人一定会认为他是足智多谋的人。这两种人都是错误的。而世上的人却称许一个，责怪一个，看来只有圣人才知道应该称许什么，否定什么。"

【原文】

或谓子列子曰："子奚贵①虚？"

列子曰："虚者无贵也。"

子列子曰："非其名也②，莫如静，莫如虚。静也虚也，得其居矣；取也与也，失其所矣。事之破碎③而后有舞④仁义者，弗能复也。"

【注释】

①贵:看重,重视。
②非其名也:不靠人为的名称概念而存在的,指道。意即摒弃名义概念,才合道德本性。
③砢:即毁坏。
④舞:弄,搞。

【译文】

有人对列子说:"您为什么那么看重'虚'呢?"

列子说:"既然都是虚了,也就无所谓看重什么了。"

列子又说:"要是排除人为的名称,不如保持清静,不如保持虚默。保持着清静与虚默,就掌握了道的真谛;致力于争取与给予,就丧失了人的本性。事物破毁以后,再去舞弄仁义的解释,事物是不可能修复到原来的面貌的。

【原文】

鬻熊①曰:"运转亡已,天地密移②,畴觉③之哉?故物损于彼者盈于此,成于此者亏于彼。损盈成亏,随世④随死。往来相接,间不可省⑤,畴觉之哉?凡一气不顿进⑥,一形不顿亏⑦;亦不觉其成,亦不觉其亏。亦如人自世至老,貌色智态,亡日不异;皮肤爪发,随世随落,非婴孩时有停而不易也。间不可觉,俟⑧至后知。"

【注释】

①鬻熊:即鬻子,亦作鬵子,名熊,楚国君主的祖先。在商末西周初之际,鬻熊率部众弃商从周,为文王、武王师,成为楚国的肇业奠基之人,有《鬻子》记录其思想。《鬻子》是我国第一部哲学著作,楚国第一部哲学著作,道家第一部著作。鬻子提出"以自为本",这是道家区别于其他学说的根本。老庄哲学与鬻子之学有继承关系,所以鬻熊是道家先驱。
②密移:暗中迁移。
③畴觉:感觉。
④世:生。
⑤间不可省:间(jiàn),间隙。省,发觉,察觉。
⑥顿进:急成;顿然长进。
⑦顿亏:谓急速亏损。
⑧俟:等待。

【译文】

鬻熊说:"万事万物运转变化不停,天地暗暗迁移,谁感觉到了呢?所以事物在那里减损就在这里盈余,在这里成长就在那里亏损。减损、盈余、成长、亏损,随时生长,随时消亡。一往一来,变化相接,一点间隙也看不出来,谁能感觉得到呢?凡是元气都不是顿然长进的,形体也都不是突然亏损的,所以我们也就感觉不到它的成长,也感觉不到它的亏损。这也就像人们从出生到衰老一样,容貌、神色、智力、体态,没有一天不在发生变化;皮肤、指甲、毛发,随时生长,随时脱落,并非从婴孩时就停下来而不变化了。变化的过程一点也觉察不到,只有等到后来出现结果才知道。

【原文】

杞国有人忧天地崩坠①,身亡所寄,废寝食者;又有忧彼之所忧者,因往晓②之,曰:"天,积气耳,亡处亡气。若屈伸呼吸,终日在天中行止,奈何忧崩坠乎?"其人曰:"天果积气,日月星宿不当坠耶?"晓之者曰:"日月星宿,亦积气中之有光耀者;只使坠,亦不能有所中伤。"其人曰:"奈地坏何?"晓者曰:"地积块耳,充塞四虚③,亡处亡块。若躇步跐蹈④,终日在地上行止,奈何忧其坏?"其人舍然⑤大喜,晓之者亦舍然大喜。

长庐子闻而笑曰:"虹霓⑥也,云雾也,风雨也,四时也,此积气之成乎天者也。山岳也,河海也,金石也,火木也,此积形之成乎地者也。知积气也,知积块也,奚谓不坏?夫天地,空中之一细物⑦,有中之最巨者。难终难穷,此固然矣;难测难识,此固然矣。忧其坏者,诚为大⑧远;言其不坏者,亦为未是。天地不得不坏,则会归于坏。遇其坏时,奚⑨为不忧哉?"

子列子闻而笑曰:"言天地坏者亦谬,言天地不坏者亦谬。坏与不坏,吾所不能知也。虽然,彼一也,此一也。故生不知死,死不知生;来不知去,去不知来。坏与不坏,吾何容⑩心哉?"

【注释】

①崩坠:倒塌坠落。
②晓:告知使明白;开导。
③四虚:指四方或四方天空。
④躇步跐蹈:躇(chú)步,踩踏貌。跐(cī)蹈,指践踏。躇步跐蹈,泛指人的站立行走。
⑤舍然:释然。谓疑虑隔阂顿消。舍,通"释"。
⑥虹霓:亦作"虹蜺"。即蟮蜓。为雨后或日出、日没之际天空中所现的七色圆弧。虹蜺常有内外二环,内环称虹,也称正虹、雄虹;外环称蜺,也称副虹、雌虹或雌蜺。
⑦细物:小事物。
⑧大:同"太"。
⑨奚:文言疑问代词,相当于"胡"、"何"。
⑩容:放;挂。

【译文】

　　杞国有个人担忧天塌地陷,自己无处安身,因而愁得睡不着觉,吃不下饭。又有一个替那个担忧天塌地陷的人而担忧的人,于是就前去开导他,说:"天,是气积聚起来的,没有一处没有气。你一屈一伸,呼气吸气,整天在天里活动,为什么要担忧它会崩塌下来呢?"那人说:"天当真是气积聚起来的,那日月星辰不会坠落下来吗?"开导他的人说:"日月星辰,也是积聚起来的气,只不过是气中有光亮的东西;即使坠落下来,也不会有什么伤害。"那人说:"那么地陷落下去怎么办呢?"开导他的人说:"地,不过是积聚起来的土块罢了,它充满了四方空间,没有一处没有土块。你行走踩踏,整天在地上活动,为什么要担忧它会陷落下去呢?"杞人听后,消除了疑虑,十分高兴;开导他的人如释重负,也非常高兴。

　　长庐子听说这件事,笑他们说:"虹霓呀,云雾呀,风雨呀,四季呀,这些都是气体积聚起来而形成的天。山岳呀,河海呀,金石呀,火木呀,这些都是有形的物体积聚起来而形成的地。既然懂得天是积聚的气,地是积聚的土块,怎么说它们不会毁坏呢?天地,是无限空间中的细微物体,却是有限空间中的最大物体。它们难以终结,难以穷尽,这是肯定的;难以推测,难以认识,这也是肯定的。担忧它会毁坏,那实在是担忧的太远;断言它不会毁坏,也是不正确的。天地不可能不毁坏,最终总会毁坏的。如果遇到它毁坏时,怎么能不使人担忧呢?"

　　列子听说,笑道:"说天地会毁坏的是荒谬的,说天地不会毁坏的也是荒谬的。天地毁坏与不毁坏,不是我们能够知道的事情。即使是这样,他毁坏是这么一回事,不毁坏也是这么一回事。所以人活着不知道死后的事情,死了不知道生前的情景;未来不知道过去的事情,过去不知道未来的情况。毁坏与不毁坏,我又何必要放在心上呢?"

【原文】

　　舜①问乎烝②曰:"道可得而有乎?"曰:"汝身非汝有也,汝何得有夫道?"舜曰:"吾身非吾有,孰有之哉?"曰:"是天地之委③形也。生非汝有,是天地之委和也。性命非汝有,是天地之委顺也。孙子非汝有,是天地之委蜕也。故行不知所往,处不知所持④,食不知所以。天地强阳⑤,气也;又胡可得而有邪?"

【注释】

①舜:传说中父系氏族社会后期部落联盟领袖。姚姓,称姚舜,又称虞舜。
②烝:通"丞"。帝王的辅弼之一。皮锡瑞《今文尚书考证》:"烝,当作丞。"《列子·释文》:"烝,谓辅弼,疑丞之官。"
③委:托付。俞樾《诸子平议》:"天地之委形,谓天地所付属之行也。"

④持：遵守不变。

⑤阴阳：刚实，引申为运动不息。

【译文】

舜问烝说："道可以得到并据为己有吗？"烝回答说："您的身体都不属于您所有，您哪里还能得到并占有道呢？"舜问："我的身体不由我占有，那么是谁占有它呢？"烝回答说："您的身体是天地所赋予的形体。生存不是属你所有的，它是天地所赋予的和气形成的。性命不是属你所有的，它是天地所赋予的顺化而自然形成的。子孙也不是属你所有的，他们是天地所赋予的蜕变而产生的。因此行走缺乏目标，居住没有定准，吃喝不知何物。天地不停运转，全是'气'的作用；那么'道'又怎么能得到并且据为己有呢？"

【原文】

齐之国氏大富，宋之向氏大贫；自宋之齐，请其术。

国氏告之曰："吾善为盗。始吾为盗也，一年而给，二年而足，三年大穰①。自此以往，施及州闾②。"

向氏大喜，喻其为盗之言，而不喻其为盗之道，遂逾垣③凿室，手目所及，亡不探④也。未及时，以赃获罪，没其先居之财。向氏以国氏之谬⑤已也，往而怨之。

国氏曰："若为盗若何？"

向氏言其状。国氏曰："嘻！若失为盗之道至此乎？今将告若矣。吾闻天有时，地有利。吾盗天地之时利，云雨之滂润⑥，山泽之产育，以生吾禾，殖吾稼，筑吾垣，建吾舍。陆盗禽兽，水盗鱼鳖，亡非盗也。夫禾稼、土木、禽兽、鱼鳖，皆天之所生，岂吾之所有？然吾盗天而亡殃。夫金玉珍宝，谷帛财货，人之所聚，岂天之所与？若盗之而获罪，孰怨哉？"

向氏大惑，以为国氏之重罔⑦己也，过东郭先生问焉。

东郭先生曰："若一身庸非⑧盗乎？盗阴阳之和以成若生，载若形；况外物而非盗哉？诚然，天地万物不相离也，仞⑨而有之，皆惑也。国氏之盗，公道也，故亡殃；若之盗，私心也，故得罪。有公私者，亦盗也；亡公私者，亦盗也。公公私私⑩，天地之德。知天地之德者，孰为盗邪？孰为不盗邪？"

【注释】

①穰（ráng）：庄稼丰收。

②州闾：古代地方基层行政单位州和闾的连称。泛指乡里。

③逾垣：翻越墙头。

④探：这里指拿、取走。
⑤谬：错误的，不合情理的。这里指欺骗之意。
⑥滂润：灌溉滋润。
⑦罔：欺骗；蒙蔽。
⑧庸非：岂非。
⑨认：同"认"。
⑩公公私私：前一"公"、"私"，作动词用，后一"公"、"私"作名词用。

【译文】

齐国的国氏非常富有，宋国的向氏非常贫穷。向氏从宋国跑到齐国，向国氏请教致富的方法。

国氏告诉他，说："我擅长偷盗。开始我偷盗的时候，一年就能自给，二年就很富足，三年就家资阔绰了。从此以后，我就接济乡亲邻里。"

向氏听后非常高兴。但他只理解了国氏偷盗的言辞，却并没有理解国氏话中"偷盗"的道理。于是他就跳墙挖洞，凡是手能触及的，眼睛能看到的，没有一件不拿走的。没过多长时间，他就因为偷窃来的赃物而受到惩罚，连他先前积蓄的财产一并被没收了。向氏认为国氏欺骗了自己，便前去责怪国氏。

国氏问："你是怎样偷盗的呢？"

向氏叙述了自己偷盗的实际情况。国氏说："唉！你误解'偷盗'的含意竟然到了这种程度吗？现在我来告诉你。我听说天有四季节令，地有物产资源。我偷的是天地的四季时令和物产资源，如云雨的滋润，山泽的物产，让这些来生长我的禾苗，繁殖我的庄稼，修筑我的院墙，建造我的房舍。在陆地上偷盗禽鸟走兽，在水泊中偷盗鱼虾龟鳖，没有一样不是偷来的。这些禾苗、庄稼、土地、树木、禽兽、鱼鳖，都是自然所生，难道是属于我的吗？然而我偷盗自然的东西就不会有灾殃。至于金玉珍宝、谷布财货，那都是别人积聚的财产，难道是上天赐给你的吗？你偷盗它们而遭受惩罚，这能怨谁呢？"

向氏听后更加疑惑，以为国氏又一次在欺骗自己，于是便到东郭先生那里去请教。

东郭先生说："你全身的东西哪一处不是偷盗得来的呢？偷盗阴阳中和之气来形成你的生命，造就你的形体；又何况那些身外之物，哪一样不是偷盗来的呢？当然，天地万物都不相分离，把它们认作私有，都是心性迷惑的表现。国氏的偷盗，是公理认可的，因此没有灾殃；你的偷盗，是私心的表现，因此遭受惩罚。其实，分别公私也是偷盗，不分别公私也是偷盗。但把公共的东西视为公共所有，把私人的东西视为私人所有，这是天地的德行。懂得天地德行的人怎会去区分谁是偷盗，谁不是偷盗呢？"

【解读】

天瑞，自然之符信。所谓"天"，乃是由太易、太初、太始、太素而浑沦，变

化出易,易变化为一,进而产生阴阳二气,轻清者上为天,天就是造化人和万物的、没有具体形象,且不随着阴阳而变化、不随着时间而改变的自然规律。所谓"瑞",即符节,符信。《说文》:"以玉为信。"段玉裁解说:"瑞,节信也。"又说,"引申为祥瑞者,亦谓感召若符节也。"这说明,"天瑞",就是自然的符号,即天的信物。晋张湛注曰:"虽天地之大,群品之众,涉于有生之分,关于动用之域者,存亡变化之自然之符。夫唯寂然至虚,凝一而不变者,非阴阳之所终始,四时之所迁革。"这段注文,说明宇宙万物为有形之物,可以看得见,摸得着,感知得到,而且时时刻刻都在变化、迁革;而另一种事物则是生成宇宙万物的事物,它看不见,摸不着,感知不到,而且凝一不变。这种事物抽象无形,在老子的《道德经》中称为"道"。列子发展了老子的思想,把道和气的概念紧密联系在一起,从而把意识形态领域中的道改变为物质领域中的气。

《天瑞》篇自然而成的三个部分清晰地陈述并阐释了作者的观点。首先,总述宇宙形成过程,提出"不生不化者"为自然的本原,就是宇宙形成的第一阶段。从太易开始直至"天地含精、皆入于机"的生成过程为第二阶段。第三阶段是从"万物皆出于机,皆入于机"来说明生物与非生物在物质基础上的演变发展。文中关于自然形成的阶段性,《天瑞》分为四个阶段:一为"太易",其特征是"未见气也";二为"太初",其特征是"气之始也";三为"太始",其特征是"形之始也";四为"太素",其特征是"质之始也"。四个阶段由阴阳统制,万物紧密联系不相离。关于变化发展,强调几点:其一,变化发展都出于"机"和入于"机";其二,均有穷尽,定点为"九",九以后"复变而为一",是循环往复的变化发展;其三,不变者为"道",道能促使万物"生者不能不生,化者不能不化";其四,基本态度是顺其自然,任何强制都只能适得其反。三个阶段,步步深入,层层递进,深刻地诠释了列子的自然天道观。其次,进一步述说道的本质,揭示"生者"与"生生者"的关系,揭示人自生至终四个阶段的发展变化,从有限和无限、普遍和特殊的关系显示"道"的本质。通过"孔子游于泰山"、"林类捡拾遗穗"、"子贡倦于学"三则故事来说明"道"的运动终始相继,循环往复。告诉人们,"死人者,德之徼也",不必戚戚于死期,同时又认为社会人生不可能全备,不可能尽善尽美,这就应该能乐则乐,不应"营营而求生",否则只能忧苦终老。作者在字里行间告诉人们要以平静的心态对待人世间的生老病死。最后一部分,明确强调了虚默无为是道的本质,在劝慰人们要以虚静的态度对待人生的同时,再一次阐释了万物时刻都在变化发展、循环往复的道理。由自然天道观上升到人生观,是思想的进一步升华。万物"损于彼者盈于此,成于此者亏于彼",又何必计较人生中的得失呢?所以要看淡亏盈。人"生不知死,死不知生",又何必刻意在乎生死呢?所以要乐天知

命。对于个体生命,以"处常得终"为基本原则,必须按照常规常情生活,然后随着客观规律以尽天年。文中"杞人忧天"和"宋人求富"两则寓言告诫人们的就是只要遵循自然规律就会平安快乐。所以,人应该保持"静"和"虚"的态度。

《天瑞》篇是《列子》的首篇,宏观枚举并阐释了关于宇宙本原的问题,并展开探讨了宇宙万物形成的原理及其过程,初看虽然难以理解,但结合所举例子,细细体味,不难看出作者进步的自然发展观和人生观,同时也反映了先秦自然科学在宇宙形成理论上的水平和人们利用自然的进步思想。以《天瑞》命名该篇,挈领全文,恰到好处。

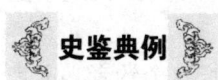

愿者上钩

太公姓姜名尚,又名吕尚,是辅佐周文王、周武王灭商的功臣。他生活的时代正是殷商王朝走向衰亡的时期,商朝统治者纣王暴虐无道,荒淫无度,使得当时的朝政腐败,经济崩溃,民不聊生,怨声载道。地处西部的周国由于西伯姬昌(后为周文王)倡行仁政,发展经济,实行勤俭立国和裕民政策,社会清明,人心安定,国势日强,天下民众倾心于周,四边诸侯望风依附。壮心不已的姜尚,获悉姬昌为了治国兴邦,正在广求天下贤能之士。于是他便毅然离开商朝,来到渭水之滨的西周领地,栖身于磻溪,终日以垂钓为事,静观世态的变化,待机出山。

一般人钓鱼,都是用弯钩,上面装着有香味的饵食,然后把它沉在水里,诱骗鱼儿上钩。但太公的钓钩是直的,上面不挂鱼饵,也不沉到水里,离水面有三尺多高。他一边高高举起钓竿,一边自言自语道:"不想活的鱼儿呀,你们愿意的话,就自己上钩吧!"

一天,有个打柴的人从溪旁经过,看到太公用不放鱼饵的直钩在水面上钓鱼,便对他说:"老先生,像你这样钓鱼,一百年也钓不到一条鱼的!"

太公举了举钓竿,笑着说:"我钓鱼,是愿者上钩。况且我不是为了钓到

鱼，而是为了钓到王与侯！"

太公这种奇特的钓鱼方法，终于传到了姬昌那里。姬昌知道后，派一名士兵去叫他来。但太公并不理睬这个士兵，只顾自己钓鱼，还自言自语道："钓啊，钓啊，鱼儿不上钩，虾儿来胡闹！"

姬昌听了士兵的禀报后，改派一名官员去请太公来。可是太公依然不答理，边钓边说："钓啊，钓啊，大鱼不上钩，小鱼别胡闹！"

姬昌这才意识到，这个钓者必定是位贤才，要亲自去请他才对。于是他吃了三天素，洗了澡，换了衣服，带着厚礼，前往磻溪聘请太公。

姬昌来到河边，找到姜子牙。此时的姜子牙正在一心一意地钓鱼，而姬昌也没有贸然上去打扰，就站在一旁，看姜子牙钓鱼。姜子牙手扶渔杆，不经意地念道："钓钓钓，小鱼没来大鱼到，愿者上钩。"姬昌听了这话，心想，这分明是在说自己，于是就上前作揖打躬，和姜子牙攀谈起来。

姜子牙和文王谈天说地，讲三皇五帝，又是治国安邦，又是治理西岐，一直谈到纣王无道，伐纣灭商，两人越谈越投机，一下子谈到太阳落山。姬昌心里高兴，今天终于寻访到了自己渴求的贤圣；姜子牙也是心满意足，今天总算是遇上了明主。

后来，姜尚辅佐文王，兴邦立国，还帮助文王的儿子武王姬发，灭掉了商朝，被武王封于齐地，实现了自己建功立业的愿望。

割发代首

曹操是东汉末年杰出的军事家、政治家、诗人。曹操带兵军纪十分严明，并且自己也以身作则。因此，他的军队很快就消灭了多股强大的地方割据势力，统一了中国北方。

这时，曹操看到中原一带，由于多年战乱，人民流散，田地荒芜，就采纳了部将

的建议，下令让军队的士兵和老百姓实行屯田。荒芜的土地种上了庄稼，收获了大批的粮食。有了粮食老百姓能够安居乐业了，军队也有了充足的供给，为进一步统一全国打下了坚实的物质基础。

可是，有些士兵不懂得爱护庄稼，常有人在庄稼地里放任马匹乱跑，毁坏庄稼。

曹操知道后很生气，下了一道极其严厉的命令：全体将士，一律不得践踏庄稼，违令者斩！

将士们都知道曹操一向军令如山，令出必行，决不会姑息宽容。所以此令一出，将士们也都小心谨慎，唯恐犯了军纪。将士们操练、行军经过庄稼地旁边的时候，总是小心翼翼地通过。有时，将士们看到路旁倒伏的庄稼，还会过去把它扶起来。

有一次，曹操率领将士们去打仗。那时候正好是小麦快要成熟的季节。曹操骑在马上，望着金黄色的麦浪，心里十分高兴。正当曹操骑在马上边走边想问题的时候，突然"扑棱棱"的一声，从路旁的草丛里窜出几只野鸡。曹操的马顿时惊慌起来，嘶鸣着狂奔不已，跑进了附近的麦田里。等到曹操使劲勒住惊马，田地中的麦子已被踩倒了一大片。看到眼前的情景，曹操把执法官叫来，十分认真地对他说："今天，我的马踩坏了麦田，违反了军纪，请你按照军法给我治罪吧！"

听了曹操的话，执法官犯了难。按照曹操制定的军纪，毁坏了庄稼是要治死罪的。可是，曹操是主帅，军纪也是他制定的，怎么能治他的死罪呢？想到这里，执法官说："丞相，按照古制'刑不上大夫'，您是不必领罪的。"又说，"丞相，您的马是受到惊吓才冲入麦田的，并不是您有意违反军纪，毁坏庄稼的，我看还是免于处罚吧！"

"不，你的理不通。军令就是军令，不能分什么有意无意，如果大家违反了军纪，都去找一些理由来免于处罚，那军令不就成了一纸空文了吗？军纪人人都得遵守，我也不能例外啊！"

执法官头上冒出了冷汗，想了想说："丞相，您是全军的主帅，如果按照军令从事，那谁来指挥打仗呢？再说，朝廷不能没有丞相，老百姓也不能没有您哪！"众将见执法官这样说。也纷纷上前哀求，请曹操不要处罚自己。曹操见大家求情，沉思了一会儿，说："我是主帅，治死罪是不适宜；不过，不治死罪，也要治罪，那就用我的头发来代替我的首级吧！"说罢，他拔出宝剑，割下了自己的一把头发。

要知道，在古代，头发对于一个人来说很重要。曹操能够做到这一点已经是相当的不容易了。

物有本末

墨子是我国先秦墨家学派创始人,战国时期著名思想家、科学家。

公输盘,姓公输,名般,人称鲁班,是有名的工匠。有一次他为楚国制造云梯这种器械,制成以后,要拿去攻打宋国。墨子听说后,就急急忙忙地从鲁国动身,走了十天十夜,到达郢都,去见公输盘。

墨子见到公输盘后说:"北方有人欺侮我,我想借助您的力量杀掉他。"

公输盘听后,十分不悦,说:"我是讲道义的人,决不能平白无故的杀人。"

墨子说:"请让我奉送给您十金。"

公输盘站起来,十分疑惑地对着墨子说:"'君子爱财,取之有道'、'无功不受禄',我也不会毫无缘由的收取别人的钱财。"

墨子站起来,拜了两拜,说:"请让我说几句话。我在北方听说您制造了云梯,要拿去攻打宋国。宋国有什么罪过呢?楚国有的是土地,缺少的是民众,如今去杀害自己缺少的民众而争夺自己并不缺少的土地,不能说是聪明。宋国并没有罪过而要去攻打它,不能说是仁爱。懂得这个道理,却不据理力争,不能说是忠诚。争论而达不到目的,不能说是坚强。自己说自己讲道义,杀少量人还懂得不合理,却要去杀众多的百姓,不能说是明白事理。"

公输盘听后,没有辩解,惭愧地低下了头。

守株待兔

宋国有一个农夫,每天起早贪黑在田地里劳作。虽然辛苦,但是望着逐渐长大的庄稼倒也满足。

有一天,这个农夫正在地里干活,突然一只野兔从草丛中窜出来。农夫也吓了一跳,后退了两步,野兔更是因为见到有人而受了惊吓。它拼命躲开农夫向另一个方向跑去,不料一下子撞到了地头的一棵树上,折断脖子死了。农夫回过神来,一看是只野兔,便放下手中的农活,走过去捡起死兔子,心里十分高兴,庆幸自己的好运气。

晚上回到家,农夫把死兔交给妻子。妻子做了香喷喷的野兔肉,两口子有说有笑美美地吃了一顿。

第二天,农夫照旧到地里干活,可是他再不像以往那么专心了。他干一会儿就朝草丛里瞄一瞄、听一听,希望再有一只兔子窜出来撞在树上。就这样,他心不在焉地干了一天活,该锄的地也没锄完。直到天黑也没见到有兔子出来,他很不甘心地回

家了。

第三天,农夫来到地边,已完全无心锄地。他把农具放在一边,自己则坐在树旁边的田埂上,专门等待野兔子窜出来。可是又白白地等了一天。

后来,农夫每天就这样守在树边,希望再捡到兔子,然而他始终没有再等到一只兔子来。但农田里的庄稼因为没有及时除草已经荒芜了,还有很多枯萎了,到了秋收的季节,人家都是一袋袋粮食往家运,而他却没有粮食吃。农夫也因此成了宋国人议论的笑柄。

郑人买履

春秋时期,有一个郑国人,家里不是很富裕,平时只有一双鞋子穿。眼看秋风瑟瑟,天气转凉,自己脚上的鞋子也相当破旧了,于是准备到集市上去买一双新鞋。

这个人去集市之前,在家先用一根小绳量好了自己脚的尺寸,还小心翼翼地在绳子上打个结,可是他没有将小绳放在随身口袋里,而是量好尺寸之后便随手放在座位上,起身出门了。

由于集市离家也有一二十里路,他一路上他紧走慢走,终于来到集市。

集市上热闹极了,人群熙熙攘攘,接踵摩肩,各种各样的小商品摆满了柜台。这个郑国人心想,好不容易来集市一次,我买好鞋子之后,要好好的看看其他的商品。

于是,他先走到鞋铺前,挑选自己合适的鞋子。柜台上摆满了各式各样的鞋子,郑国人让掌柜的拿了几双鞋,他左挑右选,最后选中了一双自己感觉很满意的鞋子。他正准备掏出小绳,用事先量好的尺寸来比一比新鞋的大小,忽然想起小绳被自己搁在家里忘记带来。于是他不容分说放下鞋子赶紧跑回家去。

他急急忙忙地返回家中,拿了小绳又急急忙忙地赶往集市。尽管他连喘气的功夫都不敢耽搁,但还是花了差不多两个时辰。等他到了集市,太阳都快下山了。集市上的小贩都已经收了摊,大多数店铺也已经关了门。他来到鞋铺,鞋铺也已经打烊了。鞋子没有买成，他沮丧的低着头往回走，无意中看到自己脚上穿着的旧鞋子也在着急走路中划了个大口子，原本就破旧的鞋子更没法穿了。他懊恼地蹲在集市的路边上，大口大口地喘着粗气。

这时有几个人围过来，询问他是怎么回事。他如实地跟大家说明情况，围观的人听说后，问他："买鞋的时候你为什么不用自己的脚去穿一下，试试鞋子的大小呢？"可是他却回答说："那可不成，量的尺码才可靠，我的脚是不可靠的。我宁可相信尺码，也不相信自己的脚。"

大家看着他的样子，都不知道说什么好，都无奈地散去了，只有他还在那里沮丧地蹲着。

刚愎自用

古人云："人固有一死，或重于泰山，或轻于鸿毛。"一代名将张飞因盖世的英雄气概而叱咤风云。可是，他的死却一点儿也不壮烈，难免让人扼腕痛惜。

张飞是三国时期蜀国的名将，骁勇善战，武艺高强。他力大无比，在当阳桥上大吼一声，就喝断了桥梁，使河水倒流。他在百万军中取上将首级的英勇和探囊取物的机智让军中上下叹为观止。

可是，张飞有一个致命的缺点，他对待部下过于严厉，小有过失，便严加惩罚。那些将士们每日都提心吊胆地过日子，生怕自己栽到张飞的手上。

关羽死后，张飞为自己好兄弟的离去痛不欲生，旦夕号泣，常常拉着部将们借酒消愁。平日他就特别严厉，喝过酒后，心情就更加糟糕，一点不顺心就对身边的人加以鞭挞，有的甚至被鞭打致死，军中上下都是敢怒不敢言。

张飞为了给关羽报仇，主动请兵讨伐东吴。出师的那一天，刘备劝他说："我知道你的脾气不好，又喜欢喝酒，醉了之后就什么也不知道了，动不动就随便打人，事后，还将那些人留在自己身边。现在你官高位重，你打了骂了，别人也只能忍气吞声，拿你无可奈何。但是三十年河东，三十年河西，说不定哪天你这个制人者就该受制于人了，那个时候你就真的大祸临头了。你一定要好好改改这个坏毛病！"

张飞听后不耐烦地说："他们那些下等人怎能奈何得了我！"

刘备看张飞根本就没听进去，厉声警告他说："你要是长此以往，肯定会不得人心的。现在不注意，等以后发生事情，后悔也就晚了！"

张飞看到大哥真的生气了，便应承着敷衍了几句，也并没有把刘备的话往心里去。回到军中之后，命令手下三天之内置办白旗白甲，三军将士为关羽挂孝，举军伐吴。帐下两位末将范疆和张达一听说只有三日的期限，估计了一下，回说："三天时间恐怕太少，请您宽限几日。"

张飞听了勃然大怒，呵斥道："我说三日就三日！"

二人觉得实在是办不到，连忙仗着胆子陈述理由，说："我们说的是实情，三天实在是太仓促了，恐怕……"

还没等二人将话说完，张飞便不耐烦地说："难不成我说的就是虚情了？你们竟敢质疑我的命令！来人！"张飞下令将二人绑在树上，各鞭打五十下。打完，严令道："三天之内要备齐，若超过时限，三日后你二人的首级就悬于此！"

二个人被打得皮开肉绽，怒火中烧，回到营中商量对策。范疆说："此人性如烈火，三天后要是置办不齐，咱俩的性命注定是保不住的！"张达说："就算是咱们这次保住了性命，恐怕日后也要死在他的乱鞭之下。与其让他杀了我们，倒不如我们杀了他！"两人计议已定，暗中等待时机。

当晚张飞在帐中又同部下饮酒，大醉一场，卧于帐中，不一会儿就鼾声如雷。范疆和张达半夜里各怀短刀，潜入帐中，瞅准机会将张飞乱刀砍死。

一代名将，就这么窝窝囊囊地死在自己名不见经传的末将手下。

防患未然

夏朝的最后一个皇帝是夏桀，他在位时荒淫无道，滥杀忠臣良将，政权岌岌可危。

与此同时，夏朝的一个属国商国渐渐强大起来，国王成汤在相国伊尹的帮助下，内修德政，大力发展军事力量，对外逐步征服周边小国，最终于公元前十一世纪，灭掉桀王，建立商朝。

伊尹本来是成汤推荐给桀王的，但桀王只同他谈了一次话，以后就没有再理会他。成汤见夏王对伊尹不予重用，便请伊尹到商国并拜他为相，授予国政。伊尹

果然不负众望,帮助成汤发展农耕,铸造兵器,训练军队,终于灭了夏朝。成汤临终前,把大权交给了相国伊尹,并嘱托他尽心辅佐自己的三个子孙。伊尹答应了他的要求。

成汤有三个儿子:外丙、仲壬、太甲,他们是很有作为的三个王。但是太甲继位的前三年,并没有致力于天下大业,而是整日沉湎于酒色之中。

伊尹曾以长者的身份劝告他,有以相国的权力威胁他,但是太甲在治国为民上仍毫无心思。伊尹用尽各种办法,想让太甲改过自新,以继承成汤的基业,创造商朝鼎盛,可是太甲仍不以为然,冥顽不化。

有位大臣劝伊尹说:"当年先主在位时,你帮他灭掉夏朝;先主仙逝,你又辅佐两位人主,已经报答了先主的知遇之恩。现在你既然无能为力,那就顺其自然吧,不要太强求了!你不如带上金银财宝,找一个青山绿水的地方,隐居下来,安享晚年!"

伊尹听了,训斥那位大臣道:"为人臣子,应当在国家危难时候挺身而出,劝诫君主,这才是良臣。如果都像你所说,在君主英明、太平盛世时,大臣都在朝堂食俸禄;而一旦风起云变,国君不明事理时,就要隐蔽起来,那么,要我们大臣又有什么用处呢?"

那位大臣听完,哑口无言,急忙向伊尹请罪。尽管如此,伊尹还是免了他的官职,并当众公布那位大臣的口舌之罪,众人听了之后不无畏惧。

太甲也知道了这件事情,表示赞同。伊尹才乘机又劝说太甲,太甲仍是不听。无奈,伊尹便将太甲关进南桐宫,责令他反省,他则亲自主持朝中事务整整三年。

经过三年反省,太甲终于悔悟。伊尹又把他接出来,将政权还给他。

太甲重新登上皇位,励精图治,使商朝达到了鼎盛时期。这其中,伊尹功不可没,他当了三十多年的商朝相国,为商朝的统治奠定了坚实的基础。

黄帝篇

【题解】

　　黄帝，姬姓，又称轩辕氏或有熊氏，部落首领，后为炎黄部落的组织者、领导者。本篇介绍了十九个神话和寓言故事，均以黄帝的"清静无为"为主旨，阐述修养身心同认识和掌握自然之道德关系，并且把它概括为"养生"、"体道"等。这十九则故事可以分为五个部分。第一部分包括"黄帝梦游华胥氏之国"、"列姑射神人"、"列子师老商"、"列子问关尹"、"列子为伯昏瞀人射"、"范氏子华"六个故事。强调做事要顺应自然，不能悖逆。第二部分由"梁鸯饲虎"、"津人操舟"、"吕梁济水"、"痀偻承蜩"四个故事组成。告诉人们处身行事要与道相合，从而进一步说明只有通过长期实践、不懈修养身心，才能获得对"至道"的切身体验。第三部分讲述了"海上沤鸟"、"赵襄子狩猎"、"神巫季咸"三个故事。故事告诉人们如何做到"至言去言，至为无为"。第四部分由"列子之齐"、"杨朱之沛"、"杨朱过宋"三个故事和一篇"常胜之道"的说理文组成。主旨在说明保持个人的虚心态度是养生之道的重要内容。第五部分由"人兽之志同异"的论文和"狙公智拢群猴"、"纪渻子驯养斗鸡"、"惠盎见宋康王"三个故事组成。告诉人们要用智慧认识自然规律，掌握物性，使自己融于自然，与万物皆合于道。这种体顺民心、彰显万物本性，使"四境之内，皆得其利"，从而形成以智行教化，以教化含养万物德性的智慧，这也是立德养生之道的旨趣。

【原文】

　　黄帝即位十有五年，喜天下戴①己，养正命②，娱耳目，供鼻口，焦然③肌色皯黣④，昏然⑤五情爽惑⑥。又十有五年，忧天下之不治，竭聪明，进⑦智力，营百姓，焦然肌色皯黣，昏然五情爽惑。黄帝乃喟然赞曰："朕之过淫⑧矣。养一己其患如此，治万物其患如此。"于是放万机，舍宫寝，去直侍⑨，彻钟悬，减厨膳，退而闲居⑩大庭之馆，斋心服形⑪，三月不亲政事。

　　昼寝而梦，游于华胥氏之国⑫。华胥氏之国在弇州⑬之西，台州⑭之北，不知斯⑮齐国⑯几千万里；盖非舟车足力之所及，神游而已。其国无帅长，自然而已。其民无嗜欲，自然而已。不知乐生，不知恶死，故无夭殇⑰；不知亲己，不知疏物，故无爱憎；

不知背逆，不知向顺，故无利害；都无所爱惜，都无所畏忌。入水不溺，入火不热。斫挞⑱无伤痛，指擿⑲无痟痒⑳。乘空如履实，寝虚若处床。云雾不硋㉑其视，雷霆不乱其听，美恶不滑㉒其心，山谷不踬㉓其步，神行而已。

黄帝既寤㉔，怡然自得，召天老、力牧、太山稽㉕，告之曰："朕闲居三月，斋心服形，思有以养身治物之道，弗获其术。疲而睡，所梦若此。今知至道不可以情求矣。朕知之矣！朕得之矣！而不能以告若矣。"又二十有八年，天下大治，几若华胥氏之国，而帝登假㉖，百姓号之，二百余年不辍。

【注释】

①戴：尊奉，推崇，拥护。

②正命：泛指寿终而死。与"非命"相对。这里指性命。

③焦然：形容面色憔悴的样子。焦，通"憔"。

④肝黣（gǎn měi）：皮肤呈焦黑色。

⑤昏然：迷糊不清。

⑥爽惑：迷乱失常。

⑦进：通"尽"。

⑧淫：过多，过甚。

⑨直侍：随侍帝王的人员。

⑩间：通"闲"。

⑪斋心服形：斋心，祛除杂念，使心神凝寂。服形，通过修养，消除欲念，使身心顺服于道。

⑫华胥氏：神话传说中女娲和伏羲的母亲。从人类学、考古学、民俗学等方面考证的结果来看，华胥氏是我国上古时期母系民族部落的一位杰出的女首领，是伏羲、女娲的生身之母。

⑬弇（yān）州：古地名。据《淮南子·地形训》："正西弇州曰并土"，则此地应在中原的西面。

⑭台州：古地名。据《淮南子·地形训》："西北台州曰肥土"，则此地应在中原的西北方向。

⑮斯：这里是距离的意思。

⑯齐：通"跻"，引申为中央。

⑰天殇（shāng）：指未长大成人而死亡。

⑱斫挞：斫（zhuó），大锄；引申为用刀、斧等砍。挞，用鞭棍等打人。

⑲指擿（zhì）：用手指抓搔。

⑳痟痒：痛痒。痟（xiāo），酸痛。张湛注："痟痒，谓疼痒也。"

㉑硋（ài）：古同"碍"，阻碍。

㉒滑：通"汩"，《庄子·齐物论》："置其滑涽。"成玄英注："滑，乱也。"

㉓踬（zhì）：本意指被东西绊倒，这里指阻滞，阻碍。

㉔寤（wù）：睡醒。

㉕天老、力牧、太山稽：人名。相传此三人为皇帝的辅弼之臣。

㉖登假：犹言仙去。对帝王死去的讳称。

【译文】

黄帝即位十五年了,因得到天下百姓的拥戴而高兴,于是就注意调养身体,听音乐赏美景来娱悦耳目,嗅香气,食美味来满足鼻口,结果不仅没有达到健康的目的,反而弄得面色焦黄,憔悴不堪,头脑昏乱,心绪迷乱。又过了十五年,他因担心天下得不到治理,于是就竭尽脑汁,用尽智力,治理百姓,结果同样是面色焦黄,憔悴不堪,头脑昏乱,心绪迷乱。黄帝于是长叹,说:"我的过失真是太深重了。只顾调养自己,出现的祸患是这样;用心治理天下,出现的祸患也是这样。"于是他放下了繁忙的政事,离开了华丽的宫殿,裁撤了贴身的侍从,取消了娱乐的钟鼓,削减了美味的膳食,隐退到外庭的简陋房舍里独自居住,祛除心中杂念,降服形体欲望,三个月都不亲自过问治理事务。

有一天,他白天睡觉时,做了一个梦,梦见自己游历到了华胥氏之国。华胥氏之国在弇州的西面,台州的北面,不知道距离中原有千万里路;不是乘船、坐车和步行所能到达的,只有神游才能到达罢了。这个国家不设君主、官位,一切听其自然。这里的百姓没有嗜好和欲望,一切顺其自然。人们不知为活着而感到快乐,也不知为死亡而感到痛苦,因此这里没有幼年死亡的人;人们不知偏爱自己,也不知疏远外物,因此他们没有爱憎情感;人们不知违背,也不知顺从,因此这里没有利害冲突。他们全都没有什么爱憎,全都没有什么畏惧。投入水中不会被淹死,跳进火里不会感到灼热。刀砍鞭打没有疼痛的感觉,指甲抓搔没有疼痒的感觉。飞腾空中如同脚踏实地,睡在虚处如同躺在床上。云雾阻碍不了他们的视线,雷霆扰乱不了他们的听觉,美丑迷惑不了他们的心境,山谷阻碍不了他们的脚步,这不过是神游罢了。

黄帝梦醒后,怡然自得,于是就将大臣天老、力牧和太山稽招来,告诉他们说:"我抛开所有政事,闲居三个月,祛除心中杂念,降服形体欲望,潜心思考调养身心和治理天下的办法,但是没有理出头绪。后来我因疲倦而入睡,就做了这样的一个梦。现在我懂得了,最高深的道是不能根据常理求得的。我明白它啦!我掌握它啦!然而我无法把它告诉你们。"又过了二十八年,国家大治,几乎同华胥氏之国一样,而黄帝却仙逝了,老百姓因此痛哭,二百多年都不曾停止。

【原文】

列姑射山①在海河洲中,山上有神人焉,吸风饮露②,不食五谷;心如渊泉③,形如处女;不偎④不爱,仙圣为之臣;不畏⑤不怒,愿悫⑥为之使;不施不惠,而物自足;不聚不敛,而已无愆⑦。阴阳常调,日月常明,四时常若⑧,风雨常均,字育⑨常时,年谷常丰;而土无札伤⑩,人无夭恶⑪,物无疵疠⑫,鬼无灵响⑬焉。

【注释】

①列姑射(yè)山：传说中的山名。《山海经·海内北经》："列姑射山在北海洲中。"晋郭璞认为就是《庄子·逍遥游》篇中的"藐姑射山"。后人争论很多。
②吸风饮露：道家谓仙人以风露为饮食。比喻不吃饭。
③渊泉：深泉。
④偎：紧挨着，亲密地靠着。这里指亲爱、亲近之意。郭璞注："偎亦爱也。"
⑤畏：通"威"。张湛注："畏，威也。"
⑥愿悫(què)：朴实，诚实。
⑦愆(qiān)：通"骞"。亏，损。这里作局促、贫乏讲。
⑧若：顺从。
⑨字育：生育、蓄育。
⑩札伤：札，这里指疫病，瘟疫。札伤，灾害之意。
⑪夭恶：夭折，短命。
⑫疵疠(cī lì)：灾害疫病；灾变。
⑬灵响：灵应。

【译文】

列姑射山在北海的河洲之中，山上住着一位神人。他吸风饮露，不吃五谷；他的心境似深泉一样清澈，形貌似闺房少女一般柔美；他不亲近谁，也不爱慕谁，仙圣都愿意做他的臣下；他没有威严，从不愤怒，忠厚之人都愿意为他服务；他不对人施舍，不授人恩惠，而食用都能自足；他从不积聚征敛财物，而自己的用度也从不缺乏。那里的阴阳常年调和，日月常年明亮，春夏秋冬常年顺和，风霜雨雪常年均匀，孕育生长常年合节，五谷杂粮常年丰收；而且乡土没有疫病，百姓没有夭折，万物没有灾害，鬼怪也不再作祟。

【原文】

列子师老商氏①，友伯高子②，进③二子之道④，乘风而归。尹生⑤闻之，从列子居，数月不省舍。因间请蕲⑥其术者，十反而十不告。尹生怼⑦而请辞，列子又不命。尹生退，数月，意不已，又往从之。列子曰："汝何去来之频？"尹生曰："曩⑧章戴有请于子，子不我告，固有憾于子。今复脱然⑨，是以又来。"

列子曰："曩吾以汝为达，今汝之鄙至此乎。姬⑩！将告汝所学于夫子者矣。自吾之事夫子友若人也，三年之后，心不敢念是非，口不敢言利害，始得夫子一眄⑪而已。五年之后，心庚⑫念是非，口庚言利害，夫子始一解颜而笑⑬。七年之后，从心之所念，庚无是非；从口之所言，庚无利害，夫子始一引吾并席而坐。九年之后，横⑭心

之所念，横口之所言，亦不知我之是非利害欤，亦不知彼之是非利害欤；亦不知夫子之为我师，若人之为我友：内外进矣。而后眼如耳，耳如鼻，鼻如口，无不同也。心凝形释⑮，骨肉都融；不觉形之所倚，足之所履，随风东西，犹木叶干壳。竟不知风乘我邪？我乘风乎？今女居先生之门，曾未浃时⑯，而怨憾者再三。女之片体将气所不受，汝之一节将地所不载。履虚乘风，其可几乎？"尹生甚怍⑰，屏息⑱良久，不敢复言。

【注释】

①老商氏：人名，列子的老师，还有一说疑为壶丘子林。
②伯高子：人名，列子的友人，疑为伯昏瞀人。
③进：通"尽"。这里指完全掌握的意思。
④道：指道术，指关于"道"的整体观念，也指按"道"来修行的方法。
⑤尹生：对年轻人的称呼。此人姓尹，是列子学生，故称尹生。即章戴。
⑥蕲：古同"祈"，祈求。
⑦怼（duì）：怨恨。
⑧曩（nǎng）：以往，从前，过去的。
⑨脱然：洒脱轻快的样子。
⑩姬：通"居"，坐下或者住下。
⑪眄（miǎn）：斜着眼看。
⑫庚：通"更"。表示跟上一层意思相反或出乎意料和常情之外，相当于"反而""竟然""还是"。
⑬解颜而笑：解颜，开颜，指笑得使面容舒展开来。解颜而笑，形容满脸笑容，十分高兴的样子。
⑭横（hèng）：这里指放纵。
⑮心凝形释：精神凝聚，形体散释。指思想极为专注，简直忘记了自己身体的存在。
⑯浃（jiā）时：一季。形容为时不长。
⑰怍（zuò）：惭愧。
⑱屏息：犹屏气。形容注意力集中或恐惧。

【译文】

列子拜老商氏为师，以伯高子为友，完全学到了两个人的道术，然后乘风返回。尹生听说了，便去跟列子居住在一起，好几个月都不回去探望家人。他趁机请教列子的道术，祈求了十次，列子十次都没有传授给他。尹生满腹怨气，请求离开这里，而列子也不表示什么态度。尹生回到家里几个月，他想学道的念头还是没有退却，又前去跟随列子学习。列子问："你为什么这么频繁的来去呢？"尹生说："过去我向您请教，您不肯告诉我，我当然对您有些怨气。如今我又同以往一样地轻快了，因此又来了。"

列子说:"过去我以为你明白事理,现在没想到你竟然浅薄到了如此程度。坐下!我将把我从先生那里学习的东西告诉你。自从我拜老商氏为师、以伯高子为友之后,三年之内,心中不敢思考是与非,嘴上不敢言说利与害,这样先生才开始对我斜视一下罢了。五年之后,心中反而思考是与非,嘴上反而言说利与害,这样先生才开始舒展面容地对我笑一笑。七年之后,我随着心灵去思考,反而感觉没有什么是与非;顺着口舌去言说,反而感觉没有什么利与害,这样先生才开始让我和他并排坐在一张席子上。九年之后,我放纵心里的思考,放纵嘴上的言说,也不知道自己的是非利害是什么,也不知道他人的是非利害是什么;也不知道老商氏是我的老师,伯高子是我的朋友:内心思考和外界事物的界限就茫然无存了。从此以后,眼睛同耳朵的作用一样,耳朵同鼻子的作用一样,鼻子同嘴的作用一样,所有五官也就没有什么区别了。精神凝聚,形体散释,骨肉都与自然融为一体;感觉不到身体所倚靠的,两脚所踩踏的,任随风吹而东西飘游,就像枯叶与干壳一样。竟然不知道是风乘着我呢,还是我驾着风啊!如今你在老师的门下,还没有多长时间,就再三地怨恨抱憾。你身体的任何一片肤体都不会被元气所承受,你身体的任何一根肢节都不会被大地所负载。想要脚踏虚空,驾驭风云,又怎么能办得到呢?"尹生听后,非常惭愧,好长时间都不敢大声出气,也不敢再说什么。

【原文】

列子问关尹①曰:"至人②潜行不空③,蹈火不热,行乎万物之上而不慄。请问何以至于此?"关尹曰:"是纯气④之守⑤也,非智巧果敢之列。姬!鱼⑥语女。凡有貌像声色者,皆物也。物与物何以相远也?夫奚足以至乎先?是色而已。则物之造乎不形,而止乎无所化。夫得是而穷之者,焉得而正⑦焉?彼将处乎不深⑧之度,而藏乎无端⑨之纪,游乎万物之所终始。壹⑩其性,养其气,含其德,以通乎物之所造。夫若是者,其天守全,其神无郤⑪,物奚自入焉?夫醉者之坠于车也,虽疾不死。骨节与人同,而犯害与人异,其神全也。乘亦弗知也,坠亦弗知也。死生惊惧,不入乎其胸,是故遻⑫物而不慴。彼得全于酒而犹若是,而况得全于天乎?圣人藏于天,故物莫之能伤也。"

【注释】

①关尹:战国时期的道家人物,姓尹,曾经是函谷关关尹,故称关尹。他的基本思想和老庄一样。
②至人:道家用以代指道德最高的人。
③潜行不空:潜行,在水下行走。空,通"窒",即窒碍。
④纯气:纯和之气,指阴阳两气变化所产生的、构成人的自然质性的纯净和气。
⑤守:保持。

⑥鱼：通"余"，即"我"。
⑦正：阻止。
⑧深：通"淫"，过度，超越限度。
⑨端：绪，发端。
⑩壹：统一，一致。这里引申为纯化的意思。
⑪郤(xì)：同"隙"。空隙；裂缝。
⑫遻(è)：遇，遇到。

【译文】

列子问关尹说："道德修养达到最高境界的人，潜行水中不会觉得窒息，踏入火中不会感到炽热，行走在万物上而不知道恐惧。请问他们依靠什么才能达到这种程度呢？"关尹说："这靠的是保持纯正平和之气，并不是凭着智巧、果敢之类所能办到的。坐下！我告诉你。凡是具有相貌、形状、声音和颜色的，都是物。物与物之间的差距为何如此之大呢？为何有的物能够超越其他的物呢？是形色的缘故罢了。物产生于无形无色的道，而又消失在不被他物所化的道。掌握这条自然之道并能深究其妙的人，外物又怎能阻碍和左右他呢？他将身体处于永远适宜的限度之中，而把心神藏匿在循环往复的变化里，并畅游在万事万物的始终。纯化他的本性，颐养他的精气，保持他的德操，以此来通向自然。像这样的人，他的天性保持完善，他的心神凝聚无间，那外物又如何能够侵入他呢？酒醉的人从车上跌落下来，虽然身体受到损伤但不会丧命。他的骨骼与别人相同，而损伤却与别人不同，原因在于他的心神完善。坐车没有感觉，跌落也没有感觉。死亡、生存、惊恐、惧怕的念头一点儿都没有侵入他的心胸，因此遇到任何事情都不感到害怕。那种因为酒醉而使心神得到保全的人尚且如此，更何况得到自然之道的保全呢？圣人把心神藏匿于自然之道中，所以任何外物都不能伤害到他。

【原文】

列御寇为伯昏瞀人射，引之盈贯①，措杯水其肘上，发之，镝②矢复沓③，方矢复寓④。当是时也，犹象人⑤也。

伯昏瞀人曰："是射之射，非不射之射也。当与汝登高山，履⑥危石，临百仞⑦之渊，若能射乎？"于是瞀人遂登高山，履危石，临百仞之渊，背逡巡⑧，足二分垂在外。揖御寇而进之。御寇伏地，汗流至踵。伯昏瞀人曰："夫至人者，上窥青天，下潜黄泉，挥斥⑨八极，神气不变。今汝怵然⑩有恂目⑪之志，尔于中也殆⑫矣夫！"

【注释】

①盈贯：引满弓弦，使弓背与弓弦之间的距离与箭同长。
②镝（dí）：箭头，亦指箭。
③复沓：重复。
④寓：寄托，此处指箭搭在弦上。
⑤象人：木偶人；泥人。
⑥履：践踩，走过。
⑦仞：古代计量单位：一仞：周尺八尺或七尺。周尺一尺约合二十三厘米。
⑧逡巡：因为有所顾虑而徘徊不前。这里指欲进不进的样子。
⑨挥斥：放纵，奔放。
⑩怵然：惊惧害怕的样子。
⑪眴（xún）目：眨眼。
⑫殆：本义为危险，这里引申为相差得很远。

【译文】

列御寇为伯昏瞀人表演射箭术。他拉满弓弦，并把装满水的杯子放在肘上，然后开始射箭，箭矢不断飞速射出，后箭正好连着前箭。在这个时候，列御寇全神贯注，就像木偶一样一动不动。

伯昏无人说："你这样是有心为射箭而射箭，并没有达到无心射箭而射箭的地步。假使我和你一起攀登高山，脚踩危崖，亲临万丈深渊，你还能射吗？"于是伯昏瞀人便领他登上高山，脚踩危崖，就在身临万丈深渊时，他背对着深渊向后退步，双脚已有三分之二悬在危崖之外。然后对着御寇拱手作揖，请他走到自己那里去。列御寇却吓得趴倒在地，冷汗一直流到脚后跟。伯昏瞀人说："道德修养达到最高境界的人，上能窥探到青天，下能潜行到黄泉，自由放纵于四面八方，而神气丝毫都不会改变。可是你现在却恐惧得直眨眼睛，你体悟射箭的奥妙还差得很远啊！"

【原文】

范氏有子曰子华，善养私名①，举国②服之；有宠于晋君，不仕而居三卿③之右④。目所偏视⑤，晋国爵之；口所偏肥⑥，晋国黜之。游其庭者侔⑦于朝。子华使其侠客以智鄙相攻，强弱相凌。虽伤破于前，不用介意。终日夜以此为戏乐，国殆⑧成俗。

禾生、子伯，范氏之上客⑨。出行，经坰⑩外，宿于田更⑪商丘开之舍。中夜，禾生、子伯二人相与言子华之名势，能使存者亡，亡者存；富者贫，贫者富。商丘开先窘于饥寒，潜于牖北⑫听之。因假粮荷畚⑬之子华之门。

子华之门徒皆世族也，缟衣乘轩⑭，缓步阔视⑮。顾见商丘开年老力弱，面目

黎黑⑥，衣冠不检，莫不眄⑰之。既而狎侮欺诒⑱，攩㧙挨抌⑲，亡所不为。商丘开常无愠容⑳，而诸客之技单㉑，急于戏笑。遂与商丘开俱乘高台，于众中漫言㉒曰："有能自投下者赏百金。"众皆竞应。商丘开以为信然，遂先投下，形若飞鸟，扬于地㉓，肌骨无砤㉔。范氏之党以为偶然，未讵㉕怪也。因复指河曲㉖之淫隈㉗曰："波中有宝珠，泳可得也。"商丘开复从而泳之，既出，果得珠焉。众眆㉘同疑。子华眆令豫㉙肉食衣帛之次。俄而范氏之藏大火。子华曰："若能入火取绵者，从所得多少赏若。"商丘开注，无难色，入火注还，埃不漫，身不焦。范氏之党以为有道，乃共谢之曰："吾不知子之有道而诞㉚子，吾不知子之神人而辱子。子其愚我也，子其聋我也，子其盲我也，敢问其道。"

商丘开曰："吾亡道。虽吾之心亦不知所以。虽然，有一于此，试与子言之。曩㉛子二客之宿吾舍也，闻誉范氏之势，能使存者亡，亡者存；富者贫，贫者富。吾诚之无二心，故不远而来。及来，以子党之言皆实也，唯恐诚之之不至，行之之不及，不知形体之所措，利害之所存也。心一而已。物亡迕㉜者，如斯而已。今昉知子党之诞我，我内藏猜虑，外矜观听，追幸昔日之不焦溺也，怛然内热㉝，惕然震悸㉞矣。水火岂复可近哉？"自此之后，范氏门徒路遇乞儿马医，弗敢辱也，必下车而揖之。

宰我㉟闻之，以告仲尼。仲尼曰："汝弗知乎？夫至信之人，可以感物也。动天地，感鬼神，横六合㊱，而无逆者，岂但履危险入水火而已哉？商丘开信伪物犹不逆，况彼我皆诚哉？小子识之！"

【注释】

①私名：犹私客，私人。
②举国：全国上下。这里指全国人民。
③三卿：卿，古代高级长官或爵位的称呼。西周、春秋时期，天子、诸侯所属的高级长官都称卿。三卿，这里指春秋时期晋国韩、魏、赵三大族。
④右：古代称等级高的。这里是指比"三卿"还高的地位。
⑤偏视：指特别看重。
⑥偏肥：指特别鄙薄。
⑦侔(móu)：等列，相等。
⑧殆：几乎。
⑨上客：上宾；尊贵的客人。
⑩坰(jiōng)：离城远的郊野。
⑪田更(gēng)：田叟，老农民。更，叟。
⑫牖(yǒu)北：指朝北的窗户。
⑬荷畚：荷(hè)，用肩扛或担；背负。畚(běn)，用木、竹、铁片做成的撮垃圾、粮食等的器具。

⑭缟衣乘轩：缟衣，白绢衣裳。轩，古代一种有围棚或帷幕的车子，比较华丽，供高官乘坐。
⑮缓步阔视：缓步，指徐步、慢行。阔视，指放眼四看，形容大方而有气派。
⑯黎黑：（脸色）黑。也作黧黑。
⑰眱（nè）：轻视。
⑱狎侮欺诒：狎侮，轻慢侮弄。诒（dài），欺骗。
⑲搒㧙挨抌：搒（táng），捶打。㧙（bì），正面推击。挨，用体侧撞击。抌，推，击背。
⑳愠（yùn）容：愤怒的神色。
㉑单：通"殚"，尽、完。
㉒漫言：随便地说。
㉓扬于地：飘飘摇摇地落到地上。
㉔䃣（huǐ）：败坏。
㉕讵（jù）：通"巨"，特别地。
㉖河曲：河流迂曲的地方。
㉗淫隈（wēi）：水特别深的角落。
㉘昉（fǎng）：曙光初现，引申为开始，方才。
㉙豫：古同"与"，参与，加入。
㉚诞（dàn）：欺诈，虚妄。
㉛曩（nǎng）：以往，从前，过去的。
㉜忤（wǔ）：违背，相抵触。这里是触犯、损害的意思。
㉝怛然内热：怛（dá）然，惊惧的样子。内热，指内心忧煎焦灼。
㉞惕然震悸：惕然，惊恐的样子。震悸（jì），震惊恐惧。
㉟宰我：一名宰予，春秋时期鲁国人，字自我，孔子的学生。
㊱六合：指上下和四方，泛指天地或宇宙。

【译文】

范家有个儿子叫子华，喜欢蓄养游士侠客，全国的百姓都屈服于他的势力；他很受晋国国君的宠幸，虽然不做官，但他的地位却在当时的三卿之上。凡是他所看重的人，朝廷就会给以爵位；凡是他所鄙薄的人，朝廷就会立即罢黜。往来他厅堂上议事的人同朝廷上的人一样多。子华让他的侠客们凭智力的高下相互攻击，凭体力的强弱相互欺凌，即使在他面前打得头破血流，他也毫不在意。整日整夜以此游戏取乐，几乎成为全国的风气。

禾生和子伯两人是范家的上等门客，一次外出游玩，途经荒远郊野，借住在老农商丘开的家里。半夜，禾生与子伯两人一起谈论子华的名声与势力，说他能使生者死亡，死者复活；富者变贫，贫者变富。商丘开正因于饥寒，此时躲在朝北的窗口下听到了他们这番谈话。于是，他就借了粮食，挑着装有行礼的畚箕来到子华的门前。

子华的门徒都出身于世家大族，身穿白色绢衣，乘坐华丽高车，走路不慌不忙，眼

睛只朝天看。他们瞧见商丘开年老体弱，面色黧黑，衣冠邋遢，无不加以藐视。接着又都围上来戏弄侮辱欺骗他，进而推搡捶打他，无所不为。商丘开却没有一点恼怒的样子，倒是门客们的手段用尽了，戏弄嘲笑得也疲惫了，才作罢。于是他们又同商丘开一起登上高台，人群中有人随意说："有能从高台上跳下去的，赏他百金。"大家都假装争着响应。商丘开信以为真，于是就抢先跳下高台，只见他的身体好像飞鸟，飘飘摇摇地落到了地上，肌肤与骨骼都丝毫没有损伤。范家门徒以为这是偶然，没有感到特别奇怪。于是又指着河湾深水处说："那里面有宝珠，游潜入水底就可以得到。"商丘开又受他们的怂恿，潜入水底，等他游出水面，果然找到了宝珠。大家这才开始感到惊疑。子华这才让他加入到食肉穿绸的行列。不久，范家的仓库发生大火。子华说："你们如果有能钻进火中取出绸缎的，取出多少都奖赏你们。"商丘开钻进大火中，毫无难色，在火中进进出出数次，然而火灰不沾身，肌肤烧不焦。这样一来，范家门徒都以为他有什么道术，于是就一齐向他道歉说："我们不知您有道术而欺哄了您，我们不知您是神人而侮辱了您。您把我们都当成傻瓜，您把我们都当成聋子，您把我们都当成瞎子。我们大胆地向您请教道术。"

商丘开说："我没有什么道术。就是我自己也不知道原因何在。尽管这样，这里还是有一点道理，不妨跟你们说说。过去你们中有两位门客借住在我家，我听到他们赞誉范家的势力，能使生者死亡，死者复活；富者变贫，贫者变富。对此，我毫不怀疑，因此不怕路途遥远来到这里。到了以后，我又把你们这帮人的话句句当真，生怕相信得不够，行动得不快，所以不知道我的形体放在哪里才合适，也不知道利害在什么地方，只是心意专一罢了。这样，外物就不能损害我，如此而已。现在我才知道你们是在欺骗我，于是我心中便满怀猜测与疑虑，外面还要注意察言观色，庆幸过去没有被烧焦、溺死，回想起来心中就惊愕焦灼，浑身就战栗发抖。难道还可以再接近水火吗？"从此以后，范氏的门客在路上遇到乞丐马医之类的穷人，也不敢再侮辱了，还一定要下车向他们拱手作揖。

宰我听说了这件事，就来告诉孔子。孔子说："你不知道吗？最诚心的人，是可以感化外物的。他们可以惊动天地，感化鬼神，纵横天下而没有阻碍他们的东西，何止是身临险境、出入水火呢！商丘开相信那些虚假的事物尚且遭不到阻碍，又何况你我都是那么诚心诚意呢！这点你们要牢牢记住！"

【原文】

周宣王①之牧正②有役人③梁鸯者，能养野禽兽，委④食⑤于园庭之内，虽虎狼雕鹗⑥之类，无不柔驯者。雄雌在前，孳尾⑦成群，异类杂居，不相搏噬⑧也。王虑其术终于其身,令毛丘园⑨传之。

梁鸯曰:"鸯,贱役也,何术以告尔?惧王之谓隐于尔也,且一言我养虎之法。凡顺之则喜,逆之则怒,此有血气者之性也。然喜怒岂妄发哉?皆逆之所犯也。夫食虎者,不敢以生物与之,为其杀之之怒也;不敢以全物与之,为其碎之之怒也。时其饥饱,达其怒心。虎之与人异类,而媚养己者,顺也;故其杀之,逆也。然则吾岂敢逆之使怒哉?亦不顺之使喜也。夫喜之复也必怒,怒之复也常喜,皆不中也。今吾心无逆顺者也,则鸟兽之视吾,犹其侪⑩也。故游吾园者,不思高林旷泽;寝吾庭者,不愿深山幽谷,理使然也。"

【注释】

①周宣王:姬靖,西周国王,前828—前782年在位。周厉王之子,死后被追谥为世宗。
②牧正:古官名。牧官之长,主管畜牧。
③役人:供役使的人。
④委:托付,此处引申为致送。
⑤食(sì):喂养。
⑥雕鹗:雕(diāo),是鸟类的一种,羽毛褐色,上嘴勾曲,视力很强,利爪,能捕食山羊、野兔等。鹗(è),俗称"鱼鹰",一种大型无害的鹰,背深褐色,腹部白色,性凶猛,常在水面上飞翔,捕食鱼类。它们都属于猛禽。
⑦孳(zī)尾:动物交配繁殖。后多指交尾。
⑧搏噬(shì):搏击吞噬。亦以喻打击陷害或侵略吞并。
⑨毛丘园:人名,姓毛,名丘园。
⑩侪(chái):同辈,同类。

【译文】

周宣王时期的牧正手下有一个名叫梁鸯的役夫,能够饲养野生的禽兽,他在园庭中送食物喂养它们,即使是虎狼雕鹗之类的禽兽,也无不对他温柔驯服。这些雌雄禽兽交配繁殖,生下成群的后代;不同种类的禽兽混杂居住在一起,从不互相搏斗伤害。周宣王担心梁鸯的技术失传,便派毛丘园来学习他的驯养技术。

梁鸯对毛丘园说:"我梁鸯只不过是一个低贱的役夫,有什么技术可传授给你的呢?但怕大王说我对你隐瞒,姑且说一说我饲养老虎的方法。一般来说,依顺它就高兴,违逆它就发怒,这是有血气的动物的本性。但是高兴与恼怒难道是随便就发作的吗?这都是由于违背它的习性而触发的。喂养老虎,我不敢拿活的动物喂它,怕它在咬杀活物时诱发它的天性而发怒;我也不敢拿整个的动物喂它,怕它在撕碎动物时诱发它的天性而发怒。要知道它饥饱的时刻,摸透它发怒的条件。虎与人不同类,虎讨好喂养它的人,是由于喂养的人依顺了它的缘故;之所以它伤害人,是因为人们违逆了它的

性情。既然这样,我哪里敢违逆它而使它发怒呢!当然我也不一味地依顺它让它高兴。因为高兴过度反过来一定会发怒,而恼怒过度反过来又常常是高兴,这两种做法都不适当。现在我的心里既不想违逆它们也不想顺从它们,那么鸟兽看待我,就像看待它们的同类一样。所以游玩在我园庭中的禽兽,不再思念密林和大泽;栖息在我园庭中的禽兽,不再向往深山和幽谷,这正是由于上述道理而使这些禽兽变成这个样子的。

【原文】

颜回问乎仲尼曰:"吾尝济①乎觞深②之渊矣,津人③操舟④若神。吾问焉,曰:'操舟可学邪?'曰:'可。能游者可教也,善游者数能⑤。乃若夫没人⑥,则未尝见舟而谡⑦操之者也。'吾问焉而不告。敢问何谓也?"仲尼曰:"谮⑧!吾与若玩⑨其文也久矣,而未达其实,而固且道与。能游者可教也,轻水也;善游者之数能也,忘水也。乃若夫没人之未尝见舟也而谡操之也,彼视渊若陵,视舟之覆犹其车却也。覆却万物方陈乎前而不得入其舍⑩,恶⑪往而不暇?以瓦抠⑫者巧,以钩抠者惮,以黄金抠者惛⑬。巧一也,而有所矜⑭,则重外也。凡重外者拙内。"

【注释】

①济:渡,过河。
②觞深:深潭之名,因为它的形状像酒杯而得名。觞(shāng),古代酒器。
③津人:摆渡的船夫。
④操舟:驾驶船只。
⑤数能:很快能学会。数,通"速",迅速。
⑥没人:善于潜水的人。
⑦谡(sù):起,起来。
⑧谮:叹词,与"噫"、"唉"同。
⑨玩:这里当研讨,反复体会讲。
⑩舍:这里指内心。
⑪恶:通"无"。
⑫抠:古代的一种博戏,即一方将物品藏起,另一方伸手摸取,相当于"藏钩"。这里"抠"作动词,表示进行这种博戏。
⑬惛(hūn):古同"昏",迷乱;糊涂。
⑭矜:谨守,慎重。

【译文】

颜回问孔子说:"我曾经坐船渡过一个叫做觞深的深渊,摆渡人的划船技术简直是出神入化。我问他:'划船的技术可以学吗?'他说:'可以。会游泳的人可以教会,游得好的人很快就能学会。至于那些善于潜泳的人，即使从来没有见过船，但能立即驾驭它。'我问他原因，他就不再说话了。请问先生，他说的是什么意思呢？"孔子说："唉！我和你研习那些文章的道理已经很久了，但是没有掌握实际经验，又何况要掌握道的本身呢？会游泳的人可以教会他，是因为他不怕水；游得好的人很快就能学会，是因为他的心中不觉得有水的存在。至于那些善于潜泳的人，即使从来没有见过船，也能立即驾驭，这是因为他把深渊看成是土山，把渡船的倾覆看成是车子倒退。万物倾覆倒退同时呈现在他面前，他都会镇定自若，不放在心上，遇到什么情况不从容不迫呢？用瓦片做赌注的，技术发挥得一定巧妙；用银钩做赌注的，心里就有些害怕；用黄金做赌注的，头脑就必然糊涂。赌博的技巧是一样的，而有所顾惜，是因为看重身外之物了。凡是看重身外之物的人，内心就会笨拙。"

【原文】

孔子观于吕梁①，悬水②三十仞③，流沫三十里，鼋鼍④鱼鳖之所不能游也。见一丈夫游之，以为有苦而欲死者也，使弟子并流而承⑤之。数百步而出，被发行歌，而游于塘行⑥。孔子从而问之，曰："吕梁悬水三十仞，流沫三十里，鼋鼍鱼鳖所不能游，向吾见子道⑦之，以为有苦而欲死者也，使弟子并流而承子。子出而被发行歌，吾以子为鬼也。察子，则人也。请问蹈水有道乎？"曰："亡，吾无道。吾始乎故，长乎性，成乎命，与赍⑧俱入，与汩⑨偕出。从水之道而不为私焉，此吾所以道之也。"孔子曰："何谓始乎故，长乎性，成乎命也？"曰："吾生于陵而安于陵，故也；长于水而安于水，性也；不知吾所以然而然，命也。"

【注释】

①吕梁：此处的吕梁应在鲁、卫之间的泗水之上。
②悬水：瀑布。
③仞：古代计量单位。
④鼋鼍：鼋(yuán)，爬行动物，外形像龟，生活在水中，短尾，背甲暗绿色，近圆形。鼍(tuó)，爬行动物，吻短，体长二米多，背部、尾部均有鳞甲。穴居江河岸边，皮可以蒙鼓。亦称"扬子鳄"、"鼍龙"、"猪婆龙"。
⑤承(zhěng)：通"拯"，救。
⑥塘行：即塘下，堤岸下面。张湛注："塘当作塘，行当作下。"
⑦道：通"蹈"，踏，踩。张湛认为"道当为蹈"。
⑧赍(jī)：携着，带着。
⑨汩⑨：涌出的水流。

【译文】

孔子在吕梁山观览,看见瀑布飞流直下三十仞,流沫溅出三十里,即便是鼋鼍鱼鳖也不能游渡。他却看见一个汉子在那里漂游,孔子以为他是心中痛苦而想自杀的人,于是赶忙派弟子顺着水流去救他。谁知他游了几百步远又从波涛中钻出来上了岸,披散着头发,边走边歌,在河堤下漫步。孔子赶上去问他说:"吕梁瀑布飞流直下三十仞,流沫溅出三十里,即便是鼋鼍鱼鳖也不能游渡,刚才我看见你跳进水里,以为你是心中痛苦而想自杀的人,便派弟子顺着水流来救你。不料你出水以后又披散着头发,边走边唱,我又以为你是鬼呢。但仔细一看,却是人。请问游水有道术吗?"那汉子回答说:"没有,我没有什么道术。我不过是'始乎故'、'长乎性'、'成乎命'罢了,我与漩涡一同卷入水底,又随涌出的水流一起冲出水面。我顺从水的流动方向而不凭个人的主观意愿,这就是我之所以能够出没水中的道术了。"孔子问:"什么叫做'始乎故'、'长乎性'、'成乎命'呢?"那汉子说:"一个人出生在山里而习惯于山里,这就是自然生成的素质开始,所以叫做'故';一个人成长在水边而习惯于水边,这就是自身的本性,所以叫做'性';我不知道自己为什么会游水却自然而然地能游水,所以叫做'命'。"

【原文】

仲尼适楚,出于林中,见痀偻①者承蜩②,犹掇③之也。仲尼曰:"子巧乎!有道邪?"曰:"我有道也。五六月累垸④二而不坠,则失者锱铢⑤;累三而不坠,则失者十一⑥;累五而不坠,犹掇之也。吾处也若橛株驹⑦,吾执臂若槁木之枝。虽天地之大、万物之多,而唯蜩翼之知。吾不反不侧,不以万物易蜩之翼,何为而不得?"

孔子顾谓弟子曰:"用志不分⑧,乃凝于神。其痀偻丈人之谓乎!"丈人⑨曰:"汝逢衣⑩徒也,亦何知问是乎?修⑪汝所以,而后载⑫言其上。"

【注释】

①痀偻(jū lǚ):弯腰驼背的人。
②承蜩:指用粘蝉翼的办法捕蝉。因为蝉肉可以食用,夏天的乡间,儿童有捕蝉、捉蝉的习惯。蜩(tiáo),古书上指蝉。
③掇:拾取。
④累垸(huán):即把泥丸累加在竿头之上,然后举而丸不掉下。用以训练手臂的稳定性和准确性。垸,与"丸"相同,小圆球形状的物体。
⑤锱铢(zī zhū):旧制锱为一两的四分之一,铢为一两的二十四分之一。比喻极其微小的数量。
⑥十一:十分之一。
⑦橛株驹:树桩。张湛注引崔譔曰:"橛株驹,断树也。"一本作"橛株拘"。比喻佝偻丈人由

于意念集中而成为直立地上的断木、枯树。

⑧用志不分：运用心思，专一而不分散。指一心不二用。志，心思；分，分散。

⑨丈人：古时对老年男子的尊称。

⑩逢衣：一种袖子宽大的衣服，古代儒者所穿。

⑪修：这里是修除、放弃的意思。

⑫载：通"再"。

【译文】

孔子去楚国的路上，经过一片树林，看见一位驼背老人正在粘蝉，竟然就像在地上拾取东西一样容易。孔子问道："您的技术太巧妙了！有道术吗？"老人回答说："我当然有道术。需要经过五六个月时间来练习累丸。如果在竿头子上能累加两颗而不掉下来，那么粘蝉失手的次数就很少了；累加三颗而不掉下来，那么粘蝉失手的次数只有十分之一；累加五个而不掉下来，那么粘蝉就像在地上随手拾取东西一样了。我站在地上，如同残断的树桩，挺直不摇；我举起手臂，如同枯槁的树枝，纹丝不动。虽然天地广大，万物繁多，但我的两眼只看到蝉的翅膀。我不转身，也不四顾，绝不容许任何事物来分散我对蝉翅膀的注意力。这样怎么会粘不到蝉呢？"

孔子回头对弟子说："心思专一而不分散，凝聚的神情就能达到奇境了。这大概就是驼背老人所说的道理吧！"老人说："你们是穿着儒服的读书人，也知道过问这些事情吗？抛弃你们那套仁义说教，然后再谈论上面的这些道理吧。"

【原文】

海上之人有好沤①鸟者，每旦②之海上，从沤鸟游，沤鸟之至者百住③而不止。其父曰："吾闻沤鸟皆从汝游，汝取来，吾玩之。"明日之海上，沤鸟舞④而不下也。故曰：至言去言，至为无为；齐⑤智之所知，则浅矣。

【注释】

①沤（ōu）：通"鸥"。水鸟名，即海鸥。

②旦：早晨。

③住：通"数"。张湛注："住，当作数。"

④舞：这里指飞翔。

⑤齐：这里作"限定"讲。

【译文】

海边有个非常喜欢海鸥的人，每天早晨都到海上去，同海鸥一起玩耍，飞到他身边玩耍的海鸥以百数计还不止。一天，他的父亲说："我听说海鸥都喜欢跟你一起玩耍，你抓几只来，我也玩赏一番。"第二天他来到海上，海鸥都在空中飞翔而不肯下来。因此说："最精妙的语言是不用语言来表达，最高尚的作为是无所作为；只限于一个人的智巧所知，那就非常浅薄啦。"

【原文】

赵襄子①率徒十万，狩②于中山③，藉芿④燔林⑤，扇赫⑥百里。有一人从石壁中出，随烟烬上下，众谓鬼物。

火过，徐行而出，若无所经涉⑦者。襄子怪而留之。徐而察之：形色七窍，人也；气息音声，人也。问奚道而处石？奚道而入火？其人曰："奚物而谓石？奚物而谓火？"襄子曰："而向之所出者，石也；而向之所涉者，火也。"其人曰："不知也。"

魏文侯⑧闻之，问子夏曰："彼何人哉？"子夏曰："以商所闻夫子之言，和者大同于物，物无得伤阂⑨者，游金石，蹈水火，皆可也。"文侯曰："吾子奚不为之？"子夏曰："刳心⑩去智，商未之能。虽然，试语之有暇矣。"文侯曰："夫子奚不为之？"子夏曰："夫子能之而能不为者也。"文侯大说。

【注释】

①赵襄子：名毋恤（又作无恤），春秋时期晋国大夫，战国时期赵国的创始人。他出生于五霸称雄的春秋末期，卒于诸侯兼并的战国早期。卒谥襄，史称赵襄子。
②狩：打猎，古代指冬天打猎。
③中山：古国名。春秋末年鲜虞人所建。战国时，其活动中心在河北定县。
④藉芿：指践踏乱草。藉，践踏。芿（réng），乱草。
⑤燔林：烧毁树林。燔（fán），焚烧。
⑥扇赫：谓火焰炽烈旺盛。
⑦经涉：经过，通过。
⑧魏文侯：名斯，魏武侯的父亲，魏国百年霸业的开创者。他在战国七雄中首先实行变法，改革政治，奖励耕战，兴修水利，发展封建经济，北灭中山国（今河北西部平山、灵寿一带），西取秦西河（今黄河与洛水间）之地，遂成为战国初期的强国。
⑨伤阂：伤害阻隔。
⑩刳心：道教语。谓摒弃杂念。刳（kū），从中间破开再挖空。

【译文】

赵襄子率领十万人马在中山国狩猎，践踏杂草，烧毁树林，炽烈的火势绵延百里。有一人从石壁中跳出来，跟随着烟火灰烬的升腾上下窜动，大家见了都以为是鬼怪。

大火过后，那人慢慢地走出来，就好像从未经过烟火石壁一样。赵襄子感到奇怪，将他留住。细细察看，见他形貌、肤色和七窍，就是人，再听他呼吸声音，也是人，于是问他："你凭什么道术能在石壁中居住？又凭什么道术能在火焰中出入呢？"那人说："什么东西叫做石壁？什么东西叫做火焰？"赵襄子说："刚才你所出来的地方就是石壁，刚才你所经过的东西就是火焰。"那人说："不知道。"

魏文侯听说这件事以后，问子夏说："那究竟是个什么样的人啊？"子夏说："根据我从孔子那里听来的话来讲，中和之人能够与外物完全统一，因而也没有什么外物能够伤害与阻隔他，在金石中行走，在水火中跳跃，都能做得到。"魏文侯又说："那么先生您为什么不这样做呢？"子夏说："摒除杂念，抛弃思虑，我还不能办到。即使这样，但试着谈谈这些道理还是可以的。"文侯说："那孔夫子为什么不这样做呢？"子夏说："夫子能够做得到，但他更能不去这样做。"魏文侯听后，十分高兴。

【原文】

有神巫①自齐来处于郑，命②曰季咸③，知人死生、存亡、祸福、寿夭，期以岁、月、旬、日如神。郑人见之，皆避而走。列子见之而心醉，而归以告壶丘子，曰："始吾以夫子之道为至矣，则又有至焉者矣。"

壶子曰："吾与汝无其文，未既其实，而固得道与？众雌而无雄，而又奚卵焉？而以道与世抗，必信④矣，夫故使人得而相汝。尝试与来，以予示之。"

明日，列子与之见壶子。出而谓列子曰："嘻！子之先生死矣，弗活矣，不可以旬数矣。吾见怪焉，见湿灰焉。"列子入，涕泣沾衿⑤，以告壶子。壶子曰："向吾示之以地文⑥，罪⑦乎不誫⑧不止，是殆见吾杜德几也。尝又与来！"

明日，又与之见壶子，出而谓列子曰："幸矣，子之先生遇我也，有瘳⑨矣，灰然有生矣，吾见杜权⑩矣。"列子入告壶子。壶子曰："向吾示之以天壤⑪，名实不入，而机发于踵，此为杜权。是殆见吾善者几也。尝又与来！"

明日，又与之见壶子，出而谓列子曰："子之先生坐不齐⑫，吾无得而相焉。试齐，将且复相之。"列子入告壶子。壶子曰："向吾示之以太冲莫朕⑬，是殆见吾衡气几也。鲵⑭旋之潘⑮为渊，止水之潘为渊，流水之潘为渊，滥水之潘为渊，沃水之潘为渊，氿水⑯之潘为渊，雍水⑰之潘为渊，汧水⑱之潘为渊，肥水之潘为渊，是为九渊焉。尝又与来！"

明日，又与之见壶子。立未定，自失而走。壶子曰："追之！"列子追之而不及，反以报壶子，曰："已灭矣，已失矣，吾不及也。"壶子曰："向吾示之以未始出吾宗。吾与之虚而猗移⑲，不知其谁何，因以为茅靡⑳，因以为波流，故逃也。"

然后列子自以为未始学而归,三年不出,为其妻爨㉑,食豨㉒如食人,于事无亲,雕琢㉓复朴,块然㉔独以其形立;纷然㉕而封戎㉖,壹以是终。

【注释】

①神巫:巫师。古代自称能以舞蹈降神的人,主职奉祀天帝鬼神及为人祈福禳灾,并兼事占卜、星历之术。一般女巫称"巫",男巫称"觋"。
②命:取名,命名。
③季咸:姓季名咸,巫师。传说为春秋时期郑国人。
④信:通"伸",表白呈露。
⑤衿:古代服装下连到前襟的衣领。
⑥地文:土地的纹理,土地的外貌。是说不动的样子。地以无心为宁静,故以不动、静止为地文。
⑦罪:应为"萌"字之误。张湛认为:"罪或作萌。"萌即萌动。这里用草木在萌动之际生机未露,来形容壶子堵塞生机后的状态。
⑧诊:通"震",动。
⑨瘳(chōu):病愈。
⑩杜权:闭塞中有所变动。
⑪天壤:指天上地下,游于无边无际的天地之间。天与壤合,乃生物之本。
⑫不齐:情态不一致。
⑬太冲莫朕:太冲,极度虚静。朕(zhèn),通"朕",指征兆,迹象。
⑭鲵(ní):俗称娃娃鱼,此处泛指大鱼,如鲸之类。
⑮潘:漩涡,回旋的水流。
⑯沈(guǐ)水:从侧面流出的水流。
⑰雍水:指泛滥决口后又被堵塞的水流。雍,通"壅",堵塞。
⑱汧(qiān)水:从地下冒出而又积止的水。
⑲猗(yī)移:委曲顺从的样子。
⑳茅靡(mǐ):应变不穷貌;随顺貌。
㉑爨(cuàn):烧火做饭。
㉒豨(xī):古同"豨",猪。
㉓雕琢:雕琢,刻镂。
㉔块然:孤独的样子,独处的样子。
㉕纷然:混淆、杂乱的样子。指外部世界万象纷呈。
㉖封戎:散乱的样子。

【译文】

有一个巫师从齐国来到郑国居住,名字叫季咸,能推算出人的生死存亡、祸福夭寿,并能预测出哪年、哪月、哪旬、哪日发生,无不准确如神。郑国人见到他,都躲开他走得远远的。列子见到他,却佩服得五体投地,并回来告诉了壶丘子,说:"原来我以为您的道术是最高境界的了,没想到如今又出现了比您的道术还要高深的人。"

壶子说:"我同你修习过的有关道术,还没有经过事实验证,你就认为掌握'道'的根本了吗?这正像只有很多雌性动物而没有雄性动物,又怎么能产卵繁殖呢?你拿道术去同世俗的东西周旋,必然会显露出内心的真情,因此容易让人看透而能为你相面。你请他到我这里试一试,让他给我看看相。"

第二天,列子带着季咸来见壶子。季咸走出屋对列子说:"唉!您的老师将要死了,没救了,活不过十几天了。我看他神色异常,面如死灰。"列子走进屋,悲伤哭泣,泪湿衣襟,把这番话告诉了壶子。壶子说:"刚才我给他显示了大地般凝结沉寂的外貌,气息萌发在不振不息之际,他这是只看见我的身心机制受阻的一方面,因此说我要死了。再请他来一趟吧!"

第二天,季咸又随列子来见壶子。季咸走出屋对列子说:"幸运啊!你的先生多亏遇到了我,他的病好啦!他的神色死灰复燃了,我看见他闭塞的生机在萌动了。"列子走进屋,把这番话告诉了壶子。壶子说:"刚才我给他显示的是天地交接时和顺柔美的外貌,名誉和实利都不能侵入,而生机从脚跟慢慢升起,这便是闭塞的生机在萌动。他这是只看见我好转的生机,因此说我好了。再请他来一趟吧!"

第二天,季咸又随列子来见壶子。走出屋对列子说:"你的先生坐在那里神情恍惚不定,我无从给他看相。等他心神安定下来,我再给他看相。"列子走进屋,把这番话告诉了壶子。壶子说:"刚才我给他显示的是没有任何迹象的极度虚静,他这是看见我平衡神色的机制了,然而却没有看到我脸上的其他征兆,因此说我神情恍惚不定。鲸鲵腾跃形成的回旋水流为深渊,静止的水形成的回旋水流为深渊,流动的水形成的回旋水流为深渊,泛滥的水形成的回旋水流为深渊,从上泻下的水形成的回旋水流为深渊,侧面涌出的水形成的回旋水流为深渊,决出而又复归的水形成的回旋水流为深渊,地下涌出的水形成的回旋水流为深渊,不同源头会合的水形成的回旋水流为深渊,这就是九种各异的深渊。再请他来一趟吧!"

第二天,列子又带季咸来见壶子。还没站稳,季咸就惊慌失色地逃走了。壶子说:"追他!"列子追去,没有赶上,回来报告壶子,说:"已经不见踪影了,已经不知去向了,我追不上了。"壶子说:"刚才我给他显示的是我还不曾从道的本原中产生出来的样子。我未曾显露真实情况而随他变化,以至于他搞不清我究竟是怎么回事。于是便以为我像茅草一样随风而倒,以为我像波浪一样顺水而流,所以他就逃走了。"

从这之后,列子才认识到自己并未学到什么,于是返回家中,三年不出门,为他妻子烧火做饭,饲养猪如同伺候人。对任何事物都没有偏爱,去除雕饰,返朴归真,安然无动于衷,只以形体存在;同纷繁复杂的万物保持着界限,专心守一,直到终身。

【原文】

子列子之齐，中道而反，遇伯昏瞀人。伯昏瞀人曰："奚方而反？"曰："吾惊焉。""恶乎惊？""吾食于十浆①，而五浆先馈。"伯昏瞀人曰："若是，则汝何为惊已②？"曰："夫内诚③不解，形谍成光④，以外镇人心，使人轻乎贵老，而虀⑤其所患。夫浆人特为食羹之货，多余之赢；其为利也薄，其为权也轻，而犹若是。而况万乘之主，身劳于国，而智尽于事。彼将任我以事，而效我以功，吾是以惊。"伯昏瞀人曰："善哉观⑥乎！汝处已，人将保汝矣。"

无几何⑦而注，则户外之屦⑧满矣。伯昏瞀人北面而立，敦杖⑨蹙⑩之乎颐⑪，立有间⑫，不言而出。宾者⑬以告列子。列子提屦徒跣⑭而走，暨⑮乎门，问曰："先生既来，曾不废药⑯乎？"曰："已矣。吾固告汝曰：人将保汝，果保汝矣。非汝能使人保汝，而汝不能使人无保汝也，而焉用之感也？感豫出异。且必有感也，摇而本身，又无谓也。与汝游者，莫汝告也。彼所小言⑰，尽人毒⑱也。莫觉莫悟，何相孰⑲也。"

【注释】

①浆：比较浓的液体，这里特指酒浆。

②惊已：惊恐不息。

③内诚：内蕴之诚信。

④形谍成光：指用仪貌诡媚，举止逢迎来造成光彩荣耀。形，形体容貌。谍，察伺，引申为逢迎。

⑤虀(jī)：乱。

⑥观：对自己的反省、感悟。

⑦无几何：不多时。

⑧屦(jù)：古代用麻葛制成的一种鞋。

⑨敦：竖起。

⑩蹙(cù)：原意是迫促，此处用为"抵住"。

⑪颐：面颊，腮。这里指下巴。

⑫间：一会儿，顷刻。

⑬宾者：替主人导引宾客的人。

⑭徒跣(xiǎn)：赤足步行。

⑮暨(jì)：到、至。

⑯废药：废，通"发"，发放。药，药石。《列子解》："废，当为发。"废药，用来比喻规劝别人改过的话。

⑰小言：不合大道的言论。

⑱人毒：毒害人心的东西。

⑲相孰：犹相善，相互得益。孰，这里作"善"。

【译文】

列子前往齐国，半路上又返回来，遇见伯昏瞀人。伯昏瞀人问："为什么又返回来了？"列子说："我感到吃惊。""为什么吃惊？""我在十家卖酒浆的店铺里喝酒，其中就有五家争着不收钱白送给我喝。"伯昏瞀人问："原来如此，这有什么值得你吃惊的呢？"列子说："内心的情欲没有完全消融，形态举止便会媚俗，外表也会呈现光彩，靠这仪貌来震慑人心，就会使人轻易地将自己视为老人而被尊重，而给自己招来祸患。那卖酒浆的人只不过是做点羹食的小买卖，赚些多余利润；他们的利润微小，他们的权势也很小，还这样对待我。更何况是拥有万乘兵车的君主，他们为国家劳碌身体，为政事耗尽智力。他们一定会委我以国家大事，并且考核我治理国家所取得的功绩，所以我感到吃惊。"伯昏瞀人说："你观察的太深入了！你等着吧，人们将会归附你了。"

没过多久，伯昏瞀人到列子家，只见门外都摆满了鞋子。伯昏瞀人面朝北站着，竖起拐杖支着下巴，静观一会儿，没有言语就往外走。接待宾客的人告诉了列子。列子慌慌忙忙地提着鞋子光着脚赶了出来，追到门口，问道："先生既然来了，就不留下点训诫的话给我当作改过的药石吗？"伯昏瞀人说："算了吧！我原本就是来告诉你说，人们将来归附于你，果然来归附你了吧。这并不是你有能力使别人来归附你，而是你没有能力使人不来归附你。你哪里用得着去感召别人呢？感召与这种情况不一样。倘若一定要用感召的方法，那就会动摇自己的本性，这就又毫无意义了。同你交往的人，没有人会告诉你。他们所说的那些不合大道的言论，都是毒害人心的话。和他们在一起，不能相互察觉，相互启发，那相互之间会有什么教益呢？"

【原文】

杨朱①之沛②，老聃③西游于秦④。邀于郊，至梁而遇老子。老子中道仰天而叹曰："始以汝为可教，今不可教也。"杨朱不答。至舍，进涫漱⑤巾栉⑥，脱履户外，膝行⑦而前，曰："向者⑧夫子仰天而叹曰：'始以汝为可教，今不可教。'弟子欲请，夫子辞行不闲，是以不敢。今夫子闲矣，请问其过。"老子曰："而睢睢⑨，而盱盱⑩，而谁与居？大白若辱⑪盛德⑫若不足。"

杨朱蹴然⑬变容曰："敬闻命矣！"其往也，舍者⑭迎将⑮家，公执席，妻执巾栉，舍者避席⑯，炀者⑰避灶。其反也，舍者与之争席矣。

【注释】

①杨朱：字子居，先秦哲学家，战国时期魏国（今河南开封市）人。反对儒墨，尤其反对墨子的"兼爱"，主张"贵生"、"重己"，重视个人生命的保存，反对他人对自己的侵夺，也反对自己对他人的侵夺。他的见解散见于《庄子》、《孟子》、《韩非子》、《吕氏春秋》等书中。

②沛：沛邑，在今江苏沛县东。

③老聃：即老子，又称李耳，字伯阳，楚国苦县曲仁里(今河南鹿邑县太清宫镇)人。是我国古代伟大的哲学家和思想家、道家学派创始人。被唐朝帝王追认为始祖，唐高宗亲临鹿邑拜谒，封老子为"太上玄元皇帝"，唐皇武后封为太上老君，苦县因为老子被皇帝先后更名为真源县、卫真县、鹿邑县，并在鹿邑留下许多与老子相关的珍贵文物。老子是世界百位历史名人之一，存世有《道德经》，其作品的精华是朴素的辩证法，主张无为而治，其学说对我国哲学发展具有深刻影响。在道教中老子被尊为道祖。

④秦：古国名，春秋时建都于雍(今陕西凤翔)，战国时迁都咸阳(今陕西咸阳)。

⑤盥漱：盥漱。这里指洗脸洗手用的水。盥(guàn)，假借为"盥"，盥洗。

⑥巾栉(zhì)：巾和梳篦。泛指盥洗用具。

⑦膝行：指屈服或哀求于人，双腿跪着向前挪动。

⑧向者：副词。以往，从前。

⑨睢睢(suī suī)：仰视貌。

⑩盱盱(xū xū)：张目直视貌。

⑪大白若辱：真正高洁、廉明的，往往是简陋、不被人重视的。辱，黑。

⑫盛德：崇高的品德。

⑬蹴(cù)然：惊惭不安的样子。

⑭舍者：客舍之家。这里引申为旅店主人。下文的"舍者"，指旅客。

⑮将：指送。

⑯避席：古人席地而坐，离席起立，以示敬意。

⑰炀(yáng)者：灶下烧火的人。

【译文】

杨朱南去沛邑，老子西游秦地。相约一起从郊外的小路出发，到梁地杨朱遇到了老子。老子在半路上仰天长叹道："起初我以为你是可以教诲的，如今看来是不可教诲了。"杨朱没有搭话。来到旅舍，杨朱给老子送上洗脸洗手和漱口的水，以及毛巾梳篦，把鞋子脱下放在门外，双膝跪地前行到老子面前，说："刚才先生您仰天长叹说：'起初我以为你是可以教诲的，如今看来不可教诲！'学生想请教先生您这句话的含义，但忙于赶路，不得空闲，所以当时不敢动问。现在您有空闲了，请问我有什么过错？"老子说："你那一副趾高气扬，盛气凌人的样子，谁还愿意同你相处呢？真正圣洁的东西似乎也有黑点，真正道德高尚的人似乎也有不足。"

杨朱听后，愧然失色，恭敬地说："敬听您的教诲。"杨朱前往沛地去的时候，旅舍主人对他迎进送出；吃饭时，旅舍主人为他安排坐席；洗漱时，旅舍主人的妻子为他拿来毛巾和梳篦；休息时，同旅舍的客人都恭敬地离座起立；烤火取暖时，灶下烧火的人让出了灶门。等他从沛地返回的时候，同店旅客知道他已经知过而改，便不再拘束，甚至敢同他争抢坐席了。

【原文】

杨朱过宋①，东之于逆旅②。逆旅人有妾二人，其一人美，其一人恶；恶者贵而美者贱。杨子问其故。逆旅小子对曰："其美者自美，吾不知其美也；其恶者自恶，吾不知其恶也。"杨子曰："弟子记之：行贤而去自贤之行，安往而不爱哉！"

【注释】

①宋：古国名。有今河南东部和山东、江苏、安徽等地。初建都商丘，战国初期迁至彭城（今江苏徐州）。

②逆旅：客舍；旅店。

【译文】

杨朱经过宋国，向东走到一个旅舍。旅舍主人有两个小老婆，其中一个长得漂亮，一个长得丑陋。可是丑女地位尊贵而美女却地位低贱。杨朱询问其中的缘故，旅舍的主人回答说："那个美的是自以为美丽，我不觉得她美丽；那丑的是自以为丑陋，我不觉得她丑陋。"杨子说："学生们记住：做了贤德之事而抛弃自以为做了贤德之事的心理，到哪里会不被人爱戴呢？"

【原文】

天下有常胜之道，有不常胜之道。常胜之道曰柔，常不胜之道曰强。二者亦①知，而人未之知。故上古之言：强，先不己若者；柔，先出于己者。先②不己若者，至于若己则殆③矣。先出于己者，亡所殆矣。以此胜一身若徒④，以此任天下若徒，谓不胜而自胜，不任而自任也。粥子曰："欲刚，必以柔守之；欲强，必以弱保之。积于柔必刚，积于弱必强。观其所积，以知祸福之乡⑤。强胜不若己，至于若己者刚⑥；柔胜出于己者，其力不可量。"

老聃曰："兵强则灭，木强则折。柔弱者生之徒，坚强者死之徒。"

【注释】

①亦：张湛注："亦当作易。"即容易。

②先：指外界的事物。

③殆：危险。

④徒：通"途"，道路。这里是有道理的意思。《列子集释》引吴闿生《文史甄微稿本》："若徒，犹言此道也。"

⑤乡：通"向"，走向，趋势。

⑥刚：应为"戕"，残害。张湛注："必有折也。"此意与戕吻合。

【译文】

　　天下有常胜的道，有不常胜的道。常胜之道叫做柔弱，不常胜之道叫做刚强。这二者容易理解，但人们多不知道。所以上古时有句话说：依靠刚强，只能战胜力量不如自己的人；依靠柔弱，却能战胜力量超过自己的人。如果只能战胜力量不如自己的人，一旦他的力量同自己相当，那就危险了。如果能战胜力量超过自己的人，那就没有什么危险了。用来战胜个人身心的是这个道理，用来应付天下事情的也是这个道理，这叫做无意取胜而自然取胜，无意应付而自然应付。鬻子说过："要想刚，必须要坚守柔；要想强，必须要保持弱。不断地积聚柔一定会刚，不断地积聚弱一定会强。观察他所积聚的东西，就可以知道祸福的发展趋势。依靠刚强战胜力量不如自己的人，等到他与自己的力量相当，就会遭受挫折；依靠柔弱战胜力量超过自己的人，他的力量便不可估量。"

　　老子说："用兵过于逞强就会被灭亡，树木长得高大就会被折断。柔弱是生存的道路，坚强是死亡途径。"

【原文】

　　状不必童①而智童；智不必童而状童。圣人取童智而遗童状，众人近童状而疏童智。状与我童者，近而爱之；状与我异者，疏而畏之。有七尺之骸②，手足之异，戴发含齿③，倚而趣者，谓之人；而人未必无兽心。虽有兽心，以状而见亲矣。傅翼戴角④，分牙布爪，仰飞伏走，谓之禽兽；而禽兽未必无人心。虽有人心，以状而见疏矣。庖牺氏⑤、女娲氏⑥、神农氏⑦、夏后氏⑧，蛇身人面，牛首虎鼻：此有非人之状，而有大圣之德。夏桀⑨、殷纣⑩、鲁桓⑪、楚穆⑫，状貌七窍，皆同于人，而有禽兽之心。而众人守一状以求至智，未可几也。

　　黄帝与炎帝战于阪泉之野⑬，帅熊、罴⑭、狼、豹、䝙⑮、虎为前驱⑯，雕、鹖⑰、鹰、鸢⑱为旗帜，此以力使禽兽者也。尧⑲使夔⑳典乐㉑，击石拊石㉒，百兽率舞；箫韶㉓九成，凤皇来仪㉔，此以声致禽兽者也。然则禽兽之心，奚为异人？形音与人异，而不知接之之道焉。圣人无所不知，无所不通，故得引而使之焉。

　　禽兽之智有自然与人童者，其齐欲摄生㉕，亦不假㉖智于人也。牝牡㉗相偶，母子相亲；避平依险，违寒就温；居则有群，行则有列；小者居内，壮者居外；饮则相携，食则鸣群。太古之时，则与人同处，与人并行。帝王之时，始惊骇散乱矣。逮㉘于末世，隐伏逃窜，以避患害。今东方介氏之国㉙，其国人数数解六畜㉚之语者，盖偏知之所得。

　　太古神圣之人，备知万物情态，悉解异类音声。会而聚之，训而受之，同于人民。故先会鬼神魑魅㉛，次达八方人民，末聚禽兽虫蛾㉜。言血气之类心智不殊远也。神圣知其如此，故其所教训者无所遗逸焉。

【注释】

①童：通"同"。

②骸(hái)：这里指身体。

③戴发含齿：长着头发和牙齿。指人。多用作退一步说，表示也还是人或如果是人。

④傅翼戴角：傅翼，添翼。戴角，头顶上生角。常用来比喻给凶残者以权力地位等，使之更易于作恶。

⑤庖牺氏：即伏羲氏、一作宓羲、包牺、伏戏，亦称牺皇、皇羲、太昊、包牺，史记中称伏牺。伏羲聪慧过人，相传其人首蛇身，与其妹女娲成婚，生儿育女，成为人类的始祖。又相传他是古代华夏部落的杰出首领。

⑥女娲氏：中华上古之神，人首蛇身，为伏羲之妹，风姓。起初以泥土造人，创造人类社会并建立婚姻制度；而后世间天塌地陷，于是熔彩石以补天，斩龟足以撑天。

⑦神农氏：别名五谷帝仙，是传说中的农业和医药的发明者，继伏羲以后，神农氏是又一个对中华民族颇多贡献的传奇人物。他发明了农耕技术而号神农氏，因以火德王，又称炎帝，然而关于神农氏是否就是炎帝这个问题，学术界一直存在争议。

⑧夏后氏：古代部落名，禹是这个部落的首长。后由他的儿子启建立我国历史上第一个朝代，国号"夏"。一般便以夏后氏称禹。

⑨夏桀：夏桀，又名癸、履癸。桀是夏朝末代君主，文武双全，赤手可以把铁钩拉直，但荒淫无度，暴虐无道，为历史上著名的暴君。在位52年，国亡后被放逐而饿死。

⑩殷纣：名受，即帝辛，"天下谓之纣"，人称殷纣王。商朝末代君主，著名的暴君。纣天资聪颖，闻见甚敏；稍长又材力过人，有倒曳九牛之威，具抚梁易柱之力。

⑪鲁桓：即鲁桓公。姬姓，鲁氏，名允。春秋时期鲁国君主。鲁惠公之子，鲁隐公之弟。鲁国第15代国君。由于他是惠公正室夫人仲子所生，所以被立为太子。又因惠公去世时尚且年幼，由公子息（鲁隐公）即位摄政。鲁隐公被杀后，于公元前711年即位，公元前694年死于齐国，在位18年。

⑫楚穆：即楚穆王，熊氏，名商臣。春秋时楚国国君。楚成王之孙，楚庄王之父。

⑬黄帝与炎帝战于阪泉之野：此则神话，系《列子》对《吕氏春秋·荡兵篇》、《淮南子·兵略篇》、《绎史》等书中有关黄帝与炎帝之争斗的只言片语敷衍而写成。以上三种书的行文如下："兵所自来久矣，黄、炎故用水火矣。""炎帝为火灾，故黄帝禽之。""炎帝者，黄帝同母异父兄弟也，各有天下之半。黄帝行道而炎帝不听，故战于涿鹿之野，血流漂杵。"阪泉，在今河北省涿鹿县境。

⑭罴(pí)：哺乳动物，体大，肩部隆起，能爬树、游水。掌和肉可食，皮可做褥子，胆入药。亦称"棕熊"、"马熊"、"人熊"。

⑮貙(chū)：古书上说的一种似狸而大的猛兽。

⑯前驱：先头部队；先锋。

⑰鹖(hé)：一种像雉而善斗的鸟。

⑱鸢(yuān)：鸟，鹰科，头顶及喉部白色，嘴带蓝色，体上部褐色，微带紫，两翼黑褐色，腹部淡赤，尾尖分叉，四趾都有钩爪，捕食蛇、鼠、蜥蜴、鱼等，俗称"老鹰"。

⑲尧：姓伊祁，名放勋，史称唐尧。曾设天文馆，掌管历象。命鲧整治洪水，并推选虞舜为继承人。
⑳夔（kuí）：人名。相传为尧、舜时乐官。《吕氏春秋·察传》："昔者舜欲以乐传教于天下，乃令重黎（人名）举夔于草莽之中而进之，舜以为乐正。夔于是正六律，和五声，以通八风，而天下大服。"
㉑典乐：官名。掌管朝廷的音乐事务。
㉒击石拊石：敲打石磬。石，古代八音之一，指石乐，即磬一类的乐器。拊（fǔ），轻轻拍打。
㉓箫韶：相传为舜时的乐舞。周代"六舞"之一，由九段组成，故名"箫韶九成"。
㉔凤皇来仪：凤凰来舞，仪表非凡。古代指吉祥的征兆。
㉕摄生：保养身体，养生。
㉖假：通"遐"，远。
㉗牝牡：鸟兽的雌性和雄性。牝（pìn），雌性的。牡（mǔ），雄性的。
㉘逮：到，及。
㉙介氏之国：古籍无考，疑为《列子》虚构的国名。
㉚六畜：是六种家畜的合称，即：马、牛、羊、猪、狗、鸡。
㉛魑魅（chī mèi）：古谓能害人的山泽之神怪。亦泛指鬼怪。
㉜虫蛾：泛指小虫。《尔雅》："有足曰虫，无足曰蛾。"

【译文】

形状不一定相同而智力相同，智力不一定相同而形状相同。圣人选取相同的智力，而忽视相同的形状。世人亲近相同的形状而疏远相同的智力。形状跟自己相同的，就亲近并且喜爱他；形状跟自己不同的，就疏远而害怕他。有七尺长的身躯，手和脚不一样，长着头发和牙齿，能站立并能行走的，叫做人；而人未必没有禽兽之心。即使有禽兽之心，也以人的形状而得到其他人的亲近。身上长翅，头上生角，龇着牙齿，张着脚爪，昂头飞翔，俯身奔跑，叫做禽兽；而禽兽未必没有人心。即使有人心，也以禽兽的形状而遭到其他人的疏远。庖牺氏、女娲氏、神农氏、夏后氏，或者是蛇身人面，或者是牛头虎鼻，他们都有不同于人的形状，却有至高无上的德行。夏桀王、殷纣王、鲁桓公、楚穆王，他们的形状面貌和七窍都与人相同，但却怀着禽兽之心。而世人只凭着一样的形状来寻求最高的智慧，这是几乎办不到的。

黄帝与炎帝在阪泉的郊野作战，统率猛兽熊、罴、狼、豹、貙、虎作为先锋，并以猛禽雕、鹖、鹰、鸢作为旗帜，这是用力量来驱使禽兽。尧任命夔掌管音乐，击拍石磬，各种野兽随着节拍一起跳舞；演奏了九阕韶乐，凤凰飞来朝拜，这是以用乐声来召集禽兽。既然这样，那么禽兽之心为什么与人不同呢？是因为它们的形状声音与人不同，因而人们不懂得与它们沟通的方法。圣人无所不知，无所不晓，因此能够招引并役使它们。

禽兽的智力有生来就与人相同的地方，它们全都想求得生存，在这方面的智力也绝不比人低。雌雄相配，母子相亲；避开平地，依托险处；离开寒冷，靠拢温暖；居住时结伙成群,出行时依次成列;幼小的住在里面,强壮的守在外面;喝水就互相照顾,进食就呼唤伙伴。上古时代,禽兽与人类一同居住,与人类并排行走。当帝王统治的时代,它们才开始惊恐畏惧、四处逃散。等到天下衰亡的时候,它们更是隐藏逃窜,来躲避灾祸。如今东方的介氏之国,那里的人们很多都懂得六畜的语言,大概是由于偏重这方面的认识才能够具有这种本领。

上古时代的神圣之人,完全知道万物的性质形态,全部了解异类的语言声音。它们把禽兽会合聚集起来,对它们进行训练教化,如同对待人民一样。因此,先聚集鬼神妖怪,然后招来八方人民,最后聚集禽兽昆虫。这说明有血气的种类,本性智力都相差不多。神圣之人都懂得这个道理,所以被他们所教化训练的物类就没有遗漏的了。

【原文】

宋有狙公①者,爱狙,养之成群。能解狙之意,狙亦得公之心。损其家口②,充狙之欲。俄而③匮焉,将限其食。恐众狙之不驯于己也,先诳④之曰:"与若芧⑤,朝三而暮四,足乎?"众狙皆起而怒。俄而曰:"与若芧,朝四而暮三,足乎?"众狙皆伏而喜。物之以能鄙相笼,皆犹此也。圣人以智笼群愚,亦犹狙公之以智笼众狙也。名实不亏,使其喜怒哉。

【注释】

①狙公:古代喜养猿猴者。狙(jū),古书上说的一种猴子。
②家口:家人的口粮。
③俄而:不久;顷刻。
④诳(kuáng):欺骗,瞒哄。
⑤芧(xù):栎树;亦指栎实。成玄英疏:"芧,橡子也,似栗而小也。"

【译文】

宋国有个善于饲养猴子的人,很喜爱猴子,在家里养了一大群。他能明白猴子的想法,猴子也懂得他的心思。他减少家人的口粮,来满足猴子的食欲。可是,不久家里的粮食就缺乏了,于是他打算限制猴子的食量,又恐怕猴子不受自己的驯服,就先欺骗它们说:"给你们吃橡子,早上三颗,晚上四颗,够了吗?"众猴都跳起来发怒。过了一会儿,他又说:"给你们吃橡子,早上四颗,晚上三颗,这总够了吧?"猴子们听了,都规规矩矩地趴在地上,并且十分高兴。事物所以能用智巧笼络鄙陋,都像这个故事讲的道理。圣人用智慧驾驭愚昧的群众,也就像养猴人用智巧笼络那些猴子们一样。名义与实质都没有变化,却能使它们产生高兴或是恼怒两种不同的反应啊!

【原文】

纪渻子①为周宣王②养斗鸡,十日而问:"鸡可斗已乎?"曰:"未也,方虚骄③而恃气④。"十日又问。曰:"未也,犹应影响⑤。"十日又问。曰:"未也,犹疾视⑥而盛气。"十日又问。曰:"几矣⑦。鸡虽有鸣者,已无变矣。望之似木鸡矣,其德全矣。异鸡无敢应者,反走耳。"

【注释】

①纪渻(shěng)子:人名。是《列子》虚构的人物。
②周宣王:周宣王,周朝第十一位王。前827—前781年在位。汉族,姬姓,名静(一作靖),周厉王之子。死后被追谥为世宗。
③虚骄:浮华不实,骄傲自大。
④恃气:凭意气。
⑤影响:影子和回声。多用以形容感应迅捷。
⑥疾视:怒目而视。
⑦几矣:差不多可以了。

【译文】

纪渻子为周宣王饲养斗鸡,过了十天,周宣王问他:"鸡可以斗了吗?"他回答说:"不行。它现在毫无本领,只是虚张声势、倚靠气势。"过了十天又问。他回答说:"仍然不行。它对别的鸡的反应还像影子和回声一样迅速,总想应战。"过了十天又问。他回答说:"还是不行。他对别的鸡还是怒目而视,气势旺盛。"过了十天又问。他回答说:"差不多啦。即使别的鸡有大声鸣叫的,它都无动于衷了。看上去像个木头鸡了,它的德性已经完全具备了。其他的鸡都不敢同它应战,看到它就掉头逃跑了。"

【原文】

惠盎①见宋康王②。康王蹀足③謦欬④疾言⑤曰:"寡人之所说者,勇有力也,不说为仁义者也。客将何以教寡人?"惠盎对曰:"臣有道于此,使人虽勇,刺之不入;虽有力,击之弗中。大王独无意邪?"宋王曰:"善,此寡人之所欲闻也。"惠盎曰:"夫刺之不入,击之不中,此犹辱也。臣有道于此,使人虽有勇弗敢刺;虽有力弗敢击。夫弗敢,非无其志也。臣有道于此,使人本无其志也。夫无其志也,未有爱利⑥之心也。臣有道于此,使天下丈夫女子莫不驩然⑦皆欲爱利之。此其贤于勇有力也,四累⑧之上也。大王独无意邪?"宋王曰:"此寡人之所欲得也。"

惠盎对曰:"孔、墨⑨是已。孔丘、墨翟,无地而为君,无官而为长;天下丈夫女子,莫不延颈举踵⑩而愿安利之。今大王,万乘之主⑪也,诚有其志,则四竟⑫之内皆得其利矣。其贤于孔、墨也远矣。"宋王无以应。惠盎趋而出。宋王谓左右曰:"辩矣,客之以说服寡人也!"

【注释】

①惠盎:人名。亦作惠盂,与战国时期哲学家惠施同族,宋国人。

②宋康王:或称宋王偃,原名戴偃,宋剔成君之弟,史载戴偃堂堂一表,"面有神光,力能屈伸铁钩"。宋国第三十三任国君,周显王三十一年,即宋偃元年。至周赧王二十九年,齐灭宋,共称王四十三年。

③蹀(dié)足:踏足;顿脚。

④謦欬(qǐng kài):咳嗽。

⑤疾言:急促地说话。

⑥爱利:谓爱护、加惠于他人。

⑦驩然:驩(huān),通"欢"。驩然,指欢乐的样子。

⑧四累:四层意思,即指上文所说,一累勇有力,二累刺之不入、击之不中,三累弗敢刺、弗敢击,四累本无击刺之志。

⑨墨:名翟(dí),鲁人,生活在前468年—前376年。他是我国战国时期著名的思想家、教育家、科学家、军事家、社会活动家,墨家学派的创始人。创立墨家学说,并有《墨子》一书传世。

⑩延颈举踵:踵,脚后跟。伸长脖子,踮起脚跟。形容盼望十分殷切。

⑪万乘之主:乘,四匹马拉的车。万乘之主,指大国的国君。

⑫四竟:竟,通"境"。四竟,四周的边境;国境。

【译文】

惠盎拜见宋康王。康王正顿脚咳嗽着,急促地说:"我所喜欢的是勇武有力的人,不喜欢搞仁义那套东西的人。你打算用什么来教我呢?"惠盎回答说:"我这里有一种道术,使人即使勇武,想刺我也刺不进我的身体;即使有力量,想打我也打不中。大王难道对此没有兴趣吗?"宋康王说:"好!这正是我所想要听到的。"惠盎说:"刺我不进,打我不中,这对我来说还是一种耻辱。我这里还有一种道术,能使人即使勇武,却不敢刺我;即使有力量,却不敢打我。不敢这样并不等于没有刺我和打我的想法。我这里还有一种道术,能使人根本就不存在刺人和打人的念头。不存在刺人打人的念头,但还没有爱护和施惠于他人的思想。我这里还有一种道术,能使天下的男男女女无不欢欢喜喜地爱护和施惠于他人。这种道术比勇武有力要高明,远在上述四种道术之上。大王难道对此没有兴趣吗?"宋康王说:"这正是我所想要学到的。"

惠盎回答说:"孔丘和墨翟就是这样。孔丘、墨翟没有土地,但被视为君王;没有官职,但被视为尊长;天下的男男女女没有不伸长脖子、踮起脚跟,希望得到安宁和利益的。如今大王身为大国君主,如果真有这样的抱负,那么国境之内的百姓就都会得

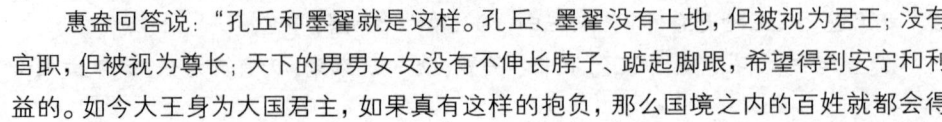

到它的好处。这比孔丘、墨翟要高明多了。"宋康王无言以对。惠盎快步走了出去。宋康王对身边的人说:"真是能说会道啊,他竟然用这把我说服了。"

【解读】

　　黄帝是传说中中华民族的祖先,至战国和汉初与老子共同被尊为道家学派的鼻祖,视"清静无为"的思想为黄帝首创的道家学说的精髓。文章开篇通过黄帝梦游的彻悟,揭示"至道不可以情求"的道理,指出"娱耳目、供鼻口"、"竭聪明、进智力",只能"昏然五情爽惑",不可能把握"至道",只有"不知乐生,不知恶死"、"不知亲己,不知疏物"、"不知背逆,不知向顺"的修养德性,才能"通乎物之所造",达于"至道",否则便会遇物斯滞。而后通过一篇篇哲理性的神话和语言故事,告诉人们日常处身行事要与天道自然相合,不能任情背逆,不可有机心,应含藏己意,合同于物,真正做到"至言去言,至为无为";不能张扬外表,自以为是,应谦逊内敛,真正领悟"积于柔必刚、积于弱必强"的处世哲学;同时作者高度赞扬了合于自然规律、彰显万物本性的智慧,告诉人们要德行教化、含养万物。贯穿全篇的要旨就是从斋心服形到救世济人。"斋心",是说纯净内心;"服形",是说让形体诚服。"斋心服形",就是内心与形体统一,保持纯净无为状态,其目的在于救世济人。从对身心和形体的要求,到济世救人的精神旨归,是全文始终贯彻的思想主线。

　　文章中的19则寓言故事,极具深刻含义,耐人寻味,发人深省。通过仔细阅读,可分为四类:第一类,着重从人的精神总体上提出要求——顺应自然,物我两忘,元神专一,处于虚静状态,达到利害全消的境界,如《列子师老商》等;第二类,着重从方法论上讲述怎样体验"道"并掌握"道",就是顺应万物本性,自然而然地与万物相合。如《梁鸯饲虎》等;第三类,着重从保性全真方面说明不能乱其性,失其真,这样才可能做到"至言去言,至为无为",达到"应理处顺,所适常通"的理想境界,如《赵襄子狩猎》等;第四类,着重从行为法则和行为目的的方面进行揭示,根本法则是自我醒悟,自我解脱,目的在于都像圣贤一样,"四境之内皆得其利",如《惠盎见宋康王》等。

　　《列子》一书的第二篇以黄帝的名字作为篇名,可见他在中华各族中的崇高地位,同时也更加有力地证明了作者的各种观点。

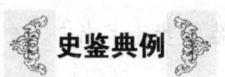

不求虚名

晋武帝时,有一个叫王湛的人。在许多人眼里,王湛是个愚笨的人,因为他平时不言不语,从不表现自己,别人有对不起他的地方,他从不计较。因此很多人都轻视他,就连他的侄子王济也看不起他。每到一起吃饭的时候,桌子上明明有许多好菜,王济也不让叔叔先吃,自己把好吃的都吃光了,甚至连蔬菜都不给王湛留下。可是王湛从不因此而生气。

有一次,王济偶然去王湛住处玩儿,看到叔叔的床头上有一本《周易》,这是一本从远古时代就流传下来的书,十分难懂。王济想,叔叔这么傻,怎么可能读得懂《周易》呢?就问:"叔叔把这本书放在床头做什么啊?"王湛回答说:"身体不好的时候,坐在床头随便看看。"

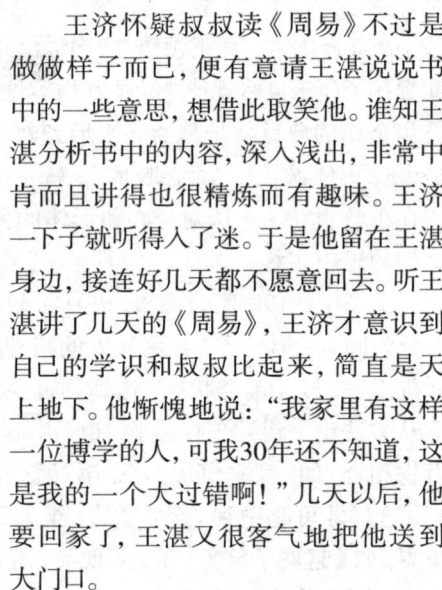

王济怀疑叔叔读《周易》不过是做做样子而已,便有意请王湛说说书中的一些意思,想借此取笑他。谁知王湛分析书中的内容,深入浅出,非常中肯而且讲得也很精炼而有趣味。王济一下子就听得入了迷。于是他留在王湛身边,接连好几天都不愿意回去。听王湛讲了几天的《周易》,王济才意识到自己的学识和叔叔比起来,简直是天上地下。他惭愧地说:"我家里有这样一位博学的人,可我30年还不知道,这是我的一个大过错啊!"几天以后,他要回家了,王湛又很客气地把他送到大门口。

王济平时骑的是一匹性子很烈的马,很难驯服。有一次王济问王湛:"叔叔喜欢骑马吗?"王湛说:"还算喜欢。"于是就骑上这匹烈马,姿态容貌悠闲轻巧,速度快慢自如,连最善于骑马的人也无法比过他。王湛回过头来,又告诉王济说:"你这匹马虽然跑

得快，但是受不得累，干不得重活。最近我看到督邮有一匹马，是一匹能吃苦的好马，只是现在还小。"王济听叔叔这么说以后，就将那匹马买来，精心地喂养，等它和自己骑的马一样大了，就与原来的烈马比试。王湛又说："这匹马只有背着重量才能知道它的能力，而且在平地上走也显不出它的优势来。"于是，王济就让两匹马在有土堆的场地上比赛。跑着跑着，那匹烈马果然摔倒了，而督邮的马还像平常一样，跑得又快又稳。

经过这些事情，王济从内心深处佩服叔叔的学识和才能。他对父亲说："我有这样一位才识渊博的叔父，竟然一点儿也不知道，还经常轻视他，太不应该了！"

晋武帝平时也认为王湛是个呆子。有一天，他见到王济，就又像往常一样开玩笑说："你屋里的傻叔叔死了没有？"

要是在过去，王济无话可说，可是这一次，王济大声地回答说："我叔叔根本就不傻！"接着，他把叔叔王湛的才能学识一五一十地讲出来，晋武帝听得目瞪口呆。后来，经过观察，果然如此。

晋武帝封王湛做了汝南内史，而王湛也是不负所望。不久就在汝南一带小有名气，而且以其谦卑的态度赢得了人们的尊重。

忍者留名

常州魏廉访的父亲，乐善好施，精通医术。上门求医的人，不论贫富，他都尽心加以治疗，不图回谢；对那些贫困的病人，不仅不收诊费，还赠钱送药；遇到远乡来城求医的人，一定让其先喝点粥或者吃些饼后才开始诊治。他说："这是因为他们走了远路，加上饥饿，血脉多已紊乱。我让他们先吃点东西，稍微休息一下，脉搏才能安定下来。我哪里是想要行善积德，只是要用这种办法来显示我医术的高明罢了！"他行善的托辞，大多如此。

有一次，魏老先生被请往人家中治病。病人枕头旁丢失了十两银子，他的儿子听了谗言，怀疑是先生拿了，但又不敢当面问。有人教他拿一炷香去跪在先生门前。先生见了，很是奇怪，便问道："这是问什么呀？"病人儿子回答说："有桩疑难事，想问先生。怕老先生见怪，不敢说。"先生说："你说吧，不责怪你！"这人才以实相告。先生把他请进密室，说："确有此事，我是想暂时拿去以应急需，原打算明天复诊时如数偷偷还回去。今天你既然问起了，那就马上拿回去吧。请你千万不要向外人说！"随后，魏老先生取出十两银子交给了病人儿子。

刚才病人儿子来先生门前跪香，大家都说先生一向谨慎高尚，而且家里也并不在乎那十两银子，不应该这样诬陷人。等他们见到病人的儿子拿着银子出来了，都异口同声地说:"人心之不可知,竟然到了如此地步!"于是七嘴八舌地议论魏老先生。先生听后,神情自若,毫不在意。

不久,病人痊愈。清理打扫床帐时,竟然在褥垫下发现了丢失的十两银子,才大惊而后悔说:"东西并没有丢失,竟然陷害了一位德高的老者,这该怎么办!应该马上去先生家,当着众人的面把钱还给他,不能再让先生背着不白之冤!"

于是父子俩一道来到先生处所,仍然手捧燃香跪在门前。先生见了,笑着说:"今天这样,又是为什么啊?"父子羞愧地说:"以前丢失的银子,其实并没有丢,我们错怪长者了,真是该死。今天来交还先生所给的银子。小子无知,任由先生打骂!"魏老先生笑着把他们扶起来,说:"这有什么关系,不要放在心上!"

病人的儿子问先生:"那一天我诬陷长者,为什么先生甘受污名而不解释呢,使我今天羞愧得无地自容。今天既蒙先生宽怀,饶恕我们,能否告诉我们,先生这样做的原因是什么吗?"

先生笑着说:"你父亲与我是乡亲邻里,我素来知道他勤俭惜财,他正在病中,听说丢了十两银子,病情一定会加重,甚至会一病不起。因此我宁愿受点委屈,背上污名,使你父亲知道失物找到,悲戚之心得以转喜,病自然也会好得快一些!"

听到这里,父子两人都双膝跪地,叩头不止,说:"感谢先生厚德,不顾自己名声而救活我的性命。愿来世作犬马报大恩!"先生把二人请进家中,设酒款待,尽欢而散。

这一天,围观的人多得水泄不通,都说长者的作为,确是常人所不能理解的。从此魏善人的名声就传开了。

孝感山贼

刘平,字公子,江苏人。王莽掌权时,他任郡吏守苢邱长,政绩显著,治理有方,深得百姓爱戴。王莽死后,天下大乱。刘平为了母亲的安全,带着她逃往异乡,藏在一座深山中。

一日清晨,刘平出去为母亲找食物,遇到了一群山贼,把他抓来并要吃它的肉。刘平毫不担心自己的安危,却挂念着还未进食的老母,双膝跪在地上向贼人叩头说:"我今天早上出来是为了给母亲寻找野菜充饥,如果我不回去的话,老母亲就会活活饿死,没有人会管他。所以,我请你们高抬贵手,先让我把母亲安顿好,然后,我自会回来,接受你们的处置。"其实这些所谓的山贼,无非就是一些战乱中无家可归的饥民,本不是穷凶极恶之徒,只是迫于生计才落草为寇。他们听了刘平的诚恳话语,动了恻隐之心,于是就放他回去了。

刘平回到母亲处，给母亲吃完了东西，竟然真的信守诺言，又找到了山贼所在之处。面对他的信义和正直，山贼们很是震惊，没想到真有这样的人。于是，山贼们的头领说："我们只听说古代有节烈之士，没想到今天能亲眼见到。我们怎么能吃你的肉呢！"就这样，刘平化险为夷，回家侍候母亲去了。

后来，刘平又做了官，先被推举为孝廉，又担任义郎一职。

孝心是相通的，山贼们也是父母生父母养的，更何况都是饥饿的难民，不是天生就"性恶"。所以，面对孝子刘平的孝心与信义，他们向善的一面被激发了。

舍生取义

荀巨伯，是东汉桓帝时的一名贤士，向来以恪守信义、笃于友情而为乡里人所敬仰。

一次，他远在千里之外的一位友人得了重病，荀巨伯听说后立即收拾行装，草草地安排了家事就上了路。他一路上日夜兼程，风餐露宿，用了一个多月的时间才赶到好友所居的县城。

这座县城位于北部，时常遭到匈奴人的侵袭。荀巨伯走在街上，心里十分纳闷：偌大的一个城，怎么不见一个人影？是不是有什么情况啊？他自己心里嘀咕着，但是由于急着见到病榻上的朋友，荀巨伯来不及细想，就直奔朋友的家中，他终于在一片瓦砾和断壁之中找到了那位奄奄一息的朋友。此时，他面色惨白，无力地躺在病榻上。荀巨伯见状，连忙取出自己身上仅剩的一点儿食物，又到外面找来一点儿水，送到朋友面前。这位朋友因为病重，再加上看到了自己多年未见的朋友荀巨伯，一时激动得说不出话来了。他将荀巨伯给他送到嘴边的食物又无力地推到荀巨伯面前，然后摆摆手，荀巨伯不能完全领会朋友的意思，就再三恳求说：

"你先吃下这点儿东西,然后我再想办法为你治病,你千万不要着急。"朋友强撑着身体,拉着荀巨伯的手,有气无力地说道:"你不远千里来这里看我,我很感动,可是这里不是久留之地,你赶紧吃点东西,离开这里。胡人很快就要攻城了,这不,城里的人早就跑光了。"

荀巨伯这才明白,为什么偌大的一个城市没有半点儿人烟。可是眼下朋友重病在身,怎么办呢?我决不能将他一个人留下!想到这里,他坚决地对朋友说:"我不远千里前来探望你,不能因为胡人要来就把你一个人扔在这里,弃你不顾,这种败义求生的事情,我荀巨伯绝不做!"

正说着,忽听门外一阵杂乱的脚步声,还不时夹杂着乱哄哄的吆喝声,朋友马上意识到情况不妙,催促着荀巨伯赶快从后门离开,可是他却执意不从。门终于被踹开了,几个虎背熊腰的大汉,手拿大刀,杀气腾腾地出现在面前。他们见屋里只有两个男人,一个卧病在床,一个正在为他递水,便大声喝道:"我大军一到,全城皆空,你们是何人,竟敢在此独留?"荀巨伯镇定自若地回答道:"在下荀巨伯,因朋友病重,无人照料,因此千里探视,不忍离去。望刀下留情,要杀就杀我吧!"

胡兵想不到还有这等舍己为人、重义轻生之人,也颇为感动。一个看似小头目的大汉回头对身后的几位说:"我等不该入此仁义之国啊!"遂挥手引兵退出门外走了。

自取其辱

苏轼,北宋著名的文学家、书画家,字子瞻,又字和仲,号东坡居士。苏轼和佛印和尚是好朋友。佛印是位高僧,两人经常一起参禅、打坐。佛印老实,总是被苏轼欺负。

一天,苏轼和佛印又在一起打坐。

苏轼指着自己问佛印:"你看我像什么啊?"

佛印一动不动,不假思索地回答说:"我看你像尊佛。"

苏轼听后大笑,对佛印说:"你知道我看你坐在那里像什么?你……"苏轼故意卖关子继续说,"我看你就活像一摊牛粪。"说完,肆无忌惮地大笑起来。

佛印听后,知道自己又被苏轼耍了,一时无话可说,只能默不作语。

苏轼觉得,这次又让佛印吃了一个哑巴亏,十分地得意。想着想着,打坐时都不禁笑出声音来。

平日,苏轼和家中小妹很是要好,有什么事情都喜欢跟她说,晚上回家,苏轼就在苏小妹面前炫耀这件事。

苏小妹听了直摇头，说："哥哥，你的境界也太低了，你知道参禅的人最讲究的是什么吗？"

苏轼疑惑地看着小妹，反问道："是什么？"

"是见心见性，就是你心中有眼中就有。佛印是心中有佛，所以看万物都是佛。你说佛印像牛粪，想想你心中有什么吧！"苏小妹继续说。

苏轼听了，当时就低下了头，羞愧地说道："明天我就要跟佛印去道歉。佛印才是真正的有德之人啊！我却还把他当做傻子一样戏弄。"

状元休妻

曾彦，江西泰和人，字士美，生于明仁宗洪熙元年（1425），卒年不详。曾彦看到当时的明朝法律纰漏很多，很不完备，许多事情都不好处理，于是他就想编著一部完备的法典。

为了尽快地编出一部法典，曾彦在荒郊野外搭起了一座茅草屋，整天在那里写呀写呀，连家也顾不上回去。无论冬夏，都是妻子将一日三餐送到茅草屋来。

一天，妻子又来给他送午餐。他望着日渐消瘦的妻子，心疼地说："为了让我写好这本书，你受了不少苦！现在好了，我的书马上就要写完了，很快就可以回家去了。"

妻子一听很是高兴，温柔地说："那太好了，可是你一定饿了，还是先吃饭吧。"

曾彦掀开盖着饭篮子的布，看见三个水灵灵的大桃子，就问："我们家这么穷，你怎么还有钱买桃子呢？"

妻子笑着说："不是买的，刚才我给你送饭，正好路过李家的桃园，就顺手摘了几个，想让你尝个鲜，也好给你补补身子。"

曾彦愣了一下，问道："那李家的人在吗？"

妻子一边从篮子中往外端饭，一边漫不经心地说："不在，可能是回家吃饭去了。"

曾彦听后，立刻大声地说："你竟然偷人家的桃子！"

妻子不以为然地说："你说话怎么这么难听，都是熟人，摘几个桃子吃怎么能算是偷呢！"

曾彦说："不经过别人允许拿别人的东西就是偷。按照我编的法律，女人偷东西应该被休。"

不容分说，曾彦就拿来纸笔，写起休书来。写完后，眼含热泪说："我虽然也舍不得赶你走，可是法律是我编的，我必须要坚持遵守。你就回到娘家，另嫁一个

好人家吧！"说完，曾彦把休书交给他妻子。

妻子原以为曾彦是和他开玩笑，也没抬头看，只顾着低头给曾彦补衣服，后来发现曾彦的声音不对，抬头一看曾彦已经留下两行热泪，这才知道丈夫说的是真的。妻子知道曾彦是个向来讲究诚信的人，没有特殊情况说出去的话是不会更改的。

于是妻子就拿着休书找到婆婆，哭着向婆婆讲述了事情的经过。婆婆听了很生气，当时就领着儿媳妇去找儿子，见到儿子就破口大骂："你这没心肝的畜生，你整天躲在这里又写又画的，哪一件事情不是你媳妇操心，可是她却从无怨言。这么勤快贤惠的媳妇，你打着灯笼也难找啊，你竟然还要休了她！"

曾彦红着眼睛说："我也知道她好，可是做人一定要讲究诚信，孩儿制订的法律，孩儿自己应该首先遵守。"

曾母生气地说："你以为你是皇帝，可以颁布法律，真是不知道天高地厚。"

聪明的儿媳妇受到了婆婆的启发，说："只有皇帝才有权颁布法律，你写的法典现在还没有被皇帝批准，这就如同废纸一堆，你根本就不能依照这个来休我。"

曾彦答不上话来，再说他也不愿意让母亲为难，内心里他自己也不想休掉跟随自己多年的妻子，因此休妻的事情也就这样不了了之。但是他让妻子必须向桃园主人道歉，他不想让妻子做一个不讲诚信的人。

后来曾彦中了状元，把自己编的法典呈给皇上，皇上很是高兴，还专门让他带领一批人重新修订了法律。

唾面自干

娄师德（630—699），字宗仁，唐代人，他官至同平章事，一生为将相30多年，稳而不倒。其诀窍是能忍受任何侮辱而不动声色。

娄师德身长八尺，方口薄唇，为人宽厚，深沉有度量，别人即使冒犯他，他也不计较。

一次，他与李昭德一同入朝，娄师德因身体肥胖而行动缓慢，李昭德久等他也不来，便怒骂他："被田舍夫所留。"娄师德却笑着说："我不是田舍夫，还有何人？"

还有一次，他的弟弟被派去做代州刺史，临行时来向娄师德辞行。他便问弟弟："你我受国家的恩宠太多，显荣太过，很容易招惹别人的妒忌，你有什么方法可以避免呢？"

他的弟弟说："从今以后即使有人将唾液吐到我的脸上，我也只是把他揩干而已。"娄师德说："这还不行。人家唾到你的脸上，就因为他对你生气了，如果你把唾液揩去的话，他便更恨你了。所以，你不要去揩，而要让它自己干，并且要面带笑容承受，这才对呢！"

严母教子

汉朝的严延年在河南洛阳做了官，他不以仁政治理一方百姓，而是用酷刑。其刑罚的方式各式各样，手段非常残忍。因为他喜欢杀人，所以河南人给他起了一个别号，叫做"屠夫"。

有一天，他的母亲来到洛阳，想到严延年的衙门里去过年，看见都亭囚着很多将要杀头的死刑犯。他母亲大吃一惊，就在都亭住了下来，不再去衙门里。

严延年知道母亲到了，就到都亭来迎接。他的母亲责备严延年说："你很侥幸地做了人民的父母官，所管理的地方，有方圆一千多里，没听到你用仁义来教化百姓，使人民安居乐业，反而多用刑罚杀戮，去建立你的威严。这哪里有做百姓父母官的本事呢？"

严延年听了这一番话，立即向母亲认罪，亲自给母亲驾马车，回到衙门里。

但是，在母亲居住的这段时间里，严延年依旧是刑罚杀戮。过完年以后，母亲看到自己儿子完全没有悔改之意，便告诉严延年说："我不忍心将来看着自己的儿子犯了罪，受到刑罚，我现在要回到东海去，替你准备坟地。"说完话严母就走了。

后来，严延年果然犯了死罪。

周穆王篇

【题解】

周穆王,昭王之子,周王朝第五位帝王。他是我国古代历史上最富于传奇色彩的帝王之一,世称"穆天子",关于他的传说,层出不穷。《周穆王》篇通过八个故事和"如梦如幻"的论说文字说明世界万物都是虚妄不实的。开篇作者叙述了"穆王西游"的情景,展现了化人的虚妄幻景,虽然雕梁画柱、美不胜收,但都是虚无的暂时的东西;"穆王穷当身之乐",也不过是一场梦幻而已。随后通过"老成子学幻术",进一步来讲述世界万物的虚妄不实。进而引出"觉有八征,梦有六候"论说,以及"古莽之国"、"中央之国"、"阜落之国"的差别描述。役夫白天劳累得筋疲力尽,夜晚却梦做人君,享尽人间欢乐;尹氏虽然位尊家富,但夜夜梦见被人驱使,辛苦之极,无法排解,说明人间处处虚幻。"梦争鹿"说明觉梦难辨,"华子病忘"讲失忆状态为返真,"顿拾既往,数十年来存亡得失、哀乐好恶,扰扰万绪起矣",不如再回到"病忘状态"。"逢氏之子"患迷罔之疾,视白为黑,行非以为是,列子指出这是天下人的通病,天下人无不生活在虚幻之中。

【原文】

周穆王①时,西极②之国有化人③来。入水火,贯金石;反山川,移城邑;乘虚不坠,触实不硋④。千变万化,不可穷极。既已变物之形,又且易人之虑。穆王敬之若神,事之若君。推⑤路寝⑥以居之,引三牲以进之,选女乐以娱之。化人以为王之宫室卑陋⑦而不可处,王之厨馔⑧腥蝼⑨而不可飨,王之嫔御⑩膻恶而不可亲。穆王乃为之改筑。土木之功,赭垩⑪之色,无遗巧焉。五府⑫为虚,而台始成。其高千仞,临终南⑬之上,号曰中天之台。简⑭郑、卫之处子娥媌⑮靡曼⑯者,施芳泽⑰,正蛾眉⑱,设笄珥⑲,衣阿锡⑳,曳齐纨㉑,粉白黛黑㉒,佩玉环。杂芷若㉓以满之,奏《承云》、《六莹》、《九韶》、《晨露》以乐之。日月献玉衣,旦旦荐玉食。化人犹不舍然㉔,不得已而临之。

居亡几何,谒王同游。王执化人之祛㉕,腾而上者,中天㉖乃止。暨㉗及化人之宫。化人之宫构以金银,络以珠玉;出云雨之上而不知下之据,望之若屯云焉。耳目所观听,鼻口所纳尝,皆非人间之有。王实以为清都、紫微㉘、钧天、广乐㉙,帝之所

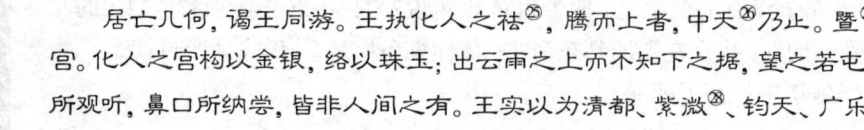

居。王俯而视之，其宫榭若累块积苏㉚焉。王自以居数十年不思其国也。化人复谒王同游，所及之处，仰不见日月，俯不见河海。光影所照，王目眩不能得视；音响所来，王耳乱不能得听。百骸六藏㉛，悸而不凝。意迷精丧，请化人求还。化人移之，王若殒㉜虚焉。

既寤㉝，所坐犹向者之处，侍御犹向者之人。视其前，则酒未清，肴未昲㉞。王问所从来。左右曰："王默存耳。"由此穆王自失者三月而复。

更问化人。化人曰："吾与王神游也，形奚动哉？且曩之所居，奚异王之宫？曩之所游，奚异王之圃？王闲恒有，疑暂亡。变化之极，徐疾之间，可尽模哉？"

王大悦。不恤国事，不乐臣妾，肆意远游。命驾八骏㉟之乘，右服㊱骅骝而左绿耳，右骖㊲赤骥而左白㶶，主车㊳则造父㊴为御，㕎㊵为右；次车之乘，右服渠黄而左逾轮，左骖盗骊而右山子，柏夭主车，参百为御，奔戎为右。驰驱千里，至于巨蒐氏之国㊶。巨蒐氏乃献白鹄㊷之血以饮王，具㊸牛马之湩㊹以洗王之足，及二乘之人。已饮而行，遂宿于昆仑㊺之阿㊻，赤水㊼之阳。别日升昆仑之丘，以观黄帝之宫，而封㊽之以诒㊾后世。遂宾于西王母㊿，觞于瑶池之上。西王母为王谣，王和之，其辞哀焉。西观日之所入，一日行万里。王乃叹曰："於乎！予一人不盈于德而谐于乐，后世其追数吾过乎！"

穆王几神人哉！能穷当身之乐，犹百年乃徂，世以为登假焉。

【注释】

①周穆王：姬姓，名满，昭王之子，周王朝第五位帝王。他是我国古代历史上最富于传奇色彩的帝王之一，世称"穆天子"，关于他的传说，层出不穷，最著名的则是《穆天子传》。

②西极：古代对于玉门关（今甘肃敦煌西北）以西地区的总称，包括亚洲中西部、印度半岛、欧洲东部和非洲北部。

③化人：有幻术的人。张湛注："化幻人也。"犹今之魔术师。

④硋（ài）：古同"碍"。

⑤推：让出，献出。

⑥路寝：古代天子、诸侯的正厅。

⑦卑陋：低矮简陋。

⑧厨馔（zhuàn）：犹厨膳。

⑨腥蝼：腥臭似蝼蛄。张湛注："蝼，蛄臭也。"按，杨伯峻集释引胡怀琛说，以为"蝼"应作"偻"，与下文"膻"互讹。此当作"腥膻"，下文当作"偻恶"。

⑩嫔御：古代帝王、诸侯的侍妾与宫女。

⑪赭垩（zhě è）：赤土和白土，古代用来做建筑涂料。

⑫五府：指周代的太府、玉府、内府、外府、膳府。

⑬终南：即终南山，是秦岭山脉的一段，西起陕西宝鸡眉县，东至陕西蓝田，素有"仙都"、

"洞天之冠"和"天下第一福地"的美称。

⑭简：指选择。

⑮娥媌：轻盈美好。

⑯靡曼：纤弱柔美。

⑰芳泽：泛指香气。这里指化妆用的脂膏。

⑱蛾眉：美人的秀眉。

⑲笄珥（jī ěr）：古代妇女常用以装饰发耳的饰件。

⑳阿锡：古代一种精致轻细的丝织物名。一说"阿锡"应为当时齐地东阿（今山东东阿）所产的细布。

㉑齐纨：齐地出产的白细绢。后亦泛指名贵的丝织品。

㉒粉白黛黑：以粉傅面、以黛画眉。谓女子修饰容颜。

㉓芷若：白芷和杜若。皆香草名。

㉔舍然：释然。谓疑虑隔阂顿消。舍，通"释"。

㉕袪（qū）：衣袖。

㉖中天：天空，天顶。

㉗暨：到，至。

㉘清都、紫微：均指神话传说中天帝居住的宫阙。

㉙钧天、广乐：神话传说中的天上的音乐。

㉚苏：打柴草，引申为柴草。

㉛百骸六藏：指人的躯体内外。百骸，指人的各种骨骼或全身。六藏，六腑。

㉜殒：古同"陨"，坠落。

㉝寤（wù）：睡醒。

㉞晞（fèi）：曝晒，晒干。

㉟八骏：指下面所说的周穆王的八匹名马。传说中八骏名称的说法不一，这里取《穆天子传》的说法。即"赤骥、盗骊、白义、逾轮、山子、渠黄、骅骝、绿耳"。

㊱服：古代一车驾四马，居中的两匹叫服。

㊲骖（cān）：古代驾在车前两侧的马。

㊳主车：指居于车的主位。应为周穆王本人。

㊴造父：人名。古代善于驾驭马车的人。为周穆王驾车西游巡狩。

㊵商𥳐（tài bǐng）：人名，也是周穆王之善御者。

㊶巨蒐氏之国：巨，通"渠"。即"渠蒐"。殷敬顺等释文："巨蒐音渠搜，西戎国名。"汪中注："巨蒐即《禹贡》之渠搜也。"《书·禹贡》所指古西北戎族织皮、昆仑、析支、渠搜，原分布在黄河上游及甘肃西北部，后逐渐东迁，春秋时分属秦、晋等国。

㊷白鹄：鸟名。又名天鹅。全身羽毛雪白。

㊸具：备，办。

㊹湩（dòng）：乳汁。

㊺昆仑：山名。在今新疆、西藏间，西接帕米尔高原，东延入青海境内。

㊻阿：山之曲隅（偏僻的角落）。

㊼赤水：源于昆仑山的水流。
㊽阳：山的南面或水的北面（多用于地名）。
㊾封：堆土。
㊿诒（yí）：遗留，传给。
㈤西王母：神话人物，民间称之为"王母娘娘"。原是掌管灾疫和刑罚的大神，后于流传过程中逐渐女性化与温和化，而成为慈祥的女神。相传王母住在昆仑仙岛，王母的瑶池蟠桃园，园里种有蟠桃，食之可长生不老。亦称为金母、瑶池金母、瑶池圣母、西王母。
㈥觞（shāng）：欢饮，进酒。
㈦瑶池：古代传说中昆仑山上的池名，西王母所居。
㈧盈：积累，修行。
㈨其：揣测之词，表示大概或可能。
㈩几：通"岂"，难道。
㈠徂（cú）：古同"殂"，死亡。

【译文】

周穆王时，从遥远的西方的某个国家来了一个会幻化术的人。他能进入水火，穿过金石；能倒转山河，迁移城邑；脚踏虚空不会坠落，碰到实物不被阻碍。千变万化，无穷无尽。既能改变物体的外形，又能控制人的思想。穆王对他像天神一样的尊敬，像国君一样的侍奉。让出自己的寝宫给他居住，拿出祭拜神灵的膳食向他进献，挑选歌舞美女供他娱乐。可是这个幻化人却认为穆王的宫殿低矮简陋不可居住，穆王的厨膳又腥又臭不可享用，穆王的嫔妃膻味很重不可亲近。于是穆王便为他另外建筑宫室。土木工程的精美、色彩装饰的华丽，可以说是到了尽善尽美的程度。国库全部耗尽，楼台才刚建成。它高达千仞，俯临终南山峰，号称为"中天之台"。挑选郑国和卫国美貌而又温顺的女子，浓施脂膏，淡描娥眉，佩戴簪珥，身穿东阿的细布，腰曳齐国的绢绸。以粉傅面，以黛画眉，佩戴玉环。再缀上各种香草，布满楼管；演奏《承云》、《六莹》、《九韶》、《晨露》等优美的音乐，以供享乐。月月献上华美的衣服，天天举荐美味的膳食。然而那位幻化人还不大满意，不得已才住进"中天之台"。

居住没多长时间，他邀请穆王一同出去游玩。穆王拽着幻化人的衣袖，腾空而

起,到空中才停下来,来到幻化人的宫殿。幻化人的宫殿用金银建造,以珠玉装饰;高耸在云雨之上,却不知下面用什么支撑,看上去如同聚集的云霞一般。耳朵听到的,眼睛看到的,鼻子闻到的,口舌尝到的,都不是人间所有的东西。穆王真以为这里就是清都、紫微宫,这声音就是钧天、广乐曲,是天帝居住的地方。穆王低头俯视,见自己的宫殿台榭简直犹如层叠的土块和堆积的茅草。穆王自己觉得即使在这里住上几十年也不会思念自己的国家的。幻化人又请穆王继续一同游玩。所到之处,仰望看不见日月,俯视看不见河海。光影照来,穆王眼花缭乱看不清楚;音响传来,穆王耳鸣声乱听不清楚。全身骨骼五脏六腑,都惊悸不宁。心意迷乱,精神丧失,于是请求幻化人让他返回。幻化人推他一把,穆王就好像从虚空中跌落下来。

　　睡醒以后,所坐的地方还是原来的地方,左右侍候的还是原来的人。看看面前,那酒浆还未澄清,菜肴还没变干。穆王问左右自己刚才是从哪里来?左右的人说:"大王不过是静默一会儿罢了。"从此穆王精神恍惚,三个月以后才恢复正常。

　　穆王又去问幻化人。幻化人说:"我同大王只是神游,身体哪里移动过呢?况且先前您神游所居住的宫殿,与大王的宫殿有什么不同呢?先前您神游所游览的花园,与大王的花园有什么不同呢?大王习惯了经常实有的东西,因而对这些暂时虚无的东西感到疑惑。神气变化奥妙的终极,快慢之间,哪能凭着人之常情去捉摸它呢?"

　　穆王听后,非常高兴。从此不再关心国家大事,不再亲近大臣嫔妃,而随心肆意到远方遨游。他命人驾驶八种骏马拉的两乘车辆。第一乘服马两匹,右边的叫骅骝,左边的叫绿耳;骖马两匹,右边的叫赤骥,左边的叫白㸿;穆王坐在主车位上,由造父驾车,离䍩在车右协助。第二乘服马两匹,右边的叫渠黄,左边的叫逾轮;骖马两匹,左边的叫盗骊,右边的叫山子;柏夭坐在主车位上,由参百驾车,奔戎在车右协助。驰驱千里,到了巨蒐氏之国。巨蒐氏便献上白天鹅的血液供穆王饮用,备好牛马的乳汁给穆王洗脚,还招待了两乘车上的其他客人。吃喝过后继续前行,就住在昆仑山凹里,赤水河的北面。第二天登上昆仑山顶,观览昔日黄帝的宫殿,而且在这里堆起土石作为标记,以传留后世。随后又到西王母那里做客,在瑶池上宴饮。西王母为穆王吟诵歌谣,穆王也赋诗应和,辞调都很哀婉。他又西去观赏了太阳入山的情景。这一天走了一万里路。穆王于是感叹道:"哎呀!我个人修德不完善,反而享尽了安乐,后世的人恐怕要谴责我的罪过了吧!"

　　周穆王难道是神人吗?在世时能够享尽欢乐,仍然活了一百岁才死亡,当时的人们还以为他成仙了呢。

【原文】

　　老成子①学幻于尹文②先生,三年不告。老成子请其过而求退。

尹文先生揖③而进之于室，屏左右而与之言曰："昔老聃之徂④西也，顾而告予曰：有生之气，有形之状，尽幻也。造化⑤之所始，阴阳之所变者，谓之生，谓之死。穷数达变，因形移易者，谓之化，谓之幻。造物者⑥其巧妙，其功深，固难穷难终。因形者其巧显，其功浅，故随起随灭。知幻化之不异生死也，始可与学幻矣。吾与汝亦幻也，奚须学哉？"

老成子归，用尹文先生之言深思三月，遂能存亡自在，幡校⑦四时；冬起雷，夏造冰。飞者走，走者飞。终身不箸⑧其术，故世莫传焉。

子列子曰："善为化者，其道密庸⑨，其功同人。五帝⑩之德，三王⑪之功，未必尽智勇之力，或由化而成。孰测之哉？"

【注释】

①老成子：人名。老成，为复姓；子，为尊称。战国时期宋国大夫。
②尹文：战国时期思想家，齐国人。其思想在于调和道家和墨家。
③揖(yī)：古代的拱手礼。
④徂(cú)：往。
⑤造化：自然界的创造者，亦指自然。
⑥造物者：创造万物的母体。指大自然，也可指"天道"，即事物的规律。
⑦幡校：变乱交错。幡，通"翻"，倒转。校，亦作"交"，错杂。
⑧箸：古同"著"，明显。
⑨密庸：暗中显功效。
⑩五帝：中国传说中的上古五位帝王。《史记·五帝本纪》指黄帝、颛顼、帝喾、唐尧、虞舜五位帝王。
⑪三王：指夏禹、商汤、周文王三位帝王。

【译文】

老成子向尹文先生学习幻术，但都已经过了三年，尹文先生也没有传授给他。老成子请老师指出自己的过错，并提出退学申请。

尹文先生拱手施礼，请他进入内室，然后屏退左右的人，对他说："从前老聃往西方游历的时候，回头告诉我说：凡是有生命的气息，有形状的物体，都是变幻不定的。天地自然创造而出生，阴阳两极促使而变化的，叫做生，叫做死。懂得自然规律而顺应变化，根据具体情形而推移变易的，叫做化，叫做幻。大自然的机巧微妙，功夫深厚，本来就难以穷尽，难以探究。根据具体情形变易的，技巧显著，功夫低浅，所以随时发生，随时灭亡。只有懂得幻化与生死没有什么根本不同，才可以开始学习幻术。我和你都处于幻化之中，何必还要学习幻化呢？"

老成子回去后，把尹文先生的话深深地思考了三个月，于是能够自在地掌握存亡命运，随心地改变四季节令；可以使冬天鸣雷，夏天造冰；能够使飞鸟在地上走，走兽在天上飞。他终生不显露自己的道术，因而后世没有留传下来。

列子说："善于幻化的人，他的道术潜在地发生作用，他的功绩看上去如同一般的人。五帝的德行，三王的功业，不一定都是靠着智慧之力和勇敢之力而得来的，或许就是凭借幻化的作用而成就的。谁能探索出其中的根本原因是什么呢？"

【原文】

觉①有八征②，梦有六候③。奚谓八征？一曰故，二曰为，三曰得，四曰丧，五曰哀，六曰乐，七曰生，八曰死。此者八征，形所接也。奚谓六候？一曰正梦④，二曰蘁梦⑤，三曰思梦，四曰寤梦⑥，五曰喜梦，六曰惧梦。此六者，神所交也。不识感变⑦之所起者，事至则惑其所由然；识感变之所起者，事至则知其所由然。知其所由然，则无所怛⑧。

一体之盈虚消息，皆通于天地，应于物类。故阴气壮，则梦涉大水而恐惧；阳气壮，则梦涉大火而燔焫⑨；阴阳俱壮，则梦生杀。甚饱则梦与，甚饥则梦取。是以以浮虚为疾者，则梦扬；以沉实为疾者，则梦溺。藉⑩带而寝则梦蛇；飞鸟衔发则梦飞。将阴梦火，将疾梦食。饮酒者忧，歌舞者哭。

子列子曰："神遇为梦，形接为事。故昼想夜梦，神形所遇。故神凝者想梦自消。信觉不语，信梦不达，物化之往来者也。古之真人⑪，其觉自忘，其寝不梦，几虚语哉？"

【注释】

①觉：睡醒，指人清醒的状态。
②征：表露出来的迹象。
③候：预测；占验。
④正梦：旧谓无所思虑，安然而梦。
⑤蘁梦：即"噩梦"，使人恐惧的梦。
⑥寤梦：谓醒时有所见而成之梦，与无所见而全凭想象者异。
⑦感变：感应变动。
⑧怛（dá）：惊惧。
⑨燔焫（fán ruò）：燃烧。
⑩藉：垫在下面的东西。
⑪真人：得"道"之人。

【译文】

人睡醒后有八征，睡梦中有六候。什么是八征呢？一是继续往事，二是新的作为，三是有所收获，四是有所损失，五是有所悲哀，六是有所喜悦，七是繁衍生命，八是消损死亡。这八种迹象，都是形体与外界客观事物相接触所产生的。什么是六候呢？一是正梦，二是噩梦，三是思梦，四是寤梦，五是喜梦，六是惧梦。这六种预测，都是精神与外界相沟通而产生的。不理解感应变动是怎样产生的，一旦事情触发，便迷惑它产生的缘由；理解感应变动是怎样产生的，一旦事情触发，就明白它产生的缘由了。明白它所产生的缘由，就无所畏惧了。

人的身体的充盈或亏虚、衰弱或繁殖，都与天地相通，与外物相应。所以阴气旺盛的人，就会梦见涉足大水而恐惧；阳气旺盛的人，就会梦见踏入烈火而被焚烧；阴阳二气都旺盛的人，就会梦见生死残杀。吃得过饱就会梦见送给别人东西，过于饥饿就会梦见夺取别人的东西。所以因元气浮虚而得病的人，就会梦见身体向上飞扬；因元气沉实而得病的人，就会梦见身体向下沉溺。压着衣带睡觉就会梦蛇，飞鸟衔着头发就会梦见飞。气血将转为阴症就会梦见大火，身体将要生病就会梦见吃饭。梦见饮酒的人，醒来就会忧愁；梦见唱歌跳舞的人，醒来就会哭泣。

列子说："精神与外界相沟通就会产生梦幻，形体与外物相接触就会发生事情。所以白天有思虑，夜晚就会做梦，这是因为身体有所接触，精神有所沟通。因此，精神凝静、没有牵挂的人，种种想法、种种梦境都自然不会存在。最真实的觉醒不能用语言表达，最真实的梦境无法完全明白，它们是事物往来同化的结果。古代得道之人，觉醒的时候连自己都忘记，睡眠的时候不会做梦，这难道说的是假话吗？"

【原文】

西极之南隅①有国焉，不知境界之所接，名古莽之国②。阴阳之气所不交，故寒暑亡辨；日月之光所不照，故昼夜亡辨。其民不食不衣而多眠。五旬一觉，以梦中所为者实，觉之所见者妄。

四海之齐③谓中央之国④，跨河⑤南北，越岱⑥东西，万有余里。其阴阳之审度⑦，故一寒一暑；昏明之分察，故一昼一夜。其民有智有愚。万物滋殖⑧，才艺多方。有君臣相临，礼法相持。其所云为⑨不可称计。一觉一寐，以为觉之所为者实，梦之所见者妄。

东极之北隅有国，曰阜落之国⑩。其土气常燠⑪，日月余光⑫之照。其土不生嘉苗⑬。其民食草根木实⑭，不知火食。性刚悍，强弱相藉⑮，贵胜而不尚义；多驰步⑯，少休息，常觉而不眠。

【注释】

①隅（yú）：角落。
②古莽之国：作者虚构的国名。

③四海之齐：四海，指全国各地。齐，通"脐"，中部，中央。
④中央之国：即中国。这里指居于世界中央的国家。
⑤河：特指黄河。
⑥岱：泰山的别称。亦称"岱宗"、"岱岳"。
⑦审度：认真查看并估量。这里作"明确无误"讲。俞樾《诸子评议》："审度二字传写误倒，本作'阴阳之度审'。下句云'其昏明之分察，故一昼一夜。'度与分对，审与察对，以是明之。"
⑧滋殖：增加；增长；增生。
⑨云为：言论，行为。
⑩阜落之国：作者虚构的国家。
⑪燠（yù）：热。
⑫余光：这里指充足的光辉。
⑬嘉苗：禾苗。代指庄稼。
⑭木实：树木的果实。
⑮藉：践踏，凌辱。
⑯驰步：快跑；奔走。

【译文】

在遥远的西方南部有个国家，大得不知道边界在什么地方，名叫古莽之国。在这个国家，阴阳二气不相交合，因此没有寒暑差别；日月的光芒照耀不到，所以没有昼夜区分。那里的人民不吃饭、不穿衣，睡觉的时间很长。五十天一醒，把睡梦中做的事情当成真实的，把觉醒时看见的东西当作虚妄的。

四海的正中叫中央之国，地跨黄河南北，横越岱岳东西，有一万余里之广。在这里，阴阳二气的界限分明，因此一年之内有寒有暑；昏明的界限清楚，因此一天之内有昼有夜。这里的人民有的聪明，有的愚笨。万物竞相滋养繁殖，人们有各个方面的才艺。有君王和大臣共同治理，用礼仪与法律共同维持。他们的言论行为多得难以统计。每天有觉醒有睡眠，认为觉醒时的所做的事情是真实的，睡梦中所看见的东西是虚妄的。

在遥远的东方北部有个国家，叫阜落之国。那里的气候燥热，日月光照充足。那里的土地不长庄稼。那里的人民只能吃草根与树果，不知道用火烧熟食物再吃。性情强悍，强者欺凌弱者；崇尚胜利而不崇尚礼仪；多奔跑而少休息，常常清醒而不睡觉。

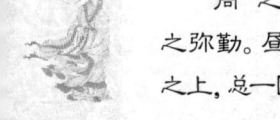

【原文】

周①之尹氏大治产②，其下趣役者③侵④晨昏而弗息。有老役夫筋力竭矣，而使之弥勤。昼则呻呼⑤而即事，夜则昏惫而熟寐。精神荒散，昔昔⑥梦为国君。居人民之上，总一国之事。游燕⑦宫观⑧，恣意所欲，其乐无比。觉则复没。人有慰喻⑨其勤⑩者，役夫曰:"人生百年,昼夜各分。吾昼为仆虏,苦则苦矣;夜为人君,其乐无比。何所怨哉?"

尹氏心营世事,虑钟家业,心形俱疲,夜亦昏惫而寐。昔昔梦为人仆,趋走作役,无不为也;数骂杖挞,无不至也。眠中喑吃⑪呻呼,彻旦息焉。尹氏病之,以访其友。友曰:"若位足荣身,赀财有余,胜人远矣。夜梦为仆,苦逸之复,数之常也。若欲觉梦兼之,岂可得邪?"

尹氏闻其友言,宽其役夫之程⑫,减己思虑之事,疾并少间。

【注释】

①周:古国名。
②治产:经营产业。
③趣役者:来到尹氏家服役的人。指役夫。
④侵:接近。
⑤呻呼:因劳苦疾痛而呻吟呼喊。
⑥昔昔:通"夕"。夜夜。
⑦游燕:游乐宴饮。燕,通"宴"。
⑧宫观:离宫别馆,为帝王游乐休息的处所。
⑨慰喻:抚慰;宽慰晓喻。
⑩懃(qín):即"勤"。
⑪喑吃(ányì):说梦话。
⑫程:程度,限度。

【译文】

周国有个姓尹的富人大力经营产业,他手下的役夫从早忙到晚都不得休息。有个老役夫,体力都已经消耗殆尽了,然而被使唤的却更加频繁了。白天,他一边干活,一边因劳累疾痛而呻吟呼喊;夜晚,他因昏沉疲惫而熟睡。精神恍惚迷乱,夜夜都梦见自己当了国君,地位在民众之上,总揽一国大事,在离宫别馆中游玩宴饮,为所欲为,其乐无比。早上醒来后还是继续服役。有人曾经对他勤苦表示劝慰开导。老役夫说:"人生百年,白天与黑夜各占一半。我白天做奴仆,苦是苦啦;可是一到夜晚我就做国君,却是快乐无比的。还有什么可怨恨的呢?"

姓尹的富人整天思考世事,考虑家业,使得心灵与形体全都很疲劳,夜晚也因昏沉疲惫而入睡,夜夜梦见自己做了奴仆,奔走服役,无所不干;挨骂遭打,无所不受。睡眠中因操劳过度而梦语呻吟,一直到天亮才停息。姓尹的富人因此痛苦不堪,便去询问朋友请求帮助。朋友说:"你的地位足以使你荣耀,你的财富也很充裕,远远超过别人啦。夜晚梦见做了奴仆,劳苦和安逸相互交替,循环往复,这是符合自然法则的常规。

你想同时拥有醒时与梦中的快乐，怎么可能做得到呢？"

姓尹的富人听了他朋友的话，于是就放宽了役夫们劳动的限度，减少了自己思虑的世事，果然他和役夫的苦痛都减轻了。

【原文】

郑人有薪①于野者，遇骇鹿②，御③而击之，毙之。恐人见之也，遽④而藏诸隍⑤中，覆之以蕉⑥，不胜其喜。俄而⑦遗其所藏之处，遂以为梦焉。顺途而咏其事。傍人有闻者，用其言而取之。既归，告其室人⑧曰："向薪者梦得鹿而不知其处；吾今得之，彼直真梦者矣。"室人曰："若将是梦见薪者之得鹿邪？讵⑨有薪者邪？今真得鹿，是若之梦真邪？"夫曰："吾据得鹿，何用知彼梦我梦邪？"薪者之归，不厌⑩失鹿，其夜真梦藏之之处，又梦得之之主。爽旦⑪，案⑫所梦而寻得之。遂讼⑬而争之，归之士师⑭。

士师曰："若初真得鹿，妄谓之梦；真梦得鹿，妄谓之实。彼⑮真取若鹿，而与若争鹿。室人又谓梦认人鹿，无人得鹿。今据有此鹿，请二分之。"以闻郑君。郑君曰："嘻！士师将复梦分人鹿乎？"访之国相。国相曰："梦与不梦，臣所不能辨也。欲辨觉梦，唯黄帝、孔丘。今亡黄帝、孔丘，孰辨之哉？且恂⑯士师之言可也。"

【注释】

①薪：取以为薪；砍柴草。
②骇鹿：指受惊的鹿。
③御：迎。
④遽：急忙，匆忙。
⑤隍：没有水的城壕。此处指干涸的水沟。
⑥蕉：通"樵"，柴草。
⑦俄而：不久；一会儿。
⑧室人：古时指妻妾。
⑨讵：反问语气词，这里相当于"难道"。
⑩厌：这里指甘心。
⑪爽旦：黎明，清晨。
⑫案：通"按"，根据。
⑬讼：这里指争论，争辩是非。
⑭士师：亦作"士史"。古代执掌禁令刑狱的官名。
⑮彼：他，对方。
⑯恂(xún)：相信。

【译文】

郑国有个在野外砍柴的樵夫,碰到了一只受惊的鹿,便迎上去把它打死了。因怕被别人看见,就急急忙忙把鹿藏在一条干涸的沟渠里,并用砍下的柴草遮盖好,心里高兴无比。没过多久,他竟然忘记了藏鹿的地方,便以为自己刚才不过是做了一个梦。沿途不断地叨念着这件事。路旁有个人听他这么说,就按照他的话找到了那只鹿。回家以后,告诉他的妻子说:"刚才有个樵夫梦见自己得到一只鹿,却忘记了收藏的地方;现在,我得到了,他做的梦简直和真的一样。"妻子说:"恐怕是你梦见樵夫得到了鹿吧?难道真有那个樵夫吗?如今你真的得到了鹿,是你真的做梦吧?"丈夫说:"反正我真的得到了鹿,哪里还用得着弄清楚是他做梦还是我做梦呢?"樵夫回到家中,不甘心失掉那只鹿。那天夜里他真的梦到了藏鹿的地方,还梦见了取走鹿的人。天一亮,他就按照梦中的线索找到了得到鹿的人。于是两人为这只鹿争吵起来,最后告到了法官那里。

法官说:"你最初是真的得到了鹿,却糊里糊涂认为是梦;后来明明是梦见得到鹿,却又糊里糊涂认为是事实。他是确实取走了你的鹿,却与你争这只鹿。他妻子又说他是梦中认取了别人的鹿,并没有人真正得到过这只鹿。现在确实有这只鹿,那就请你们平分了吧!"这件事情呈报给了郑国国君。国君说:"唉!这法官恐怕也是在梦中给他们分鹿吧?"为此他去询问国相。国相说:"是梦不是梦,我也无法分辨。如果要分辨清楚是醒还是梦,只有黄帝和孔丘才能够做到。现在没有黄帝和孔丘,谁还能分辨清楚呢?那就暂且听信法官的裁决算了。"

【原文】

宋①阳里②华子③中年病忘④,朝取而夕忘,夕与而朝忘;在途则忘行,在室而忘坐;今不识先,后不识今。阖室⑤毒之⑥。谒史而卜之,弗占;谒巫而祷之,弗禁;谒医而攻之,弗已。鲁有儒生自媒⑦能治之,华子之妻子以居产⑧之半请其方。儒生曰:"此固非卦兆之所占,非祈请之所祷,非药石之所攻。吾试化其心,变其虑,庶几其瘳⑨乎!"

于是试露之,而求衣;饥之,而求食;幽⑩之,而求明。儒生欣然告其子曰:"疾可已也。然吾之方密,传世不以告人。试屏左右,独与居室七日。"从之。莫知其所施为也,而积年之疾一朝都除。

华子既悟,乃大怒,黜⑪妻罚子,操戈逐儒生。宋人执而问其以。华子曰:"曩吾忘也,荡荡然⑫不觉天地之有无。今顿识既注⑬,数十年来存亡得失、哀乐好恶,扰扰万绪起矣。吾恐将来之存亡得失、哀乐好恶之乱吾心如此也,须臾之忘,可复得乎?"

子贡闻而怪之,以告孔子。孔子曰:"此非汝所及乎!"顾谓颜回纪之。

【注释】

①宋:古国名。战国时期在豫东商丘一带。
②阳里:宋国地名。
③华子:人名。作者虚构的人物。
④病忘:患健忘之症。
⑤阖室:全家。
⑥毒之:以之为毒。指华子这种病给全家人带来麻烦和痛苦。
⑦自媒:自我推荐。
⑧居产:家产。
⑨瘳(chōu):病愈。
⑩幽:把人关起来,不让跟外人接触。这里指关在黑暗之处。
⑪黜:废除,取消。这里指赶走。
⑫荡荡然:浩大空旷的样子。
⑬既往:以前。

【译文】

宋国阳里的华子中年时得了健忘症,早晨拿的东西到晚上就忘了,晚上给的东西到早晨就忘了;在路上忘记行走,在屋里忘记坐下;现在记不起从前,以后又记不得现在。全家都为他这种病而苦恼。请来史官为他占卜,不能灵验;请来巫师为他祈祷,没有效果;请来医生为他诊治,不见好转。鲁国有个儒生自荐说能治好他的病,华子的老婆和儿女情愿拿出家产的一半作为酬劳来求取他的方术。儒生说:"这种病本来就不是算卦龟卜所能占验的,也不是祈祷请求所能免除的,更不是药物针灸所能诊治的。我试试变化他的心神,改换他的思虑,也许能够使他痊愈吧。"

于是试着把他放在露天里,他知道找衣服穿;故意饿着他,他知道找东西吃;把他关在黑暗处,他知道寻找光亮。儒生高兴地告诉那人的儿子说:"你父亲的病可以治好了。但是我的方法是保密的,世代相传,不告诉外人。请屋里侍候的人回避一下,我

单独和他在室内待七天。"家人都听从了他的建议。没有人知道儒生用了什么方法,竟然使华子多年的疾病一下子都根除了。

华子清醒以后,就大发雷霆,赶走妻子,惩罚儿子,并拿起戈来驱逐儒生。邻居们捉住他,询问其中的原因。华子说:"过去我健忘,脑子里空空荡荡的,不知天地是有还是无。如今突然恢复了以往的记忆,数十年来的存亡得失、哀乐好恶等人间烦恼,又会在我心里纷纷扰扰、千头万绪地缠绕起来。不仅如此,我更怕将来的存亡得失、哀乐好恶又会像这样扰乱我的心境,再求片刻的淡忘,还能得到吗?"

子贡听说后感到奇怪,把这件事告诉了孔子。孔子说:"这道理并非是你所能理解的啊!"他回头叫颜回把此事记录下来。

【原文】

秦人逢①氏有子,少而惠②,及壮而有迷罔③之疾。闻歌以为哭,视白以为黑,飨④香以为朽⑤,尝甘以为苦,行非以为是:意之所之,天地、四方、水火、寒暑,无不倒错者焉。杨氏告其父曰:"鲁之君子多术艺⑥,将能已乎?汝奚不访焉?"

其父之鲁,过陈⑦,遇老聃,因告其子之证。老聃曰:"汝庸⑧知汝子之迷乎?今天下之人皆惑于是非,昏于利害。同疾者多,固莫有觉者。且一身之迷不足倾一家,一家之迷不足倾一乡,一乡之迷不足倾一国,一国之迷不足倾天下。天下尽迷,孰倾之哉?向使⑨天下之人其心尽如汝子,汝则反迷矣。哀乐、声色、臭味、是非,孰能正之?且吾之此言未必非迷,而况鲁之君子迷之邮⑩者,焉能解人之迷哉?荣⑪汝之粮,不若遄归⑫也。"

【注释】

①逢(páng):古代姓氏。
②惠:古同"慧",聪明。
③迷罔:精神失常。
④飨:同"享",享受,享用。
⑤朽:腐臭气味。
⑥术艺:技能,技术。
⑦陈:古国名,地有今河南东部和安徽一部分。公元前478年为楚所灭。
⑧庸:岂,怎么。反问副词。
⑨向使:假使。连词。
⑩邮:通"尤",最。
⑪荣:抛弃。引申为浪费。
⑫遄(chuán):快,迅速。

【译文】

秦国人逢氏有个儿子，小时候非常聪明，等长大后却得了精神失常的病。听到唱歌以为是哭泣，看到白色以为是黑色，闻到香气以为是臭气，尝到甜味以为是苦味，做了错事却以为是正确的：意识所到的地方，无论是天地、四方、水火、寒暑，没有不是颠倒错乱的。有个姓杨的人告诉逢氏说："鲁国的君子多才多艺，或许能治好你儿子的病吧！你为什么不去拜访他们呢？"

孩子的父亲便前往鲁国，路过陈国时，遇到了老子，他就把儿子的病症告诉了老子。老子说："你怎么知道你儿子是精神迷乱呢？现在天下的人都分不清是非、辨不清利害。同病的人很多，本来就没有什么清醒的。况且一个人迷乱并不能倾覆一家，一家人迷乱并不能倾覆一乡，一乡人迷乱并不能倾覆一国，一国人迷乱并不能倾覆天下。天下人都迷乱，还倾覆什么呢？假使天下人的心神都像你儿子一般，那么你就反而是迷乱失常的人了。哀乐、声色、气味、是非，又有谁能分辨清楚呢？而且我的这番话也未必不是迷乱失常的表现，更何况鲁国的君子们都是迷乱失常得最为厉害的人，又怎么能解开别人的迷乱呢？白白浪费了你的粮食，还不如赶快回家去吧！"

【原文】

燕①人生于燕，长于楚②，及老而还本国。过晋国③，同行者诳④之，指城曰："此燕国之城。"其人愀然⑤变容。指社⑥曰："此若里之社。"乃喟然⑦而叹。指舍曰："此若先人之庐。"乃涓然⑧而泣。指垄⑨曰："此若先人之冢。"其人哭不自禁。

同行者哑然⑩大笑，曰："予昔绐⑪若，此晋国耳。"其人大惭。及至燕，真见燕国之城社，真见先人之庐冢，悲心更微。

【注释】

①燕：姬姓，古国名。相当于河北北部和辽宁西端一带。公元前222年为秦所灭。

②楚：芈姓，古国名。战国时期疆域西北到今陕西商县东，东南至今江苏、浙江。公元前223年为秦所灭。

③晋国：姬姓，古国名。地有今山西大部，河北、河南和陕西各一部。公元前376年分为韩、赵、魏三国。

④诳：欺骗；瞒哄。

⑤愀（qiǎo）然：形容神色变得严肃或者不愉快。

⑥社：古代乡村的一种祭祀组织，以血缘关系为基础的基层单位，亦叫乡社、里社，供奉的神灵为土地。

⑦喟然：叹气的样子。

⑧涓然:慢慢流泪的样子。
⑨垄:坟冢。
⑩哑然:笑声,笑貌。
⑪绐(dài):古同"诒",欺骗;欺诈。

【译文】

　　有个燕国人出生在燕国,却在楚国长大,到了老年才归返本国。途经晋国,同行的人欺骗他,指着一座城墙说:"这就是燕国的城墙。"那人听后,凄怆地改变了脸色。同行的人指着社庙说:"这是你乡里的社庙。"他听后长叹了一声。同行的人指着房屋说:"这是你家祖先居住过的房屋。"他听后眼泪不禁流了下来。同行的人又指着一座坟墓说:"这是你家祖先的坟墓。"那人抑制不住而大哭起来。

　　同行的人失声大笑说:"我刚才是在欺骗你,这里是晋国!"那人大为羞愧。等到了燕国,当他真的见到了燕国的城邑和社庙,真的见到了祖先的房屋和坟墓时,悲伤的感情反倒减轻了很多。

【解读】

　　《周穆王》篇通过文中叙述的寓言和故事主要强调这样几项内容:一是事物的变化是反复多端的,有的只在"徐疾之间",不能以一种模式来看待;二是自然界神秘莫测,功力深远,变化无穷,人们对它的认识是没有止境的;三是形神交接,产生梦,产生事,提倡神凝,使梦自消;四是人们习性的形成受到自然的影响,自然条件不同,习性便迥然相异;五是事物之间是可以转化的,不是一成不变的。这些寓言和故事,具有讽刺的锋芒,对于黑暗、丑恶的社会现实作了深刻的揭露和批判。

　　列子的"梦幻说"是以世界物质本体为前提而提出的,指出"有生之气,有形之状,尽幻也"。"穷数达变,因形移易者,谓之化,谓之幻。造物者其巧妙,其功深,固难穷难终。因形者其巧显,其功浅,故随起随灭",是谓幻化。列子认为觉醒和幻变既有形同之处,又相互区别。觉醒时发生的事情和对事物的认识都是真实的,而幻变时发生的事情和对事物的认识都是虚妄的;觉醒时有幻梦,幻梦时有觉醒。同时,告诫人们不要被表面的幻化现象所迷惑,不要被颠倒黑白、混淆是非的病态行为所干扰,也不要把不符合常理的返真状态视为病态,要牢牢把握事物的规律,道的本质。只有不变的规律和守一的道,才是真实的,才是正确的。文中列子还对变因作了唯物论的解释,指出"神遇为变,形接为事",梦是精神活动,事是形体与外物的接触。"昼想夜梦,神形所遇",事是梦的根源,是人的生理与心理综合活动的产物。

此篇重点提出了"秉生受有谓之形,俛仰变异谓之化。神之所交谓之梦,形炎所接谓之觉"。这"形、化、梦、觉"四个概念,是带根本性的哲学范畴。机体实际存在形式,就是"形";物质的变换形态,就是"化";精神与外物的交感,就是"梦";机体与外物的接触,就是"觉"。它们都是以物质为基础的,是由物质决定精神变化的。四个方面加以论证和阐释,这证明,观点是唯物的,也很有说服力。其次,文中还坚持生灭同理、觉梦一途的思想。这仍然是沿袭老庄的观点。按照唯物主义的观点,生与灭、觉与梦是不同的;然而,《周穆王》篇却视为一样,把已有的朴素唯物观点退回到唯心的观点,这又证明,《列子》在世界观上是十分矛盾的。

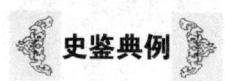 

刘邦斩蛇

汉高祖刘邦,字季,沛郡丰邑中阳里人。秦朝时曾担任泗水亭长,起兵于沛县,后成为汉朝开国皇帝,庙号太祖,谥号高皇帝,所以史称汉高祖或汉高帝。刘邦出身于平民阶级,成为皇帝之前又称沛公、汉中王。他对中国的统一强大,汉文化的传承发扬具有历史性的贡献。

刘邦早年在任沛县泗水亭长时,奉命押送一批劳工去骊山为秦始皇修筑陵墓,途中许多劳工趁机逃跑。刘邦暗想:即使到了骊山,劳工也都跑光了,我也是罪责难逃。于是他就在芒砀山泽前休息进食,晚上释放了所有的劳工,并对他们说:"你们都各自逃生去吧!我从此也要逃亡去了!"劳工见刘邦这样宽宏大度,豪爽义气,便愿意跟随他。

晚上,刘邦喝了不少酒,乘着酒兴继续赶路。月色苍茫,小径蜿蜒。在芒砀山泽的小路上,走在前面的人忽然惊叫一声,忙回头对刘邦说:"前面个有一条大蛇挡道,绕道而行吧!"刘邦醉意朦胧,朗声大笑道:"英雄豪气,所向披靡,区区一蛇,怎敢挡我的道路!"说话间,拨开众人,仗剑前行,果见一巨蛇横卧路中,摇头摆尾。刘邦正欲

用剑去砍，只见那白蛇道："我乃贵为天子，焉游四海，诛秦平分天下。"刘邦不允。白蛇道："你斩吧！你斩我头，我乱你头；你斩我尾，我乱你尾。"刘邦酒壮英雄胆，说："我不斩你头，也不斩你尾，让你从中间一刀两断。"说罢，一剑下去，把白蛇斩为两段，顿时白蛇鲜血喷溅，染红了土地，至今这里的草还是红色的。白蛇化作一股青气飘荡空中，喊道："刘邦还吾命来，刘邦还吾命来。"刘邦道："此处深山野林怎还你命，待到平地准还你命来。"刘邦贵为天子，金口玉言，后来王莽篡权杀了汉平帝，把四百年的汉室分成两半。传说王莽乃是白蛇投胎转世，至此也算还了刘邦所许之愿。此是后话。

刘邦斩蛇之后，继续前行，又行数里，酒劲上涌，醉卧道旁。

第二天早上，有人经过斩蛇之处，见一老妪痛哭不已，问道："你为什么痛哭？"老妇人说："我的儿子被人杀了。"行人问道："是谁杀的？"老妇人说："我儿子本是白帝子，在此化为白蛇挡道，本是来向赤帝子讨封而来，却被赤帝子杀了。"老妇人说完不见踪影。这人来到刘邦一群人跟前，把所见到的讲了一遍，刘邦听后内心大喜，认为自己就是赤帝子，更加坚定了反秦起义的决心，沛县弟子听说后都愿意归附他。刘邦先隐藏在芒砀山泽中，后又返回沛县，杀了县令，被拥立为沛公，扯旗造反。经过楚汉争霸终于登上了帝王的宝座。

黄粱一梦

唐玄宗开元七年，有个名叫吕翁的道士，因事到邯郸去。这位道士长年修道，已经掌握了各种神仙幻变的法术。

这年，一个姓卢的书生，离开家乡进京赶考，途中在邯郸的旅馆里投宿，正好遇到这位名叫吕翁的道士。二人随即攀谈起来，谈话中，卢生向他感慨人生的穷困潦倒，时而流露出渴望荣华富贵、厌倦贫困生活的想法。吕翁劝解了一番，但卢生感慨不已，难以释怀。于是，吕翁拿出一个枕头来递给卢生，说："你枕着我这个枕头睡，它可以使你荣华富贵，适意愉快，就像你想要的那样。"

这时天色已晚，店主人开始煮黄米做饭。卢生便按着道士的说法，躺下睡觉。

刚刚睡下，就朦朦胧胧地发现枕头上的洞孔慢慢地大了起来，里面也逐渐明朗起来，卢生于是把整个身子都钻了进去，这一下子，他回到了自己的家里。

没过多长时间，他便娶了一个如花似玉的老婆，姑娘家里很有钱，陪嫁的物品非常丰厚，卢生高兴极了，从此以后，他的生活变得富足起来。

第二年，他参加进士考试，一举得中，担任专管代皇帝撰拟诏诰令的官。

又过了三年，他出任同州知州，后又改任陕州知州。卢生生来喜欢治理水土,任职陕州时曾集合民众开凿河道80里,使阻塞的河流畅通,当地百姓都称赞他的功德。

很快,他就被朝廷征召入京,任京兆尹,也就是管理京城的地方行政官。

不久,爆发了边境战争,皇帝派卢生去镇守边防。卢生到任后,又开拓疆土九百里,随即迁户部尚书兼御史大夫。

此时的他,功大位高,满朝文武官员深为折服。但是,他的功成名就也招致了官僚们的妒忌。于是,各种各样的谣言都向他飞来,指责他沽名钓誉,结党营私,图谋不轨。很快,皇帝下诏将他逮捕入狱。与他一同被诬的人都被处死了,只有他因为有皇帝宠幸的太监作保,才得以免于一死,被流放到偏远蛮荒的地方。

又过了好几年,皇帝知道他是被人诬陷的,因此又重新起用他为中书令,封为燕国公,加赐他的恩典格外隆重。

在此期间,他一共生了五个儿子,也都成了国家的栋梁之才,卢家成为当时赫赫有名的名门望族。此时的卢生地位崇高,声势盛大显赫,一时无双。

随着年龄越来越大,卢生感觉自己体力不支,便屡次上疏请求告老还乡,但是皇上都不予批准。后来,病重,他挣扎给皇帝上了一道奏疏,回顾了自己一生的经历并对皇帝的恩宠表示感激。奏疏递上去不久卢生就死了。

就在这时,睡在旅店里的卢生打了个哈欠,伸了个懒腰,醒了。他揉揉眼睛,摇晃几下头,发现自己的身子正仰卧在旅店的榻上,吕翁坐在他的身旁,店主人蒸的黄粱米饭还没有熟。触目所见,都和睡前一模一样。他一下子坐了起来,诧异地说:"我难道是在做梦吗?"吕翁在一旁不动声色地对卢生说:"人生的适意愉快,不过就是这样罢了。"卢生怅然失意了好一会儿,才对吕翁谢道:"我现在对荣辱的由来,穷达的运数,得失的道理,生死的情形,都彻底领悟了。这个梦,就是先生用来遏制我的私心欲念的啊,谢谢先生的点拨!"

荣华富贵如同一场梦,如浮云般虚幻,后来这位书生就和道士修道去了。

南柯一梦

有一个叫淳于棼的人,平时喜欢喝酒。他家院中有一棵根深叶茂的大槐树,盛夏之夜,晚风习习,树影婆娑,是一个乘凉的好地方。

淳于棼过生日的那天,亲朋好友都来祝寿,他一时高兴,多喝了几杯酒。夜晚,亲友们都回去了,淳于棼带着几分醉意在大槐树下歇凉,不知不觉进入了梦乡。

梦中,淳于棼被两个使臣邀去,进入一个树洞。洞内晴天丽日,别有世界,号称大槐国。正赶上京城举行选拔官员考试,他也报了名。考了三场,文章写得十分顺

手。等到公布考试结果时,他竟然名列第一名。紧接着皇帝进行面试。皇帝见淳于棼长得帅气,又很有才气,非常喜爱,就亲笔点为头名状元,并把公主嫁给他为妻。状元郎成了驸马郎,一时京城传为美谈。

婚后,夫妻感情十分美满。不久,淳于棼被皇帝派往南柯郡任太守。淳于棼勤政爱民,经常到属地内调查研究,检查部下的工作,各地的行政都非常廉洁有效,当地百姓大为称赞。一晃三十年过去了,淳于棼的政绩已是全国有名,他自己也有了五男二女七个孩子,生活非常得意。皇帝几次想把淳于棼调回京城升迁,当地百姓听说后,都纷纷涌上街头,挡住太守的马车,强行挽留他在南柯继任。淳于棼被百姓的爱戴所感动,只好留下来,并上表皇帝说明情况。皇帝欣赏他的政绩,就赏给他许多金银财宝,以示奖励。

有一年,擅萝国派兵侵犯大槐国,大槐国的将军们奉命迎敌,不料几次都被敌兵打得大败。败报传到京城,皇帝震怒,急忙召集文武百官商议对策。大臣们听说前线军事屡屡失利,敌人逼近京城,凶猛异常,都吓得面如土色,你看我,我看你,一时束手无策。

皇帝看了大臣的样子,非常生气地说:"你们平时养尊处优,享尽荣华,一旦国家有事,就都成了没嘴的葫芦,胆小怯阵,要你们有什么用?"

这时宰相想起了政绩突出的南柯太守淳于棼,于是向皇帝推荐。皇帝立刻下令,调淳于棼统率全国的精锐兵力与敌军作战。

淳于棼接到皇帝的命令,立即统兵出征。可是他对兵法一无所知,与敌军刚一交战,就被打得一败涂地,手下兵马损失惨重,他自己也险些当了俘虏。皇帝得知消息,非常失望,下令撤掉淳于棼的一切职务,贬为平民,遣送回老家。淳于棼想想自己一世英名毁于一旦,羞愤难当,大叫一声,从梦中惊醒。

他按梦境寻找大槐国,原来就是大槐树下的一个蚂蚁洞,一群蚂蚁正居住在那里。

淡泊名利

东晋后期的大诗人陶渊明,是名人之后,他的曾祖父是赫赫有名的东晋大司马。年轻时的陶渊明本有"大济于苍生"的伟大志向,可是,在国家濒临崩溃的动乱年月里,陶渊明的一腔抱负根本无法实现。加之他性格耿直,清明廉正,不愿卑躬屈膝攀附权贵,因而和污浊黑暗的现实社会发生了尖锐的矛盾。

为了生存,陶渊明最初做过州里的小官,可是由于看不惯官场上的那一套恶劣作风,不久便辞职回家了。后来,为了生活他还陆续做过一些地位不高的官职,过着时隐时仕的生活。

陶渊明最后一次做官,是义熙元年（405）。那一年,已过"不惑之年"的陶渊明在朋友的劝说下,再次出任彭泽县令。有一次,县里派督邮来了解情况。有人告诉陶渊明说:那是上面派下来的人,应当穿戴整齐、恭恭敬敬地去迎接。陶渊明听后长长叹了一口气:"我不愿为了小小县令的五斗薪俸,就低声下气去向这些家伙献殷勤。"说完,就辞掉官职,回家去了。陶渊明当彭泽县令,不过八十多天。他这次弃职而去,便永远脱离了官场。

此后,他一面读书为文,一面参加农业劳动。后来由于农田不断受灾,房屋又被火烧,家境越来越恶化。但他始终不愿再为官受禄,甚至连江州刺史送来的米和肉也坚拒不受。朝廷曾征召他任著作郎,也被他拒绝了。

陶渊明是在贫病交加中离开人世的。他原本可以活得舒适些,至少衣食不愁,但那要以付出人格和气节为代价。陶渊明因"不为五斗米折腰",而获得了心灵的自由,获得了人格的尊严,写出了一代文风并流传百世的诗文。在为后人留下宝贵文学财富的同时,也留下了弥足珍贵的精神财富。他淡泊名利,高风亮节,成为中国后代有志之士的楷模。

梦游洞庭

南皋居士年轻的时候,曾经做过一次奇怪的梦。梦中,南皋居士不知怎么来到了洞庭湖中的一个小岛上,遇到一个穿身红衣服的人,自愿引他去浏览,他也就稀里糊涂地跟随这个人往前走。不一会儿,他们来到了一个地方,这里楼阁华丽,金碧辉煌,很像是王侯的宫殿。南皋居士慌忙整整自己的衣服,跟着传呼的人往里走。来到一座大殿前,远远看见一个王者模样的人高高地坐在大殿上,殿堂上排列着仪

仗。王者赐坐，并问他："先生会做诗吗？"南皋居士回答："懂得一些，只是写得不好。"王者说："我这洞庭湖景色很好，请先生吟诗一首，为我洞庭湖增添光彩。"南皋居士当下吟诗一首道：

　　　　　一轮新月洞庭波，夜色湖光玉镜磨。
　　　　　八百里中秋水阔，片帆飞看楚山多。

王者听了拍案叫绝，非常兴奋，又对南皋居士说："先生博学多才，文思敏捷，谈吐风雅，将来必定以诗成名。只是先生这一辈子运气不好，实在可惜。"正说得高兴，忽然看见一个卫士报告，好像说的是关于军事方面的事情，气氛突然变得紧张起来。于是，王者只好请南皋居士退下。到了殿外，南皋居士看见从万顷碧波中突然升起一轮鲜红的太阳，在空中急速地滚动着。不久，又从水中冒出一个又像人又像兽的怪物，头上长着一只角，身上长满了鳞甲，周身金光灿灿，样子十分凶猛。它一钻出水面，就撑上了太阳，同太阳争斗起来，景象非常壮观。突然，有一束光线，像一条鲜亮闪烁的金蛇，直朝南皋居士的胸前射来。南皋居士大吃一惊，梦也吓醒了。

巧解梦境

朱元璋好不容易得了天下。他深深地知道"打江山容易，坐江山难"，所以常常为之忧虑，生怕自己的皇位哪一天失去了。

"日有所思，夜有所梦"，有一天晚上，他就做了一个奇怪的梦。在梦中，俘虏们被绑得牢牢实实，排成一队队，挤向一个又矮又小的牢房。他们愤怒的目光注视着朱元璋。正在这时，朱元璋从梦中惊醒了，吓得满头大汗。醒来以后，他心里就有了一个解不开的疙瘩，总觉得那些愤怒的眼睛仍盯着自己，尤其担心会有人谋反。第二天，朱元璋就下令监狱主管将牢里的俘虏全部杀了。

军师刘伯温闻讯后大吃一惊，如此滥杀无辜，必定引来怨恨，导致不得民心。急忙赶来，问道："皇上现在大开杀戒，不知道原因何在？"

朱元璋便将昨晚上的梦境讲给刘伯温听，然后说："俗话说，'梦反为吉，梦正为凶'，那牢房不正表示我的土地将越来越小，而俘虏往里面挤，不正表示他们都要跑掉了吗？显然他们跑后对我心怀敌意，不如现在杀了他们，以绝后患。"

刘伯温一听，原来是一个梦引发了皇上的杀人之心，刚才的忧虑便消失殆尽。他知道打消朱元璋的念头不是一件简单的事情，估计原因是他对自己的江山太过紧张，于是想出了一个办法。刘伯温满脸欣慰之情，对朱元璋说："恭喜皇上！恭喜皇上！"

"我现在正烦着呢!那些俘虏的眼睛时不时闪现在我的脑海里,何喜之有?"朱元璋不耐烦地说。

"皇上的梦乃大吉大利之梦啊!"刘伯温毕恭毕敬地说。

朱元璋疑惑地看着刘伯温说:"何以见得?难道我刚才解的梦没有道理吗?那你给我解释解释!"

刘伯温不慌不忙地说:"如果'梦正为凶,梦反为吉',则那些硬挤入牢房的囚犯,正是安居乐业、极力拥护您的百姓;那些又窄又小的牢房正预示着您的江山将越来越雄壮,而且还会不断地扩大;俘房们被牢牢地押绑,则表示那些还不服从的人将归顺于您。这个梦实在是太吉利了。皇上还有什么值得担心的呢!"

朱元璋听后龙心大悦,频频点头,马上收回成命。

以竹为喻

孔子的学生子路,姓季,名路,字仲由,常常跟随孔子周游列国,负责保护孔子的安全。子路身材威猛、反应机敏,而且仪表堂堂、风度翩翩,只要子路陪伴在孔子身边,就无形中生出一种震慑人心的力量,即使再凶狠狡猾的坏人也不敢对孔子起什么歹心。在他的保护下,孔子也从来没有受过什么伤害。

一天,孔子问守卫在身边的子路:"仲由,这么长时间我也没看出你有什么喜好,你到底有些什么嗜好啊?"

子路随口回答说:"我最喜欢的莫过于佩戴长剑!那样将会为我的形象锦上添花,再没有什么比这更让我开心的了。"

孔子稍稍皱起眉头,似乎有些不满意,接着问:"那学习呢?你没有觉得学习是一件快乐的事情吗?"

子路茫然地反问道:"学习?我从来没有觉得那会有多大好处!"

孔子叹了一口气,不紧不慢地说:"学习和知识的力量是巨大而无形的!你看看,一国之君需要谏臣的辅佐,才能让国家兴盛;普通人需要明事理的朋友提醒自己的过失,才能提升自我;为人处世也需要不断地向他人学习,听取别人的意见,才能博采众长。

"真正的君子喜好学习,集思广益,因而足智多谋,做起事来就会顺利;相反那些不喜欢学习的人,自以为是,诋毁仁德,对有学问的人心生抵触,这无异推着自己往后退。可见,不学习就会落后呀!"

子路耐着性子听完孔子讲述的大道理,等老师说完,就不以为然地反驳说:"我觉得并不完全是这样!您看,南山上的竹子,没有人扶植,不也一样长得笔直吗?而且用这种竹子做成的箭,也一样能够穿透皮革!可见,很多事情没有学习也照样能运行得很好!"

孔子见子路还是没有信服自己的观点,而且还胡搅蛮缠,觉得又好气又好笑。他接着子路的话说:"其他的暂且不说,要是能把竹箭修理一番,装上羽毛,再把它削成尖头,那它的穿透力不是更大了吗?你说呢?"

子路一时哑口无言,孔子见状,就趁热打铁,说道:"看一个人,不能仅仅看外表。有的人金玉其外,但是腹内空空;有的人相貌平平,却满腹珠玑。前者虽然赏心悦目,但却流于俗气;后者赏心,也令人起敬。可见学习对一个人来说是多么重要啊!"

子路心悦诚服地对孔子说:"我一定牢记您的教诲!"

草船借箭

三国时期周瑜看到诸葛亮很有才干,心里非常妒忌。于是就想方设法难为诸葛亮。

有一天,周瑜请诸葛亮商议军事,说:"我们就要跟曹军交战。在水上,用什么兵器最好?"诸葛亮说:"当然是弓箭。"周瑜说:"太好了,先生跟我想的一样。可是现在军中缺箭,想请先生负责赶造十万支。这是公事,希望先生不要推却。"诸葛亮说:"都督委托,当然照办。不知道这十万支箭什么时候用?"周瑜问:"十天造得好吗?"诸葛亮说:"将要交战,十天造好肯定误了大事。三天吧,三天我负责将十万支箭造好。"周瑜说:"军情紧急,可不能开玩笑。"诸葛亮说:"臣怎敢跟都督开玩笑。我愿意立下军令状,三天造不好,甘受惩罚。"周瑜心想,这下可够你受的了。于是叫诸葛亮当面立下军令状。

诸葛亮走后,鲁肃对周瑜说:"十万支箭,三天怎么造得成呢?诸葛亮说的是假话吧?"周瑜说:"我没逼他,是他自己说的。我得吩咐军匠们,叫他们故意迟延,不把造箭用的材料给他准备齐全。到时候如果造不成就名正言顺地定他的罪,他就没话可说了。"说完,便吩咐鲁肃去诸葛亮那里探听消息。

鲁肃见了诸葛亮,诸葛亮说:"三天之内要造十万支箭,得请你帮帮我的忙。"鲁肃说:"都是你自己找的,我能帮你什么忙?"诸葛亮说:"你借给我二十条船,每条船上要三十名军士。船用青布幔子遮起来,还要一千多个草把子,排在船的两边。我自有妙用。第三天管保有十万支箭。不过不能让都督知道。他要是知道了,我的计划就完了。"

鲁肃答应了。他私自拨了二十条快船,每条船上配三十名军士,照诸葛亮说的,

布置好青布幔子和草把子,等诸葛亮调度。第一天,不见诸葛亮有什么动静;第二天,仍然不见诸葛亮有什么动静;直到第三天四更时候,诸葛亮秘密地把鲁肃请到船里,说:"请你跟我一起去取箭吧。"鲁肃疑惑地问:"哪里去取?"诸葛亮也没有回答,鲁肃将信将疑地跟着诸葛亮出去了。

诸葛亮吩咐把二十条船用绳索连接起来,朝北岸开去。这时候大雾漫天,江上连面对面都看不清。天还没亮,船已经靠近曹军的水寨。诸葛亮下令把船尾朝东,一字儿摆开,又叫船上的军士一边擂鼓,一边大声呐喊。鲁肃吃惊地说:"如果曹兵出来,怎么办?"诸葛亮笑着说:"雾这样大,曹操一定不敢派兵出来。我们只管饮酒取乐,天亮了就回去。"

曹操听到鼓声和呐喊声,就下令说:"江上雾很大,敌人忽然来攻,我们看不清虚实,不要轻易出动。只叫弓弩手朝他们射箭,不让他们靠近。"他派人去旱寨调来六千名弓弩手,到江边支援水军。一万多名弓弩手一齐朝江中放箭,箭好像下雨一样。诸葛亮又下令把船掉过来,船头朝东,船尾朝西,仍旧擂鼓呐喊,逼近曹军水寨去受箭。这时鲁肃才明白诸葛亮的用意。

天亮后,诸葛亮带着十万支箭返回来了。周瑜得报,不得不佩服诸葛亮的智谋才气。

仲尼篇

【题解】

仲尼,即孔子。我国古代伟大文学家,思想家,政治家,教育家,社会活动家,古文献整理家,儒家学派创始人。他一生从事传道,授业,解惑,被中国人尊称"至圣先师,万世师表",其言论和思想对后世影响深远。《仲尼》篇由三段议论和十二个故事组合而成,旨在论述如何遵循"道"的本性来认识世界,其中兼述养生体道方面的内容。全篇大体可以分为五个部分:前四个自然段为第一部分,主要讲述如何达到无乐无知,真乐真知的境界,那就是亢仓子所说的"体合于心,心合于气,气合于神,神合于无"。至于什么是"圣人",孔子用这种无为而不为的顺物之情做了巧妙回答。从这些都可以看出,即使四贤的仁、智、勇、庄加起来也不及一圣。第二部分是第五到第八自然段,其中南郭子的"貌充心虚,耳无闻,目无见,口无言,心无知,形无惕",列子的"心凝形释,骨肉都融"、"物物皆游,物物皆观",龙叔的"方寸之地虚矣,几圣人也"等等言行,都体现了养生体道的内修功夫。第三部分是第九到第十一自然段组成,论述了生与死有幸运和不幸运之说、物极必反、无知主宰有知,分别从不同的角度说明道与常理无处不在。第四部分为第十二到第十四自然段,从公仪伯所讲善于使用气力胜过以力气自负,公子牟与乐正子舆争论公孙龙的言论是谬论,还是"至言",到尧治理天下"不识不知,顺帝之则",讲的都是处事、治国要遵循"道",不能任意逞志。最后一个自然段为第五部分,是关于关尹论"道",是对上述四个部分的故事和议论的概括和总结,告诉人们要顺应自然规律,不能违背"道"的本质。

【原文】

仲尼闲居①,子贡入侍,而有忧色。子贡不敢问,出告颜回。颜回援琴②而歌。孔子闻之,果召回入,问曰:"若奚③独乐?"回曰:"夫子奚独忧?"孔子曰:"先言尔志。"曰:"吾昔闻之夫子曰:'乐天知命④故不忧',回所以乐也。"孔子愀然⑤有间⑥曰:"有是言哉?汝之意失矣。此吾昔日之言尔,请以今言为正也。汝徒知乐天知命之无忧,未知乐天知命有忧之大也。今告若其实:修一身,任穷达,知去来之非我,亡变乱于心虑⑦,尔之所谓乐天知命之无忧也。曩⑧吾修《诗》、《书》,正《礼》、

《乐》，将以治天下，遗来世；非但修一身、治鲁国而已。而鲁之君臣日失其序，仁义益衰，情性益薄。此道不行一国与当年，其如天下与来世矣？吾始知《诗》、《书》、《礼》、《乐》无救于治乱，而未知所以革之之方。此乐天知命者之所忧。虽然，吾得之矣。夫乐而知者，非古人之所谓乐知也。无乐无知，是真乐真知；故无所不乐，无所不知，无所不忧，无所不为。《诗》、《书》、《礼》、《乐》，何弃之有？革之何为？"颜回北面拜手⑨曰："回亦得之矣。"出告子贡。子贡茫然自失⑩，归家淫思⑪七日，不寝不食，以至骨立⑫。颜回重往喻⑬之，乃反丘门，弦歌诵书，终身不辍。

【注释】

①闲居：安闲在家，无事可做。

②援琴：持琴；弹琴。

③若奚：如何，怎样。

④乐天知命：安于自己的处境，由命运安排。这是相信宿命论的人生观。天，天意；命，命运。

⑤愀（qiǎo）然：形容神色变得严肃或不愉快。

⑥有间：片刻；一会儿。

⑦心虑：思虑，神思。

⑧曩（nǎng）：以往，从前，过去的。

⑨拜手：古代的一种跪拜礼。行礼时，跪下，两手拱合到地，头靠在手上。

⑩茫然自失：亦作"芒然自失"。若有所失而又不知所以的样子。

⑪淫思：沉思，深思。

⑫骨立：形容人形貌极为消瘦。

⑬喻：晓喻；开导。

【译文】

孔子安闲在家，子贡进去陪侍他，见他面带愁容。子贡没敢询问，出来告诉了颜回。颜回便拿过琴来边弹边唱。孔子听到了琴声，果然把颜回叫了进去，问道："你为什么独自快乐？"颜回说："先生为什么独自忧愁？"孔子说："先说说你现在的想法。"颜回说："我以往听先生教导说：'乐天知命所以没有忧愁。'这就是我快乐的原因。"孔子的脸色变得严肃起来，过了一会儿说："有这样的话吗？你把我的话领悟错了。这只是我从前的话，让我用现在的话来补正吧。你只知道乐天知命而没有忧愁的一面，却不知道乐天知命存有很大忧愁的另一面。现在我告诉你关于这个问题的正确看法：修养自身，听任命运的困厄与显达，懂得人的生死存亡都不由自己决定，思虑不受外界变化的扰乱，这就是你所说的乐天知命而没有忧愁的一面。过去我修订《诗》、《书》，规范《礼》、《乐》，准备用它来治理天下，并流传后世；并不仅仅只是修养自身、治理鲁国

而已。如今鲁国的君臣关系日渐丧失纲常秩序，仁义道德日益衰微，人情善性愈加淡薄。这种政治主张在我有生之年在一个国家都难以施行，那又怎样对整个天下与后世施行呢？我这才开始明白《诗》、《书》、《礼》、《乐》对于治理乱世是没有什么作用，但又不知道改革它的方法。这就是乐天知命的人所忧愁的事情。即使这样，我还是明白了它其中的精神实质。就是说现在所理解的乐天知命并不是古人所说的乐天知命。无乐无知，才是真乐真知；正因为如此，也就无所不乐，无所不知，无所不忧，无所不为。《诗》、《书》、《礼》、《乐》，何须舍弃呢？为什么还要改革呢？"颜回面向北拱手施礼说："我也明白了其中的精神实质了。"他出来告诉了子贡。子贡若有所失而又不知所以，回家深思了七天，不睡不吃，以至于变得骨瘦如柴。颜回又去开导他，他才返回孔子门下，弹琴唱歌，诵读诗书，一生也没有停止过。

【原文】

陈大夫①聘②鲁，私见叔孙氏③。叔孙氏曰："吾国有圣人。"曰："非孔丘邪？"曰："是也。""何以知其圣乎？"叔孙氏曰："吾常闻之颜回，曰：'孔丘能废心④而用形。'"陈大夫曰："吾国亦有圣人，子弗知乎？"曰："圣人孰谓？"曰："老聃之弟子有亢仓子者，得聃之道，能以耳视而目听。"鲁侯闻之大惊，使上卿厚礼而致之。亢仓子⑤应聘而至。鲁侯卑辞⑥请问之。亢仓子曰："传之者妄。我能视听不用耳目，不能易耳目之用。"鲁侯曰："此增异矣。其道奈何？寡人终愿闻之。"亢仓子曰："我体合于心，心合于气，气合于神，神合于无⑦。其有介然⑧之有，唯然⑨之音，虽远在八荒之外，近在眉睫之内，来干⑩我者，我必知之。乃不知是我七孔四支之所觉，心腹六脏之知，其自知而已矣。"

鲁侯大悦。他日以告仲尼，仲尼笑而不答。

【注释】

①大夫：古代官名。西周以后先秦诸侯国中，在国君之下有卿、大夫、士三级。大夫世袭，有封地。后世遂以大夫为一般任官职之称。秦汉以后，中央要职有御史大夫，备顾问者有谏大夫、中大夫、光禄大夫等。至唐宋尚有御史大夫及谏议大夫之官，至明清废。又隋唐以后以大夫为高级官阶之称号。清朝高级文职官阶称大夫，武职则称将军。

②聘：指国与国之间派遣使者互相访问。

③叔孙氏：鲁国的贵族。春秋后期，鲁国政权落在了季孙氏之手，公室季孙氏、孟孙氏和叔孙氏三家瓜分。

④废心：虚静其心。张湛注："夫圣人既无所废，亦无所用，废用之称，亦因事而生耳。故俯仰万机，对接世务，皆形迹之事耳。冥绝而灰寂者，固泊然而不动矣。"

⑤亢仓子：即洞灵真人，为亢桑子，又名亢仓子、庚桑子。又传说为《庄子》中的寓言人物，姓

庚桑，名楚，陈国人。得太上老君之道，能以耳视目听。隐居毗陵孟峰，登仙而去。相传《亢仓子》一书由其所著，唐玄宗天宝元年诏称为《洞灵真经》，封其人为洞灵真人。

⑥卑辞：言辞谦恭。

⑦体合于心，心合于气，气合于神，神合于无：体合于心，指形体感官与心智契合。心合于气，指心智与元气契合。气合于神，指元气与精神契合。神合于无，指精神与虚无契合。

⑧介然：形容坚定执着的样子。

⑨唯然：微弱貌。唯，轻应声。

⑩干：干扰。

【译文】

陈国有位大夫到鲁国出访，私下去拜见了叔孙氏。叔孙氏说："我们国家有位圣人。"陈国大夫说："莫非是孔丘？"叔孙氏说："是的。"陈国大夫问道："怎么知道他就是圣人呢？"叔孙氏说："我常听他的学生颜回说：'孔丘待人接物能够不用思虑而只用形体。'"陈国大夫说："我国也有位圣人，您不知道吗？"叔孙氏问："圣人是谁？"陈国大夫说："老聃的弟子中有个叫亢仓子的人，掌握了老聃的道术，能够用耳朵看东西，用眼睛听声音。"鲁侯听说这件事后非常惊异，便派上卿带着丰厚的礼品去邀请他。亢仓子应邀来到鲁国。鲁侯谦恭地向他请教。亢仓子说："那些传说的话是不真实的。我可以不用耳朵听，不用眼睛看，但并不能交换耳朵和眼睛的功用。"鲁侯说："这就让人更惊异了。那么这种道术是怎么一回事呢？我很想听听。"亢仓子说："我的形体合于心智，心智合于元气，元气合于精神，精神合于虚无。这时候，一旦有极细小的东西，极微弱的声音，即使远在八方之外，或近在眉睫以内，只要是来干扰我的，我一定都能够察觉。我也不晓得是我的七窍四肢觉察到的，还是心腹六脏感觉到得，只晓得它是自然而然就知道罢了。"

鲁侯听后十分高兴。过后把这件事情告诉了孔子，孔子笑了笑，没有说什么。

【原文】

商①太宰②见孔子曰："丘圣者欤？"孔子曰："圣则丘何敢，然则丘博学多识者也。"商太宰曰："三王③圣者欤？"孔子曰："三王善任智勇者，圣则丘弗知。"

曰："五帝④圣者欤？"孔子曰："五帝善任仁义者，圣则丘弗知。"曰："三皇圣者欤？"孔子曰："三皇⑤善任因时⑥者，圣则丘弗知。"商太宰大骇⑦，曰："然则孰者为圣？"孔子动容有间，曰："西方之人，有圣者焉，不治而不乱，不言而自信，不化而自行，荡荡⑧乎民无能名⑨焉。丘疑其为圣。弗知真为圣欤？真不圣欤？"

商太宰嘿然⑩心计曰："孔丘欺我哉！"

【注释】

①商：春秋时诸侯国宋的别称。周灭商后，封商贵族微子的后代于宋，故宋又称商。

②太宰：太宰是古代官职，在不同的朝代职责和地位不同。"宰"作为官名，在甲骨文中已经出现，责任是总管王家事务。西周时开始设置太宰，也叫大冢宰，或大宰，即冢宰的首领。太宰的职责是"掌管国家的六种典籍，用来辅佐国王治理国家。"可见当时的太宰是百官之首，相当于后来的宰相或丞相。但后来由于王室的衰落，太宰这个官职的重要性在春秋时期下降了许多，以至于被排除在三公（太师、太傅、太保）之外。周朝之后太宰一职被停止使用。

③三王：指夏、商、周三代之君。一、夏禹、商汤、周武王。《谷梁传·隐公八年》："盟诅不及三王。"范宁注："三王，谓夏、殷、周也。夏后有钧台之享，商汤有景亳之命，周武有盟津之会。"二、夏禹、商汤、周文王。《孟子·告子下》："五霸者，三王之罪人也。"赵岐注："三王，夏禹、商汤、周文王是也。"三、商汤、周文王、周武王。《尸子》卷下："汤复于汤丘，文王幽于羑里，武王羁于王门；越王栖于会稽，秦穆公败于崤塞，齐桓公遇贼，晋文公出走，故三王资于辱，而五霸得于困也。"

④五帝：黄帝、颛顼、帝喾、尧、舜。

⑤三皇：传说中的古代帝王。在史料上的传述和在民间的传说多种多样（至少有七种），其中最为流行的当属《史记》中所载的李斯之说：即三皇为"天皇"、"地皇"、"泰皇"和《古微书》中记载的三皇"伏羲"、"神农"、"黄帝"。其中的"泰皇"和"黄帝"又都是指的古泰国的国王——人皇太昊伏羲，这也是史书上所说的华夏民族是"炎黄子孙"的基本说法。

⑥因时：趁时、顺时，意指顺应形势。

⑦大骇：十分惊惧。

⑧荡荡：浩大貌；空旷貌。

⑨名：指称、称呼，或指名声、名誉。

⑩嘿(mò)然：沉默无言的样子。

【译文】

宋国太宰看见孔子说："孔丘，你是圣人吗？"孔子说："圣人，我孔丘哪里敢当，不过我孔丘是一个学问广博知识丰富的人。"宋国太宰说："三王是圣人吗？"孔子说："三王是善于运用智勇的人，至于他们是不是圣人，那我不知道。"太宰又问："五帝是圣人吗？"孔子说："五帝是善于推行仁义的人，至于他们是不是圣人，那我也不知道。"太宰又问："三皇是圣人吗？"孔子说："三皇是善于顺应时势的人，至于他们是不是圣人，那我也不知道。"宋国太宰听后十分惊诧，说："既然这样，那么谁是圣人呢?"孔子听了这话,面容有所改变,过了一会儿,说:"西方有位圣人,国家不实行治理而自然安定,用不着表白而能使百姓由衷地信服,不施行教化而政令自然施行,多么的伟大而宽广啊,百姓简直不知道应该怎样称赞他。我揣测他就是圣人。但不知道他真就是圣人呢,还真不是圣人呢?"

宋国太宰听后没有说话,心中暗想:"孔丘,你这是在欺哄我啊!"

【原文】

子夏①问孔子曰:"颜回②之为人奚若③?"子曰:"回之仁贤④于丘也。"曰:"子贡⑤之为人奚若?"子曰:"赐之辨⑥贤于丘也。"曰:"子路⑦之为人奚若?"子曰:"由之勇贤于丘也。"曰:"子张⑧之为人奚若?"子曰:"师之庄贤于丘也。"子夏避席⑨而问曰:"然则四子者何为事夫子?"曰:"居!吾语汝。夫回能仁而不能反⑩,赐能辨而不能讷,由能勇而不能怯,师能庄而不能同。兼四子之有以易吾,吾弗许也。此其所以事吾而不贰也。"

【注释】

①子夏:姓卜名商,卫国温人,是孔子晚年的得意弟子之一。子夏是继孔子之后,系统传授儒家经典的第一人,对儒家文献的流传和学术思想的发展作出了重大的贡献,被后世誉为传经之鼻祖。

②颜回:曹姓,颜氏,名回。春秋末鲁国人。字子渊,亦颜渊,孔子最得意弟子。《雍也》说他"一箪食,一瓢饮,在陋巷,人不堪其忧,回也不改其乐"。为人谦逊好学,"不迁怒,不贰过"。他异常尊重老师,对孔子无事不从,无言不悦。以德行著称,孔子称赞他"贤哉,回也","回也,其心三月不违反仁"。

③奚若:犹奚如,即如何、怎样之意。

④贤:这里指胜过、超过。

⑤子贡:端木赐,字子贡,是孔门七十二贤之一,是孔子的得意门生。且列言语科之优异者。孔子曾称其为"瑚琏之器"。他利口巧辞,善于雄辩,且有干才,办事通达。曾任鲁、卫两国之相。他还善于经商之道,曾经商于曹、鲁两国之间,富致千金。为孔子弟子中首富。

⑥辨:同"辩",能言善辩。指口才好。

⑦子路:仲由,字子路,又字季路,春秋末鲁国卞(今山东泗水县泉林镇卞桥(据裴骃《史记》集解引徐广《尸子》说)人)。孔子得意门生。以政事见称。性格爽直率真,有勇力才艺,敢于批评孔子。孔子了解其为人,评价很高,认为可备大臣之数,"千乘之国可使治其赋",并说他使自己"恶言不闻于耳"。做事果断,信守诺言,勇于进取,曾任卫蒲邑大夫、季氏家宰,是孔子"堕三都"之举的最主要合作者之一。后为卫大夫孔悝家宰,在内讧中被杀。

⑧子张:即颛孙师,字子张,孔门弟子之一。春秋末陈国阳城(今河南登封)人。出身微贱,且犯过罪行,经孔子教育成为"显士"。虽学干禄,未尝从政,以教授终。孔子死后,独立招收弟子,宣扬儒家学说,是"子张之儒"的创始人。

⑨避席:古人席地而坐,离席起立,以示敬意。

⑩反：变通。

【译文】

子夏问孔子说："颜回的为人怎样？"孔子说："颜回的仁爱之心超过我。"又问："子贡的为人怎样？"孔子说："端木赐的论辩能力超过我。"又问："子路的为人怎样？"孔子说："仲由的果敢勇猛超过我。"又问："子张的为人怎样？"孔子说："颛孙师的庄重严肃超过我。"子夏离开座位，站起来，恭敬地问道："既然这样，那么这四个人为什么要来拜您为师并侍候您呢？"孔子说："坐下！我告诉你。颜回能仁爱待人但不懂得严厉，端木赐能言善辩但不懂得在必要时保持沉默，仲由能果敢勇猛但不知适时退让，颛孙师能庄重严肃但不知谦同随和。把四个人的长处集中起来同我交换，我也不会答应。这就是他们甘心情愿拜我为师并侍候我却没有二心的原因。"

【原文】

子列子既师壶丘子林，友伯昏瞀人，乃居南郭①。从之处者，日数而不及。虽然，子列子亦微②焉，朝朝相与辩③，无不闻。而与南郭子④连墙⑤二十年，不相谒请⑥；相遇于道，目若不相见者。门之徒役⑦以为子列子与南郭子有敌不疑。有自楚来者，问子列子曰："先生与南郭子奚敌？"子列子曰："南郭子貌充心虚⑧，耳无闻，目无见，口无言，心无知，形无惕⑨。往将奚为？虽然，试与汝偕往。"

阅⑩弟子四十人同行。见南郭子，果若欺魄⑪焉而不可与接。顾视子列子，形神不相偶，而不可与群。南郭子俄而⑫指子列子之弟子末行者与言，衎衎然若专直而在雄者⑬。

子列子之徒骇之。反舍，咸有疑色。子列子曰："得意⑭者无言，进知⑮者亦无言。用无言为言亦言，无知为知亦知。无言与不言，无知与不知，亦言亦知。亦无所不言，亦无所不知；亦无所言，亦无所知。如斯而已。汝奚妄骇哉？"

【注释】

①南郭：南面的外城。
②微：精微，精妙。
③辩：通"辩"。
④南郭子：人名，春秋末期著名的隐士。南郭，复姓；子，尊称。
⑤连墙：比邻，近邻。
⑥谒请：拜谒告求。
⑦徒役：门徒；弟子。
⑧貌充心虚：貌充，形貌丰满健全。心虚，内心保持虚静。

⑨惕：通"易"，变易。
⑩阅：检查挑选。
⑪欺魃：古代用以求雨的土偶。
⑫俄而：不久，一会儿，表示短时间内发生。
⑬衎衎然若专直而在雄者：衎衎(kàn kàn)，和乐貌，指快活轻松。专直，指专心一意。在雄，指争雌雄，求胜负。
⑭得意：领会意旨。
⑮进知：进，通"尽"，全部，彻底。进知，完全知道。

【译文】

列子拜壶丘子林为师，同伯昏瞀人为友以后，便在外城南面居住下来。跟列子交往的人非常多，每天都不可计数。即使这样，但列子的道术精妙，仍能从容应付，天天和来往的人一起谈说论辩，远近没有不知道的。可是，他与南郭子隔墙为邻二十年，却从不互相拜访交往；在路上相遇，好像互相看不见对方似的。门徒弟子们都以为列子与南郭子之间一定有仇怨。有个从楚国来的人，问列子说："先生与南郭子有何仇怨？"列子说："南郭子形貌丰满，内心虚静，耳无所闻，眼无所视，口无所言，心无所思，形无所变，拜访他做什么呢？即使这样，我还是试着和你一起去看看吧。"

于是列子挑选了四十个弟子同行。看到了南郭子，果然如同求雨的土偶一样，旁人无法同他接触。南郭子回头看看列子，这时他的形体与精神似乎已经分离，而别人根本不可能同他相处。过了一会儿，南郭子指着站在最后的一个列子弟子，和他谈话，轻松快活，侃侃而谈，露出一副追求真理，无往不胜的样子。

列子的弟子为之惊骇。回到住处，都还带有疑惧的神色。列子说："领悟事物真谛的人无需言语，彻底通晓事理的人也无需言语。以无言作为有声言语表述，也是一种言语；以无知作为外在的知晓，也就是一种有知。无言就是不言，无知就是不知，这同时也是一种言语和有知。于是，也就没有什么不可言，也就没有什么不可知；也就没有什么可言，也就没有什么可知。道理如此而已，你们为什么要胡乱惊诧呢？"

【原文】

予列子学也，三年之后，心不敢念是非，口不敢言利害，始得老商一眄①而已。五年之后，心更②念是非，口更言利害，老商始一解颜而笑③。七年之后，从心之所念，更无是非；从口之所言，更无利害。夫子始一引吾并席而坐。九年之后，横④心之所念，横口之所言，亦不知我之是非利害欤，亦不知彼之是非利害欤，外内进矣。而后眼如耳，耳如鼻，鼻如口，口⑤无不同。心凝形释⑥，骨肉都融；不觉形之所倚，足之所履，心之所念，言之所藏。如斯而已。则理无所隐矣。

【注释】

①眄（miǎn）：斜着眼看。
②更：表示跟上一层意思相反或出乎意料和常情之外，相当于"反而""竟然""还是"。
③解颜而笑：解颜，开颜，指笑得使面容舒展开来。解颜而笑，形容满脸笑容，十分高兴的样子。
④横（hèng）：这里指放纵。
⑤口：这里是衍文。
⑥心凝形释：精神凝聚，形体散释。指思想极为专注，简直忘记了自己身体的存在。

【译文】

列子学习道术，三年之内，心中不敢思考是与非，嘴上不敢言说利与害，这样老商先生才开始对他斜视一下罢了。五年之后，心中反而思考是与非，嘴上反而言说利与害，这样老商先生才开始舒展面容，对他笑一笑。七年之后，随着心灵去思考，反而感觉没有什么是与非；顺着口舌去言说，反而感觉没有什么利与害。先生这才开始让列子和他并排坐在一张席子上。九年之后，放纵心里的思考，放纵嘴上的言说，也不知道自己的是非利害是什么，也不知道他人的是非利害是什么，内心没有思虑，外物也好像不复存在了。从此以后，眼睛同耳朵的作用一样，耳朵同鼻子的作用一样，鼻子同嘴的作用一样，所有五官也就没有什么区别了。精神凝聚，形体散释，骨肉都与自然融为一体；感觉不到身体所倚靠的，两脚所踩踏的，心中所思考的，言语所包含的。如此而已，那么一切道理也就都明明白白的了。

【原文】

初，子列子好游。壶丘子曰："御寇好游，游何所好？"列子曰："游之乐，所玩无故①。人之游也，观其所见；我之游也，观其所变。游乎游乎！未有能辨其游者。"壶丘子曰："御寇之游固与人同欤，而曰固与人异欤？凡所见，亦恒见其变。玩彼物之无故，不知我亦无故。务外游，不知务内观②。外游者，求备于物；内观者，取足③于身。取足于身，游之至也；求备于物，游之不至也。"

于是列子终身不出，自以为不知游。壶丘子曰："游其至乎！至游者不知所适；至观者不知所视，物物皆游矣，物物皆观矣，是我之所谓游，是我之所谓观也。故曰：游其至矣乎！游其至矣乎！"

【注释】

①无故：故，旧，这里指熟悉的景物。无故，这里是指所到的地方没有陈旧事物，给人以新鲜感。
②内观：反省，审视。
③足：充足，具备各种条件。

【译文】

起初，列子非常喜欢到处游览。壶丘子便问他说："御寇，你喜欢游览，游览中你爱好的是什么呢？"列子说："游览的快乐，在于所赏玩的事物没有陈旧的。别人游览，欣赏的是所见到的事物；我游览，却是在观察事物的运动变化。游览啊游览啊！没有人能分辨这两者的不同。"壶丘子说："御寇，你的游览本来与别人相同嘛，为什么偏要说与别人不同呢！凡是从表面上所能看到的事物，也必然能从中看出这些事物的内在变化。只知道欣赏外物的时时变化，却不知道自身也在不停地变化之中。只顾一心欣赏外物，却不知道审视自身的变化。欣赏外物，追求把外物都看遍；审视自己，也应把自身都看遍。把自身都看遍，这是最高境界的游览；把外物都看遍，并不是最高境界的游览。"

列子听了这番话后，于是终身不再外出游览，认为自己根本不懂得游览的真正境界。壶丘子说："这是最高境界的游览啊！最高境界的游览不知道要去的地方，最高境界的欣赏不知道要欣赏的事物。任何地方都游览了，所有事物都欣赏了，这就是我所说的游览，这就是我所说的欣赏。所以说：这是最高境界的游览啊！这是最高境界的游览啊！"

【原文】

龙叔①谓文挚②曰："子之术微③矣。吾有疾，子能已④乎？"文挚曰："唯命所听。然先言子所病之证⑤。"龙叔曰："吾乡誉不以为荣，国毁不以为辱；得而不喜，失而弗忧；视生如死，视富如贫；视人如豕，视吾如人。处吾之家，如逆旅⑥之舍，观吾之乡，如戎蛮⑦之国。凡此众疾，爵赏不能劝，刑罚不能威，盛衰利害不能易，哀乐不能移。固不可事国君，交亲友，御⑧妻子，制仆隶。此奚疾哉？奚方能已之乎？"

文挚乃命龙叔背明而立，文挚自后向明而望之。既而曰："嘻！吾见子之心矣，方寸之地⑨虚矣，几圣人也！子心六孔流通，一孔不达。今以圣智为疾者，或由此乎！非吾浅术所能已也。"

【注释】

①龙叔：人名，疑为春秋宋国人。
②文挚：人名，战国时期宋国人，洞明医术。据《吕氏春秋》记载，他曾经给齐闵王治过病，但后来被齐闵王杀害。
③微：指精深，精妙。
④已：指治愈。
⑤证：同"症"，指症状，症候。

⑥逆旅：客舍，旅店。
⑦戎蛮：古代称西方和南方在边远地区生活的少数民族，泛指边远落后不开化的国家或地区。
⑧御：封建社会指上级对下级的治理，统治。这里指约束，管教。
⑨方寸之地：指心。

【译文】

龙叔对文挚说："您的医术相当精深。我现在有病，您能治愈吗？"文挚说："一切听从您的吩咐。不过，先说说您患病的症状。"龙叔说："我受到家乡人的赞誉，并不以此为荣耀；受到全国人的毁谤，也并不以此为耻辱。有所获得也感觉不到欢喜，有所损失也感觉不到忧愁。以为活着就如同死亡，认为富贵同贫穷一样；感觉人和猪等动物没有什么差别，分辨不清自己和他人。居住在自己家中，犹如居住在旅店一样，没有什么不同；看待自己的家乡，如同看待边远落后的戎蛮之国一样，没有什么两样。所有这些病十分顽固而且难以治愈。爵禄赏赐不能激励，严刑惩罚不能威胁，盛衰利害不能改变，哀愁快乐不能动摇。因此，我自然就不能侍奉国君，交结亲友，指挥妻子儿女，管束奴仆臣隶。请问这是什么病呢？有什么药方可以治愈它呢？"

文挚于是让龙叔背朝光亮站着，文挚从他后面向着光亮处看他。过了一会儿，说："呀！我看到您的心了，您的心地虚静，差不多就是圣人了！你的心其中六孔已经通达，只有一孔还没有畅通。现在您把圣人的心智当作疾病来看待，或许就是由于这个缘故吧！这绝不是我浅陋的医术所能治愈的。"

【原文】

无所由①而常生者，道也。由生而生，故虽经而不亡，常也。由生而亡，不幸也。有所由而常死者，亦道也。由死而死，故虽未终而自亡者，亦常也。由死而生，幸②也。

故无用而生谓之道，用道得终谓之常；有所用而死者亦谓之道，用道而得死者亦谓之常。季梁③之死，杨朱④望其门而歌；随梧⑤之死，杨朱抚其尸而哭。隶人⑥之生，隶人之死，众人且歌，众人且哭。

【注释】

①由：根据；凭借。
②幸：侥幸；幸运。
③季梁：战国初期魏国人，杨朱的好友。
④杨朱：先秦哲学家，战国时期魏国（今河南开封市）人，字子居，反对儒墨，尤其反对墨子的"兼爱"，主张"贵生"、"重己"，重视个人生命的保存，反对他人对自己的侵夺，也反对自己对他人的侵夺。他的见解散见于《庄子》，《孟子》，《韩非子》，《吕氏春秋》等书。
⑤随梧：人名，与杨朱同时代的人，事迹不详。
⑥隶人：这里指众民；众人。

【译文】

不凭借什么而永远生存的，这是自然之道。顺应生存规律而生存，所以虽然生命终结，但是仍然没有消亡，这是正常现象。根据生存规律而死亡的，则是一种不幸。有所凭借而经常死亡的，也是自然之道。顺应死亡之道而死亡，所以尽管生命尚未终结，但为生之理已经死亡，这也是正常现象。根据死亡之道应该死亡，却生存下来的，就是一种侥幸。

因此无所凭借而生存的叫做自然之道，顺应自然之道而结束的叫做正常现象；无所凭借而死亡也叫做自然之道，顺应死亡之道而夭折的也叫做正常现象。季梁死了，杨朱望着他家的大门唱歌。随梧死了，杨朱抚着他的尸体痛哭。一般人无论生也好，死也好，大家或者唱歌，或者哭泣。

【原文】

目将眇①者，先睹秋毫②；耳将聋者，先闻蚋③飞；口将爽④者，先辨淄渑⑤；鼻将窒⑥者，先觉焦朽⑦；体将僵者，先亟⑧犇佚⑨；心将迷⑩者，先识是非。故物不至者则不反。

【注释】

①眇（miǎo）：瞎了一只眼，后亦指两眼俱瞎。这里指严重眼疾。
②秋毫：指秋天鸟兽身上新长的细毛，后用来比喻最细微的事物。
③蚋（ruì）：昆虫，体长二三毫米，头小，色黑，胸背隆起，吸人畜的血液，幼虫栖于水中。
④爽：伤败，败坏。
⑤淄渑：淄水和渑水的并称。皆在今山东省。相传二水味各不同，混合在一起则难以辨别。
⑥窒：阻塞不通。
⑦焦朽：《礼记·月令》：〔孟夏之月〕其味苦，其臭焦。又：〔孟冬之月〕其味咸，其臭朽。后指

火焦木朽的气味。
⑧亟(jí)：急切。
⑨犇(bēn)佚：疾驰。
⑩迷：迷惑，迷乱。

【译文】

眼睛将要失明的人，先能看清秋毫一样的细微东西；耳朵将要变聋的人，先能听到蚋虫乱飞的声音；口舌将要失去味觉的人，先能辨出淄水和渑水的不同滋味；鼻子将要失去嗅觉的人，先能闻出火焦木朽的气味；身体将要僵硬的人，先能快速地奔跑；心神将要迷乱的人，先能清楚地识别出是非。因此，事物不发展到极点，就是不会走到它的反面。

【原文】

郑之圃泽①多贤，东里②多才。圃泽之役③有伯丰子④者，行过东里，遇邓析。邓析⑤顾其徒而笑曰："为若舞⑥彼来者奚若？"其徒曰："所愿知也。"邓析谓伯丰子曰："汝知养养⑦之义乎？受人养而不能自养者，犬豕之类也；养物而物为我用者，人之力也。使汝之徒食而饱，衣而息，执政之功也。长幼群聚而为牢藉⑧庖厨之物，奚异犬豕之类乎？"

伯丰子不应。伯丰子之从者越次⑨而进曰："大夫不闻齐、鲁之多机乎？有善治土木者，有善治金革者，有善治声乐者，有善治书数者，有善治军旅者，有善治宗庙者，群才备也。而无相位者，无能相使者。而位之者无知，使之者无能，而知之与能为之使焉。执政者，乃吾之所使；子奚矜⑩焉？"

邓析无以应，目其徒而退。

【注释】

①圃泽：古泽名。故地在今河南中牟县西。
②东里：古地名。在今河南新郑城内。曾是春秋时郑国大夫子产住地。
③役：这里指门徒，弟子。
④伯丰子：又叫百丰，列子的学生。
⑤邓析：河南新郑人，郑国大夫，春秋末期思想家，"名辨之学"倡始人。与子产同时，名家学派的先驱人物。他是代表新兴地主阶级利益的革新派，他第一个提出反对"礼治"思想。他的主要思想倾向是"不法先王，不是礼义"。
⑥舞：通"侮"，侮慢，侮弄。
⑦养养：受供养与自立谋生。前一"养"为被养，后一"养"为自养。

⑧牢藉：牢，牲畜的栏圈，如猪圈、羊圈等。藉，原指以物衬垫。这里引申为铺垫栏圈的草。
⑨越次：越出序列；越出位次。
⑩矜：自尊，自大，自夸。

【译文】

郑国的圃泽有许多贤能之士，东里有许多有才之人。圃泽弟子中有个叫伯丰子的，外出路过东里，遇到了邓析。邓析回头看着他的弟子，笑了笑说："我为你们戏弄戏弄那个走来的人怎样？"邓析的弟子们说："这正是我们所希望看到的。"邓析对伯丰子说："你懂得受人供养与自己养活自己的道理吗？接受别人供养而不能自己养活自己的，便是狗猪一类的动物；蓄养他物而使之为自己所用的，是人的本事。让你们这些家伙吃得饱，穿得暖，睡得好，这是我们这些管理国政的人的功劳。而你们只会老老小小聚集在一起，弄些睡觉用的栏圈垫草，搞些填饱肚皮用的食物，这同狗猪一类的动物有什么区别？"

伯丰子对他的嘲弄根本不予理睬。跟在伯丰子后面的一个随从走过来插话说："大夫难道没有听说过齐鲁之地的巧能之人到处都是吗？有的精通土木工程，有的擅长冶金制革，有的精通声乐舞蹈，有的擅长书法术数，有的精通领兵作战，有的擅长宗庙祭祀，各种各样的人才都很齐备。但是却没有人获得相应的地位，从而没有相互役使和制约的权力。相反，能够制约他们的人倒是没有知识，有权役使他们的人毫无本事，而有知识和技能的人都被他们所役使和制约。所谓的'执政者'，原来是应该被我们使用的庸才，你还有什么值得矜持自夸的呢？"

邓析无言以对，看着那个和他对话的伯丰子的随从，狼狈离开。

【原文】

公仪伯①以力闻诸侯，堂谿公②言之于周宣王，王备礼以聘③之。公仪伯至，观形④，懦夫也。宣王心惑而疑曰："女之力何如？"公仪伯曰："臣之力能折春螽⑤之股，堪⑥秋蝉之翼。"王作色曰："吾之力能裂犀兕⑦之革，曳⑧九牛之尾，犹憾其弱。女折春螽之股,堪秋蝉之翼,而力闻天下,何也?"

公仪伯长息退席,曰:"善哉王之问也!臣敢以实对。臣之师有商丘子者,力无敌于天下,而六亲⑨不知,以未尝用其力故也。臣以死事之。乃告臣曰:'人欲见其所不见,视人所不窥;欲得其所不得,修人所不为。故学视者先见舆薪⑩,学听者先闻撞钟。夫有易于内者无难于外。于外无难,故名不出其一家。'今臣之名闻于诸侯,是臣违师之教,显臣之能者也。然则臣之名不以负其力者也,以能用其力者也,不犹愈于负其力者乎?"

【注释】

①公仪伯:人名。周朝时的隐士。
②堂谿公:人名。周朝时的隐士。
③聘:请人担任职务。
④观形:观看相貌,察看外形。
⑤春螽(zhōng):螽斯。一种样子像蚱蜢,身体草绿或褐色的昆虫,以翅摩擦发出声音。
⑥堪:通"戡"。俞樾:"堪,当读为戡。"《说文》:"戡,刺也。"春螽之股细,故言折;秋蝉之翼薄,故言堪。一说,堪,胜也。古人多以蝉翼指最轻之物。"堪蝉翼",是说能负荷蝉翼。
⑦犀兕(sì):犀牛和兕。
⑧曳:拉,牵引。
⑨六亲:指父、母、兄、弟、妻、子。泛指亲戚,亲人。
⑩舆薪:满车子的柴。比喻大而易见的事物。

【译文】

公仪伯由于力气大而闻名于各诸侯国,堂谿公把公仪伯力气大的事情报告给了周宣王,周宣王备下厚礼去聘请他。公仪伯到来。宣王看他的相貌,完全像是个懦弱无力的人。宣王心中疑惑,问道:"你的力气怎么样?"公仪伯说:"我的力气能折断春螽的大腿,刺穿秋蝉的翅膀。"宣王变了脸色,说:"我的力气能撕裂犀牛和兕的皮革,拖住九头牛的尾巴,仍然嫌自己的力量弱小。你只能折断春螽的大腿,刺穿秋蝉的翅膀,却以力气大而天下闻名,这是为什么呢?"

公仪伯长叹一声,离开坐席,说:"大王这个问题问得好啊!我斗胆把实际情况告诉您。我的老师名叫商丘子,力气大得在天下没有对手,而他的父母兄弟妻子却不知道,这是由于他从来没有使用过他的力气的缘故。我甘心情愿地侍奉他,他才告诉我说:'人要想看见人们所看不见的东西,就要观察别人所不看的东西;要想得到人们所得不到的东西,就要从事别人所不干的事情。因此练习眼力,得先看车上的柴草;练习听力,得先听撞钟的声音。大凡内心觉得容易办到了,实际做起来就不会觉得困难了。做起来感觉没有困难,因而名声也就传不出自己的家庭。'现在我的名声却传遍了各诸侯国，是因为我违背了老师的教导，显出了我的能力的缘故。然而我的名声不是凭着我的气力得到的，而是由于我善于运用自己的气力获得的，这不是远远胜过仅凭自己力气而得到名声的人吗？"

【原文】

中山公子牟①者，魏国之贤公子也。好与贤人游②，不恤③国事，而悦④赵人公孙龙⑤。乐正子舆⑥之徒笑之。公子牟曰："子何笑牟之悦公孙龙也？"子舆曰："公孙龙之为人也，行无师，学无友，佞给而不中⑦，漫衍而无家⑧，好怪而妄言。欲惑人之心，屈⑨人之口，与韩檀⑩等肆⑪之。"公子牟变容曰："何子状⑫公孙龙之过欤？请闻其实。"子舆曰："吾笑龙之诒⑬孔穿，言'善射者，能令后镞⑭中前括⑮，发发相及，矢矢相属⑯；前矢造准⑰而无绝落⑱，后矢之括犹衔弦，视之若一焉。'孔穿骇之。龙曰：'此未其妙者。逢蒙⑲之弟子曰鸿超，怒其妻而怖⑳之。引乌号之弓㉑，綦卫之箭㉒，射其目。矢来注眸子而眶㉔不睫㉕，矢隧㉖地而尘不扬。'是岂智者之言与？"公子牟曰："智者之言固非愚者之所晓。后镞中前括，钧后于前。矢注眸子而眶不睫，尽矢之势也。子何疑焉？"

乐正子舆曰："子，龙之徒，焉得不饰其阙㉗？吾又言其尤者。龙诳㉘魏王曰：'有意不心。有指不至。有物不尽。有影不移。发引千钧。白马非马。孤犊㉙未尝有母。'其负类反伦㉚，不可胜言㉛也。"

公子牟曰："子不谕㉜至言㉝而以为尤也，尤其在子矣。夫无意则心同。无指则皆至。尽物者常有。影不移者，说在改也。发引千钧，势至等也。白马非马，形名离也。孤犊未尝有母，非孤犊也。"

乐正子舆曰："子以公孙龙之鸣㉞皆条㉟也。设令发于余窍㊱，子亦将承之。"公子牟默然良久，告退，曰："请待余日，更谒子论。"

【注释】

①中山公子牟：战国时期人。即魏牟，魏国公子，因封于中山，故名中山公子牟。与公孙龙交好。
②游：这里指交往、来往之意。
③恤：忧虑，这里指关心、过问。
④悦：喜欢，欣赏。
⑤公孙龙：战国时期哲学家。名家离坚白派的代表人物。战国末年赵国人。能言善辩，曾为平原君门客。他提出了"离坚白"、"白马非马"等命题，认为对于"坚白石"，"视不得其所坚而得其所白者，无坚也"；"拊不得其所白而得其所坚者，无白也"，强调视觉与触觉的差异故"坚白石二"。又分析一般与个别的关系，强调"白马"（个别）与"马"（一般）的区别，得出"白马非马"的结论。他着重分析了概念的规定性和差别性，对古代逻辑思维的发展有一定贡献。

⑥乐正子舆：人名，乐正，为复姓，战国时人。
⑦佞给而不中：佞给，指巧言善辩。不中，不合事理。
⑧漫衍而无家：漫衍，指思想散漫不受拘束。无家，指没有一定的学术流派。
⑨屈：屈服，听从。
⑩韩檀：人名。《庄子·天下篇》作"桓团"。战国时赵人。与公孙龙一起做过平原君门客，以善辩著称。《庄子》称他"饰人之心，易人之意。"
⑪肄(yì)：学习，研讨。
⑫状：陈述，罗列。
⑬诒(dài)：欺骗。
⑭镞(zú)：箭头。
⑮括：箭的末端。
⑯属(zhǔ)：连缀，接连。
⑰造准：射中箭靶。
⑱绝落：中断落下。
⑲逢蒙：亦作逢门、蠭门，古人名，夏代善于射箭的人。
⑳鸿超：人名，逢蒙门徒，善射。
㉑怖(bù)：惧怕。
㉒乌号(hào)之弓：黄帝之弓，泛指最好的弓。高诱注："乌号，桑柘，其材坚劲，乌峙其上，及其将飞，枝必桡下，劲能復巢，乌随之，乌不敢飞，号呼其上。伐其枝以为弓，因曰乌号之弓也。一说黄帝铸鼎于荆山鼎湖，得道而仙，乘龙而上，其臣援弓射龙，欲下黄帝，不能也。乌，於也；号，呼也。於是抱弓而号。因名其弓为乌号之弓也。"
㉓綦(qí)卫之箭：古代綦地出产的利箭。张湛注："乌号，黄帝弓；綦，地名，出美箭；卫，羽也。"
㉔眶(kuàng)：眼的四周。
㉕睫：眨眼。
㉖隧：坠。
㉗阙(quē)：缺点；错误。
㉘诳(kuáng)：欺骗，瞒哄。
㉙孤犊：失去母亲的幼小动物。
㉚负类反伦：和同类事物所具有的特性相悖逆。张湛注："负，犹背也。类，同也。"
㉛不可胜言：胜(旧读shēng)，尽。言，说。意思是说也说不尽。形容非常多或到达极点。出自《史记·大宛列传》："骞曰：'汉使月氏，而为匈奴所闭道。今亡，唯王使人导送我。诚得至，反汉，汉之赂遗王财物不可胜言。'"
㉜谕：古同"喻"，明白，理解。
㉝至言：极有道理的话。
㉞鸣：鸣叫。对公孙龙言论的贬语，将它当作叫唤。
㉟条：条理，逻辑。
㊱余窍：指肛门。杨伯峻集释引殷敬顺释文："窍，口吊切，秽穴也。"清黄遵宪《纪事》诗：

"是谁承余窍,竟欲粪佛头。"

【译文】

中山公子牟,是魏国一个贤能的公子。喜好同贤能的人交往,不关心国家事务,而是欣赏赵国人公孙龙。乐正子舆一伙人却为此嘲笑他。公子牟说:"你为什么要嘲笑我欣赏公孙龙呢?"子舆说:"公孙龙的为人,实践没有老师指导,学业没有朋友相助,巧言善辩而不合事理,思想散漫而不成学派,喜欢奇谈怪论而又胡说八道。企图迷惑别人的思想,折服别人的口舌,与韩檀等人混在一起专门研习这一套玩意儿。"公子牟变了脸色,说:"你为何罗列公孙龙这么多的过错?请讲讲具体事实。"子舆说:"我笑公孙龙欺哄孔穿,他说:'善于射箭的人,能使后一支箭的箭头射中前一支箭的箭尾,发发都紧跟着,箭箭都相连着;前面的箭射中靶心,中间没有落下的,最后面那支箭的箭尾正好搭在弓弦上,看上去好像一根笔直的线。'孔穿听后,大为惊骇。公孙龙却说:'这还不是最精彩的。逢蒙有个弟子名叫鸿超,生妻子的气,要吓唬她,就拉开乌号之弓,搭上綦卫之箭,射她的眼睛。箭射到眼珠前,她连眼皮都不眨一下;箭坠落地上,尘土都不扬起来。'这难道是聪明人说的话吗?"公子牟说:"聪明人说的话本来就不是愚蠢人所能明白的。我告诉你,后一根箭的箭头能射中前一根箭的箭尾,是因为每一根箭的力度和瞄准点都是一样的。箭射到眼珠前而眼皮都不眨一下,是因为箭到眼前力量刚好用尽了。你有什么值得怀疑的呢?"

乐正子舆说:"你和公孙龙是一类人,哪能不帮他掩盖错误呢?我还要说说他更荒谬的地方。公孙龙欺骗魏王说:'产生思虑并不是人的本心;有名称的不是具体的事物;物体永远分割不尽;影子从来就不移动;头发能悬千斤重物;白马不是马;孤牛犊不曾有母亲。'他那些背离事物类别、违反世人常理的言论,真是举不胜举啊!"

公子牟说:"你不理解这些高深的道理,反而认为他们是谬论,真正错误的是你吧!我告诉你,不存在任何思虑就和本心相同;事物没有名称指称就可以说是任何具体事物;物体分割到最后,剩下的也还是客观存在的物体;之所以说影子不会移动,是因为他们不断改换；头发能悬起千斤重物，在于力量分配得十分均衡；白马不是马，是由于形体和名称有区别；孤牛犊不曾有母亲，要是它母亲还在，那它就不能称作孤牛犊。"

乐正子舆说："你把公孙龙的胡言乱语都当成条理贯通的常理。假如他放个屁，你也会奉承的。"公子牟沉默好久，和公正子舆告辞说："请你等些时间，我再来找你辩论。

【原文】

尧治天下五十年，不知天下治欤，不治欤？不知亿兆①之愿戴己欤？不愿戴己欤？顾问②左右，左右不知。问外朝③，外朝不知。问在野④，在野不知。尧乃微服游于康衢⑤，闻儿童谣曰："立我蒸民⑥，莫匪尔极。不识不知，顺帝⑦之则。"尧喜问曰："谁教尔为此言？"童儿曰："我闻之大夫。"问大夫，大夫曰："古诗也。"尧还宫，召舜，因禅以天下。舜不辞而受之。

【注释】

①亿兆：指庶民百姓。犹言众庶万民。
②顾问：诸商询问。多指执政者对于近臣的谘询。
③外朝：指在外朝参政诸官。后泛指朝臣。
④在野：原指不在朝做官，后也指不当政。
⑤康衢(qú)：指四通八达的大路。
⑥蒸民：众民；百姓。
⑦帝：原指天，古人想象中的宇宙万物的主宰。这里指自然。

【译文】

尧治理天下五十年，不知道天下是治理好了呢，还是没有治理好？不知道广大百姓是愿意拥戴自己呢，还是不愿意拥戴自己？尧询问左右近臣，左右近臣说不知道。又询问外朝参政官员，外朝参政官员也说不知道。再去询问在野的贤人，在野的贤人还说不知道。尧于是换上平民便服，打扮成百姓的样子，亲自到街市访察，听到一首儿童歌谣唱道："使我百姓丰衣足食，无不是那崇高的美德。不用知识，不用智慧，只需遵循自然的法则。"尧高兴地问道："是谁教给你唱这首歌的？"儿童回答说："我是从大夫那儿听来的。"尧又去问大夫。大夫说："这是一首古诗。"尧回到宫中，召见舜，于是将帝位禅让给他。舜没有推辞就接受了。

【原文】

关尹喜①曰："在己无居②，形物其著③，其动若水，其静若镜，其应若响。故其道若物者也。物自违道，道不违物。善若④道者，亦不用耳，亦不用目，亦不用力，亦不用心。欲若道而用视听形智以求之，弗当矣。

"瞻⑤之在前，忽焉在后；用之弥满六虚⑥，废⑦之莫知其所。亦非有心者所能得远，亦非无心者所能得近。唯默而得之而性成之者得之。

"知而忘情，能而不为，真知真能也。发⑧无知，何能情？发不能，何能为？聚块也，积尘也，虽无为而非理也。"

【注释】

①关尹喜：人名。关尹，春秋（一说战国）时人，字公文，道书中称作关令尹喜，或关令尹、或尹喜。后得道成仙，号文始先生，证位为无上真人，玉清上相，为天府四相之一。据说他少好坟索，善天文秘纬，在周康王时为大夫，官至东宫宾友。为早期道家代表人物之一。

②在己无居：在己，对于自己。居，这里指固执、偏执。在己无居，即对于自己不要固执、褊狭，应该做到知识丰富、胸怀宽广，把自己限定在一定的范围内。

③著：显著，彰明。

④若：这里指顺从、顺应之意。

⑤瞻：往上或往前看。

⑥六虚：六合，即东、南、西、北、上、下。

⑦废：通"发"。

⑧发：通"废"。

【译文】

关尹喜说："自己对事物的认知能做到不偏执，外界之物就会自我突显。这时行动起来就会像流水一样自然，自高而低，顺势而走；静止下来就会像镜子一样平静，反照原物，不隐藏，不包容；反应外物时就会像回声一样发出声响，不变原貌。所以说，道是顺应万事万物变化的。只有事物违背道，道不会违背事物。善于顺应道的人，也不用耳朵，也不用眼睛，也不用力气，也不用心思。想要顺应道却又使用视觉、听觉、形体、心智去追求，是很不恰当的。

"道这个东西很奇妙，刚刚看起来在跟前，忽然间又到了后面；发生作用时，它充满上下四方；不起作用时，它又不知道跑哪里去了。也并非是存心求道的人能使它远离，也并非是无心求道的人能使它靠近。只有永远虚静自守的人才能得到，只有习性保养成功的人才能拥有。

"懂得事理而舍弃情欲，有能力而不去作为，这才是真正的知、真正的能。舍弃智

慧，又怎能有情欲？舍弃能力，又怎能有所作为？不过是堆积起来的土块，聚集起来的尘埃罢了。即使无为，但也并非没有一点儿存在的合理因素。

【解读】

《仲尼》，又称《极智》。列子用仲尼作为本篇篇名，其用意是明显的。列子准备利用孔子的巨大影响来说明认识"道"、体验"道"、把握"道"的重要意义。第一，认识"道"是很不容易的，只有首先做到忘智，完全消除个人的私情私欲，彻底净化内心的灵魂，然后才能做到自知，才能真正把握住"道"的本质。虽然这个观点从认识事物的途径来说是矛盾的，但从对"道"的认识和把握上来说，则是特殊之处。第二，获得"道"的本性，基本方法是"寂然玄照"，能否"寂然玄照"，关键在于"体神而独运"和"忘情而任理"，按照"道"的本性去认识和把握客观事物，就只有"寂然玄照"才能看透一切，理解一切，进而物我同一。

本篇共十五个自然段，虽然我们人为地把它分为五个部分，但是各部分的中心思想还是相互关联，密不可分的。文章通过前十四个自然段的故事讲述和道理论证，最后用关尹喜的话总结就是"物自违道，道不违物"，这是对人的行为准则的高度概括。因为"道"存在于万事万物中，"道"体现了万事万物的本性，所以"道不违物"，而"物自违道"者必然要被"道"所抛弃。"在己无居，形物其著，其动若水，其静若镜，其应若响"，就是顺应自然规律，反映客观世界。但是，他强调的"善用道者，亦不用耳，亦不用目，亦不用力，亦不用心"的观点也存在着一定的局限性。

本篇的思想内容，与《黄帝》篇衔接较为紧密，共同的主旨是对"道"的认识、体验和把握。《黄帝》篇侧重于养生养神以通其"道"，本篇则是侧重于在养生养神的基础上，怎样真正的把握其"道"，怎样更加客观的认识世界。

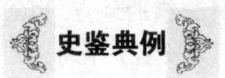

庖丁解牛

有一个名叫丁的厨师为梁惠王宰牛。梁惠王在一旁观看，只见他手所接触的地方，肩所靠着的地方，脚所踩着的地方，膝所顶着的地方，动作都极其娴熟自如。他在将屠刀刺入牛身时，那种皮肉与筋骨剥离的声音，与他运刀时的动作互相配合，显得是那样的和谐一致，美妙动人。他那宰牛时的动作就像舞蹈般优美，而解牛时所发出的声响也像乐章般动听。

站在一旁的梁惠王不觉看呆了，他禁不住高声赞叹道："啊呀，真了不起！你宰牛的技术怎么会有这么高超呢?"

庖丁听到后,赶紧放下屠刀,对梁惠王说:"我做事比较喜欢探究事物的规律,这已经超过了对于宰牛技术的要求。当初我在刚开始学习宰牛时,因为不了解牛的身体构造,眼前所见到的就是一头庞大的牛。等到我有了三年的宰牛经历以后,我对牛的构造就完全了解了。我再看到牛时,出现在我眼前的就不再是一头整牛,而是牛的内部肌理筋骨,是许多可以拆卸下来的零部件了!现在我宰牛的时候,不需用眼睛去看它,而只需用心灵去感触牛,就像感觉器官停止了活动而全凭精神意志在活动。我知道牛的什么地方可以下刀,什么

地方不能。我可以娴熟自如地按照牛的天然构造,顺着牛体的肌理结构,劈开筋骨间大的空隙,沿着骨节间的空隙使刀,利用这些空隙便不会使屠刀受到丝毫损伤。我的宰牛的刀从来没有碰过经络相连的地方、紧附在骨头上的肌肉和肌肉聚结的地方,更何况股部的大骨呢?技术高明的厨工每年换一把刀,是因为用刀割肉;技术一般的厨工每月换一把刀,是因为他们用刀子去砍骨头。而现在我的这把刀已经用了十几年了,宰杀过的牛不下千头,可是刀口却还像刚在磨刀石上磨过的一样锋利。原因是什么呢?这是因为牛的骨节处有空隙,而刀口又很薄,用这样极薄的刀锋插入到有空隙的骨节中,自然显得宽绰而游刃有余。所以,我这把用了十几年的刀还像刚磨过的刀一样。尽管如此,每当我遇到筋骨交错的地方,也常常感到难以下手,这时就要特别警惕,目光集中,动作放慢,用力要轻,等到找到了关键部位,刀子轻轻一动,哗啦一声骨肉就已经分离,使其像一堆泥土一样散落在地上。宰牛完毕,我提着刀站立起来,环顾四周,不免感到悠然自得,浑身畅快。然后我就将刀擦拭干净,置于刀鞘之中,以备下次再用。"

梁惠王听了庖丁的这一席话,连连点头,似有所悟地说:"好啊,我听了您的这番金玉良言,还学到了不少修身养性的道理呢!"

明哲保身

张良素来体弱多病,自从汉高祖入都关中,天下初定,他便托辞多病,闭门不出,修炼道家养生之术,并随着刘邦皇位的逐渐稳固,逐步从"帝者师"退居至"帝者宾"的地位,遵循着可有可无、时进时止的处事原则。在汉初剪灭异姓王的残酷斗争中,张良极少参与谋划。在西汉皇室的明争暗斗中,张良也恪守"疏不问亲"的遗训。

张良对名利淡泊处之,假托神道,可谓用心良苦。对此,史学家司马光曾经评论道:"生与死就如同白昼和黑夜,自古至今,从来没有超然独立于这必然性之外的,以子房之明辨达理,应足以知晓神仙之说实为荒诞,然而他却有游仙的思想,这其实是因为他太过聪明了。因为他深知当面对功名之际,为人臣者的难处。当初被汉高祖所称赞的,只有三杰而已,然而最终韩信被诛,萧何下狱,这难道不是因为不懂得急流勇退的缘故吗?故子房托于神仙,视功名为外物,置荣利而不顾。这就是所谓的'明哲保身'啊!"

汉十年,汉王朝高层出现了新的危机。原来,高祖欲废吕后之子刘盈,改立戚夫人之子赵王如意为太子,因遭到大臣反对而没有结果。吕后让其兄弟建成侯吕泽强迫张良,令其谋划。张良无奈,只得道破红尘,说出了心里话。他说:"皇上数度在危困之中采用臣的计谋化险为夷,如今安定天下,以其好恶改易天子,这是他们骨肉之间的事,与我何关呢?"吕泽再三威逼出策,张良只好授意吕氏迎请"商山四皓"为太子羽翼。汉十二年的一天,高祖刘邦设宴群臣,太子刘盈跪在身边侍候,忽见四位须眉皓白、衣冠楚楚的老人跪在太子身后,这就是刘邦仰慕已久而屡求不应的四位隐士。宴后,刘邦无可奈何地对戚夫人说:"我虽然想换太子,但是有这四人辅佐,太子的羽翼已成,难动了!"

张良的计策不仅成功,也为自己谋得了一个金蝉脱壳的计策。此后,张良索性托病下朝,杜门谢客,假托神道。如此数年,直至汉惠帝六年病逝于长安。

武王伐纣

商朝最后一个国王叫纣,他是历史上有名的暴君。他兴建华丽的琼楼瑶台,整日"以酒为池,以肉为林",和爱妃妲己以及贵族们宴饮酒池,为了满足自己的享受欲望,纣王加重赋税,使社会矛盾越来越尖锐。百姓起来反抗,他就用重刑镇压。他设置了"炮烙"酷刑,把反对他的人绑在烧得通红的铜柱上活活烫死。叔父比干规劝他,他竟凶狠地挖出了比干的心。纣王的残暴统治激起了人们的反抗,动荡不安的社会像烧开了的水那样沸腾。

这个时候，活动在渭河流域的姬姓部落逐渐强大起来，首领周武王姬发正在积极策划灭商。他继承父亲文王遗志，重用姜尚等人，使国力逐渐增强。当商的军队主力远在东方作战，国内军事力量空虚的时候，周武王联合各个部落，率领兵车300辆，虎贲3000人，士卒4.5万人，进军到距离商纣王所居住的朝歌只有70里的牧野（今河南淇县西南），举行了誓师大会，列数纣王罪状，鼓励军队同纣王决战。

周文王在完成灭商大业前夕逝世，其子姬发继位，即为周武王。武王即位以后，继承其父遗志，遵循既定的战略方针，并加紧予以落实：在孟津（今河南孟津东北）与诸侯结盟，向朝歌派遣间谍，准备伺机兴师。

当时，商纣王已经感觉到周人对自己构成的严重威胁，决定对周用兵。然而这一拟定中的军事行动，却因为东夷族的反叛而化为泡影。为平息东夷的反叛，纣王调动部队倾注全力进攻东夷，结果造成西线兵力的极大空虚。与此同时，商朝统治集团内部矛盾白热化，商纣王粉饰过错，拒绝纳谏，肆意胡为，残杀忠臣。武王、姜尚等人于是把握住这一有利战机，决定乘虚蹈隙，大举伐纣，经过牧野之战，一战而胜，结束了商王朝的残暴统治，开始了百姓安居乐业、社会稳定发展的周王朝。

无礼不尊

齐国有个财主，自恃有钱，占有广阔的土地，所以在乡里横行霸道。他强行规定：村子里的人见到他，都必须低头向他行礼，否则就要受到他的处罚。

晏子听说后，就穿着破烂的衣服来到这个村子。刚走到村口，正好遇到这个财主正在那里显摆。看见有人有人向村子走来，财主就大声喝道："穷小子过来，快点向我行礼！"

"我并不需要你的施舍，有什么必要向你行礼？"晏子反问道。

"在这方圆几十里的地方，我是最富有的人，也就是最有权势的人，谁敢不向我行礼，我就有权处罚他。"财主气势汹汹地说。

晏子并不理睬他，径直向村子里走去。路上的人们都围过来观看，财主感到很尴尬，觉得自己没有无法下台。于是就心生一计，装出很大度的样子，叫住晏子，说："那么我们现在比比看谁兜儿里的钱多，钱少的人就向钱多的人行礼，怎么样？"

晏子停住，转过身来，问道："你有多少钱？"

财主很随便地从衣袋里掏出了一把金钱，得意地说："你有多少钱啊？"

晏子说："我没有钱，但是我有礼！"

财主听后，更加得意了，说道："你没有钱，就要向我行礼！"

晏子说："你虽然有钱，但是你却需要我的礼。我不需要你的钱，那么有什么必

要向你行礼呢?"

财主说:"那么,我用我的钱买你的礼如何?"

晏子大方的反问道:"怎么买?"

财主说:"我把我的钱分一半给你,你向我行礼怎么样?"

晏子很从容地将钱收下,然后理直气壮地说:"现在我和你的钱一样多,我更没有必要向你行礼了。何况你的这点钱哪里够买我的礼呢?"

围观的人看到财主被晏子捉弄,都痛快地大笑起来。

财主气急败坏地说:"好吧,穷小子,我拿出剩余的金钱,把我全部的钱财都给你,你该向我行礼了吧?"

晏子接过钱,分给围观的人,然后对财主说:"现在我们大家都有钱了,而你一文钱也没有,按照你的规定,你应该向我们行礼!"

话音刚落,大家哄堂大笑起来。地主呢,在人们的笑声中跑了。

贫而乐道

曾参随孔子从出国返回鲁国后,继续学习与研究儒学,锲而不舍。这时的他没有任职,仍在家耕田,生活很是窘迫。鲁国国君听说后,对他非常关心,决定赠以"食邑"。但曾参以为领受"食邑"是只拿俸禄不做事情,不如自食其力为好。于是便固辞不受。

国君派来的使者好心劝说曾参:"先生非求于人,为何不受?"

曾参对使者诚恳地说:"我常听说,受人者畏惧于人,予人者骄傲于人。纵然对我不骄傲,我能不畏惧吗?"经过再三推辞,曾参终于没有接受国君赠给的食邑。

不久,孔子听说了这件事情,肯定了曾参的这种行为,赞扬了曾参的风格。

此后,曾参到了楚国被聘为宾师,教了一大批学生。但那又经常有战乱,就辞去了宾师到了卫国。当时,他的同窗好友子路正在卫国任孔悝的蒲邑大夫,有职有权,显赫一时。有人劝说曾参,你到子路那里走一趟,什么也不用说,也会得到高官厚禄的。"

曾参却摇了摇头说:"我从来不愿垂翼求人,宁愿到西河去教学,过着安贫乐道的生活,不图小利,以仁为己任,直到鞠躬尽瘁,死而后已。"

他是这样说的,也是这样做的。曾参住在西河岸边,生活贫困到了难以维持的程度。面带饥色,手足皲裂,有时三日不动灶火,十年没做过新衣服,帽缨子都断了,鞋子也露出了脚趾头。尽管如此,他仍然怡然自得,安贫乐道,还经常散步于西河岸边,拂着轻风,不时抒发心怀,唱着《商讼》乐曲,如同金鼓玉振,铮铮有声。

季雅买邻

南朝时候,有个叫吕僧珍的人,生性诚实老实,又是饱学之士,待人忠实厚道,从不跟人家耍心眼。吕僧珍的家教极为严格,他对每一个晚辈都耐心教导、严格要求,所以他家形成了优良的家风,家庭中的每一成员都待人和气、品行端正。吕僧珍家的好名声远近闻名。

南康郡守季雅是个正直的人,他为官清正耿直,秉公执法,从来不愿屈服于达官贵人的威胁利诱,为此他得罪了很多有权有势的人,一些大官僚都视他为眼中钉、肉中刺,总是想除去这块心病。终于,季雅被革了职。

季雅被罢官以后,一家人都只好从壮丽的大府第搬了出来。到哪里去住呢?季雅很是犹豫。因为他不愿意随随便便地找个地方住下,他颇花费了一番心思,四处打听,看哪里的住所最符合他的心愿。

很快,他就从别人口中得知,吕僧珍家是一个君子之家,家风极好,不禁大喜。季雅来到吕家附近,发现吕家子弟个个温文尔雅、知书达理,果然名不虚传。

说来也巧,吕家隔壁的人家要搬到别的地方去,打算把房子卖掉。季雅赶快去找这家卖房子的主人,愿意出1100万钱的高价买房,那家人很是满意,二话不说就答应了。

于是季雅将家眷接来，就在这里住了下来。

吕僧珍过来拜访这家新邻居。两人寒暄一番，交谈一会儿，吕僧珍问季雅："先生买这幢宅院，花了多少钱呢？"季雅据实回答。吕僧珍很是吃惊，说道："据我所知，这处宅院已不算新了，也不是很大，怎么价钱如此之高呢？"季雅笑了，回答说："我这钱里面，100万是用来买宅院的，1000万是用来买您这位道德高尚、治家严谨的好邻居的啊！"

季雅宁肯出高得惊人的价钱，也要选择一个好邻居，这是因为他知道好邻居会给他的家庭带来良好的影响。

回头是岸

明朝翰林邝子元，曾患心病，白天也没有精神，每天昏昏沉沉像在梦中一样。有人向他推荐说："真空寺有老僧不用符咒，不用医药，能治心病。"于是邝子元就去真空寺请教。

老僧见到他，看了看他的面容，说："你的病起于烦恼，烦恼生于妄想。妄想的来源大概有三种：或追忆数十年前荣辱恩仇，悲欢离合，及种种闲情，此是过去妄想；或事到眼前，可以顺应，却又畏首畏尾，三番四复，犹豫不决，此是现在妄想；或期望日后富贵如愿，功成名遂，告老归田，还有就是盼望子孙考上功名，以继书香门第，包括其他一切不可必成不可必得之事，此是未来妄想。三种妄想，忽然而生，忽然而灭，禅家谓之幻心。能照见其妄，斩断念头，禅家谓之觉心。故曰：'不患念起，惟患觉迟。'此心若同太虚，烦恼何处安脚？"

老僧停顿了一下，又说："你的病还源于淫欲过度，水火不交。凡贪恋美貌，房事不止，禅家谓之'外感之欲'。凡思慕异性，忆念缠绵，禅家谓之'内生之欲'。二欲绸缪染着，消耗元精，若能离之，则肾水自然滋生，可以上交于心。至于你思考写作，废寝忘食，禅家谓之'理障'。忙于工作事业，不知休养，禅家谓之'事障'。二者虽非邪欲，但若不知节制，亦损性灵。若能合理调整，适可而止，则心火不至上炎，可下交于肾。精神振作，邪念不生，正气上升，身体自然逐渐健康。所以经上说：'尘不相缘，根无所偶，返流全一，六用不行。'"

邝子元听后，大吃一惊，连称："高僧说得极是。"随后连声称谢，作揖告辞。老僧将邝子元送出山门，分手时，又送他一句话："苦海无边，回头是岸。"

邝子元本是个聪明人，过去一直被欲、障所迷，心窍堵塞，被老僧一点拨，豁然觉悟。回家后，他遵照老僧所嘱，独居一室，扫空万缘，静坐了一个多月，心疾不治而愈，而且再也没有复发过。自此以后，他神清气爽，直到寿终。

汤问篇

【题解】

《汤问》篇中虚构了十五个诙诡奇谲的海外奇谈，这些奇谈皆以寓言故事的形式出现，又多以问答方式表述。奇谈不是为了惊世骇俗、故弄玄虚而作，其宗旨在于展示大千世界的恢宏博大，万千气象，无奇不有。"汤问问于夏革"的故事，试图以科学的思维方式来认识宇宙万物，用宏观思维方式认识浩瀚宇宙的无限，"无极无尽"、"无始无终"；认识四海之外的广阔，天地无极；认识事物的巨细、修短、同异，这些都极大地丰富了人们的想象力。"穆王西巡"展示了一个人们见所未见、闻所未闻的"机器人"，其形象逼真、技术先进令人称绝。"鲁公扈、赵齐婴"讲的是换心术，其水平高超更是令人吃惊。"造父学御"、"匏巴鼓琴"、"钟子期与伯牙"、"甘绳善射"等故事旨在说明学习技术是永无止境的，告诉人们天外有天，不能自以为是，要孜孜以求、精益求精。"大禹迷途"、"两小儿辩日"、"火浣之布"等故事说明天下之大，圣人也不是完人，也有不知道的事情，同时又从侧面说明宇宙万物的奇妙无穷。"愚公移山"、"夸父追日"两个故事则告诫人们要以愚公的"无心而为功"为榜样，以夸父为戒，切忌"恃能以求胜"。

【原文】

殷汤①问于夏革②曰："古初有物乎？"夏革曰："古初无物，今恶得物？后之人将谓今之无物，可乎？"殷汤曰："然则物无先后乎？"夏革曰："物之终始，初无极已③。始或为终，终或为始，恶知其纪④？然自物之外，自事之先，朕所不知也。"

殷汤曰："然则上下八方⑤有极⑥乎？"革曰："不知也。"汤固问。革曰："无则无极，有则有尽；朕何以知之？然无极之外复无无极，无尽之中复无无尽。无极复无无极，无尽复无无尽。朕以是知其无极无尽也，而不知其有极有尽也。"汤又问曰："四海之外奚有？"

革曰："犹齐州⑦也。"汤曰："汝奚以实之？"革曰："朕东行至营⑧，人民犹是也。问营之东，复犹营也。西行至豳⑨，人民犹是也。问豳之西，复犹豳也。朕以是知四海、四荒⑩、四极⑪之不异是也。故大小相含，无穷极也。含万物者，亦如含天地；含万物也故不穷，含天地也故无极。朕亦焉知天地之表不有大天地者乎？亦吾所不知也。然则天地亦物也，物有不足，故昔者女娲氏⑫炼五色石⑬以补其阙⑭；断鳌之足以立四极。其后共工氏⑮与颛顼⑯争为帝，怒而触不周之山⑰，折天柱，绝地维⑱；故天倾西北，日月星辰就焉；地不满东南，故百川水潦归焉。”

汤又问：“物有巨细乎？有修短乎？有同异乎？”革曰：“渤海之东不知几亿万里，有大壑⑲焉，实惟无底之谷，其下无底，名曰归墟⑳。八纮㉑九野㉒之水，天汉之流，莫不注之，而无增无减焉。其中有五山焉：一曰岱舆㉓，二曰员峤㉔，三曰方壶㉕，四曰瀛洲㉖，五曰蓬莱㉗。其山高下周旋㉘三万里，其顶平处九千里。山之中间相去七万里，以为邻居焉。其上台观皆金玉，其上禽兽皆纯缟㉙。珠玕㉚之树皆丛生，华实皆有滋味，食之皆不老不死。所居之人皆仙圣之种，一日一夕飞相往来者，不可数焉。而五山之根无所连著㉛，常随潮波上下往还，不得暂峙㉜焉。仙圣毒㉝之，诉之于帝。帝恐流于西极㉞，失群仙圣之居，乃命禺彊㉟使巨鳌十五举首而戴之。迭为三番㊱，六万岁一交焉。五山始峙而不动。而龙伯之国㊲有大人，举足不盈数步而暨㊳五山之所，一钓而连六鳌，合负而趣归其国，灼其骨以数㊴焉。于是岱舆、员峤二山流于北极，沉于大海，仙圣之播迁㊵者巨亿计。帝冯怒㊶，侵减龙伯之国使厄，侵小龙伯之民使短。至伏羲、神农时，其国人犹数十丈。

“从中州以东四十万里得僬侥国㊷。人长一尺五寸。东北极有人名曰诤人㊸，长九寸。荆㊹之南有冥灵㊺者，以五百岁为春，五百岁为秋。上古有大椿㊻者，以八千岁为春，八千岁为秋。朽壤㊼之上有菌芝㊽者，生于朝，死于晦。春夏之月有蠓蚋㊾者，因雨而生，见阳而死。终北㊿之北有溟海(51)者，天池也，有鱼焉，其广数千里，其长称焉，其名为鲲(52)。有鸟焉，其名为鹏，翼若垂天之云，其体称焉。世岂知有此物哉？大禹行而见之，伯益(53)知而名之，夷坚(54)闻而志之。

“江浦(55)之间生幺虫(56)，其名曰焦螟(57)，群飞而集于蚊睫(58)，弗相触也。栖宿去来，蚊弗觉也。离朱(59)、子羽(60)方昼拭眦(61)扬眉而望之，弗见其形；觚俞(62)、师旷(63)方夜擿耳(64)俯首而听之，弗闻其声。唯黄帝与容成子(65)居空峒(66)之上，同斋三月，心死形废；徐以神视，块然(67)见之，若嵩山之阿；徐以气听，砰然(68)闻之，若雷霆之声。

“吴、楚之国有大木焉，其名为櫾(69)。碧树而冬生，实丹而味酸。食其皮汁，已愤厥(70)之疾。齐州珍之，渡淮(71)而北而化为枳(72)焉。鸜鹆(73)不逾济(74)，貉(75)逾汶(76)则死矣，地气然也。虽然，形气异也，性钧已，无相易已。生皆全已，分皆足已。吾何以识其巨细？何以识其修短？何以识其同异哉？”

【注释】

①殷汤：又称成汤、汤武、天乙。姓子，名履，原为商族部落领袖，后经十一次出征，成为当时强国，一举攻灭夏桀，建立商朝。庙号太祖，为商太祖。在位30年，其中17年为夏朝商国诸侯，13年

为商朝国王。

②夏革：人名，字子棘，汤大夫，商之贤士，汤尊之以师。

③极已：穷尽；终止。

④纪：指丝的头绪。

⑤八方：东、西、南、北、东南、西南、西北、东北八个方向。

⑥极尽：终点；尽头。

⑦齐州：犹中州。古时指中原。

⑧营：地名，古十二州之一，在今辽宁一带。

⑨豳(bīn)：古地名，在今陕西省境内。

⑩四荒：四方荒远之地。

⑪四极：四方极远之地。

⑫女娲氏：中华上古之神，人首蛇身，为伏羲之妹，风姓。起初以泥土造人，创造人类社会并建立婚姻制度；而后世间天塌地陷，于是熔彩石以补天，斩龟足以撑天。

⑬五色石：古代传说中女娲炼的补天石。

⑭阙：豁口，空缺。

⑮共工氏：古代神话人物，炎帝后裔的一支。传说为人面蛇身赤发，身乘二龙。据古史记载他曾与颛顼争为帝。

⑯颛顼：传说中古代部族首领，号为高阳氏，亦为"五帝之一"。

⑰不周之山：即不周山。古代传说中的山名。不周，即有缺口的意思。

⑱地维：维系大地的绳子。古人以为天圆地方，天有九柱支持，地有四维系缀。故亦指地的四角。

⑲大壑：即大海。指渤海、东海、太平洋。

⑳归墟：亦作"归虚"。传说为海中无底之谷，谓众水汇聚之处。

㉑八纮：八方极远之地。《淮南子·墬形训》："九州之外，乃有八殥……八殥之外，而有八纮，亦方千里。"

㉒九野：古代指天的中央和八方，即钧天、苍天、变天、玄天、幽天、昊天、朱天、炎天、阳天。

㉓岱舆(dàiyú)：古代传说中的神山。

㉔员峤：古代传说中的神山。峤(qiáo)，山锐而高，故以形而名。

㉕方壶：古代传说中的神山。一名方丈。

㉖瀛洲：古代传说中的神山。

㉗蓬莱：又称"蓬壶"。古代传说中的神山。

㉘周旋：周围，方圆。

㉙缟：白色。

㉚玕(gān)：一种类似玉的美石。

㉛连著：连接。指没有和水底固定。

㉜峙：直立，耸立。

㉝毒：恨，以为苦。

㉞西极：西方极远之处。

㉟禺彊：古代传说中的北方之神。《山海经·大荒北经》："北海之渚中有神，人面鸟身，珥两青蛇，践两赤蛇，名曰禺彊。"

㊱番：批，次。

㊲龙伯之国：古代传说中的大人国。

㊳暨(jì)：到，至。

㊴数：占卜。

㊵播迁：迁徙；流离。

㊶冯怒：盛怒；大怒。

㊷僬侥(jiāo yáo)国：古代传说中的矮人国。

㊸诤(zhèng)人：古代传说中的矮小之人。诤，通"靖"。

㊹荆：即古九州之一的荆州。《书·禹贡》："荆及衡阳惟荆州。"当指荆山（今湖北南漳西）至衡山之间地域。

㊺冥灵：神话传说中的树木名。生江南，以叶生为春，叶落为秋。

㊻大椿：古寓言中的木名，以一万六千岁为一年。

㊼朽壤：腐土。

㊽菌芝：即灵芝。

㊾蠓蚋(měng ruì)：蠛蠓与蚊蚋。

㊿终北：神话中的国名。

㉑溟海：黑颜色的海，大概位于北极极远的地方。

㉒鲲(kūn)：古代传说中的大鱼。

㉓伯益：古代嬴姓各族的祖先。相传善于畜牧和狩猎，被舜任为"虞"（掌管山泽的官）。

㉔夷坚：古代传说中博览多闻的人。

㉕江浦：长江的水滨。

㉖幺虫：细小的昆虫。

㉗焦螟(míng)：传说中一种极小的虫。

㉘蚊睫：蚊虫的眼睫毛。比喻极小的处所。

㉙离朱：古代传说中黄帝时代的人物。目力极好，能在百步之外看见秋毫之末。

㉚子羽：当为传说中视力极强的明目者。

㉛拭眦(zì)：拭目。

㉜鳾(zhī)俞：古代听觉特别灵敏的人。

㉝师旷：春秋时代晋平公的乐师，目盲，善于弹奏七弦琴，辨音能力极强。相传古乐《阳春》、

《白雪》即为师旷所作。

⑥⑭摭耳：搔耳朵。摭(zhǐ)，搔，挠。

⑥⑮容成子：为古代传说中的仙人，黄帝之臣子，是指导黄帝学习养生术的老师之一。曾经栖自太姥山炼药，后隐居崆峒山，年二百岁。

⑥⑯空峒：山名。亦作"空同"或"崆峒"。在今甘肃平凉西，是泾河的发源地。

⑥⑰块然：犹魁然。高大的样子。

⑥⑱砰然：雷声或水流激荡声等。

⑥⑲櫾(yòu)：古同"柚"。即柚树，果实可食，生于江南。冬不落叶，四季常青。

⑦⑳愤厥：由于愤气郁结造成的痉挛昏厥。

⑦㉑淮：水名，源于河南省桐柏山，流经安徽、江苏两省入洪泽湖。简称"淮"。

⑦㉒枳(zhǐ)：落叶灌木或小乔木，小枝多刺，果实黄绿色，味酸不可食，可入药。亦称"枸橘"。

⑦㉓鸲鹆(qú yù)：俗称八哥。体羽黑色，喙足黄色。雄鸟善鸣，能效人言。

⑦㉔济：古称济水，古四渎之一。

⑦㉕貉(hé)：哺乳动物，外形像狐，穴居河谷、山边和田野间；杂食鱼、鼠、蛙、虾、蟹和野果、杂草等，皮很珍贵。

⑦㉖汶：汶水。今名大汶水或大汶河，源出山东莱芜北，北入黄河。一说指四川汶水。

【译文】

　　商汤问夏革说："太古之初有物存在吗？"夏革说："如果太古时代没有物存在，那么现在的物是从哪来的呢？后来的人如果说现在没有物，可以吗？"商汤又问："既然这样，那么事物的产生就没有先后之别吗？"夏革说："事物的开始和终结，本来就没有固定的准则。开始也许就是终结，终结也许就是开始，又如何弄清它们的头绪呢？但是如果说物质之外还有什么，事情发生之先又是怎样，我就不知道啦。"

　　商汤问："那么天地八方有极限和穷尽吗？"夏革说："不知道。"商汤再三询问。夏革说："既然是空无，就没有极限；既然是有物，就没有穷尽。这么复杂的情形，我怎么能知道呢？但是空无的没有极限之外不会再有没有极限，有物的没有穷尽之中也不会再有没有穷尽。没有极限又连'没有极限'也没有，没有穷尽又连'没有穷尽'也没有。于是根据这一点我知道，空无是没有极限的，有物是不会穷尽的，而不知道它们是有极限有穷尽的。"商汤又问道："四海之外还有什么呢？"

　　夏革说："同四海之内一样。"商汤问："你用什么来证实呢？"夏革说："我往东走到过营州，见那里的人民同这里的一样。询问营州以东的情况，仍然同营州的一样。往西走到过豳州，见那里的人民同这里的一样。询问豳州以西的情况，仍然同豳州的一样。我根据这些知道四海之外、四方荒远之地、四方极远之地都没有什么差别。所以事物大小互相包含，没有穷尽，没有极限。包含万物的天地，也就像包含天地的宇宙一样。包含万物因此没有穷尽；包含天地因此没有极限。我又怎么知道天地之外没有比天地更大的东西存在呢？这也是我所不知道的。但是天地也是事物。事物自有不足之处，所以从前女娲氏烧炼五色石来修补天地的残缺，砍断大龟的四只脚来撑起天地的四角。后来共工氏与颛顼争夺帝位，一怒之下，撞着不周山，折断了支撑天空的柱子，扯断了维系大地的绳子；结果天穹向西北方向倾斜，日月星辰都在那里就位；大地往东南方向下陷，江河湖水积水都向那里流淌。"

商汤又问："事物有大小吗？有长短吗？有同异吗？"夏革说："在渤海的东面不知几亿万里的地方，有一片大海深沟，实际上是一个没有底的深谷，那下面没有底，名字叫做归墟。地上八极九方的水流，天际银河的巨流，无不流注到这里，但它的水位永远不增不减。那里有五座山：第一座叫岱舆，第二座叫员峤，第三座叫方壶，第四座叫瀛洲，第五座叫蓬莱。每座山上下周围三万里，山顶平地九千里。山与山之间，相距七万里，彼此相邻矗立。那些山上的楼台亭观都是金玉建成，山上飞禽走兽都是一色纯净白毛。珠玉宝石之树遍地丛生，奇花异果的味道都很醇美，吃了之后可以长生不老。居住的都是仙圣一类的人，他们一早一晚，飞来飞去，相互交往，不可计数。不过，这五座山的根部并没有和海底连接，经常随着潮水波涛上下漂移，不得片刻稳定。仙圣们为此感到苦恼，便报告了天帝。天帝恐怕这五座山漂移到西极去，使仙圣们失去居住的地方，便命令北方之神禺彊，指挥十五只巨大的海龟抬起头来，把这五座山顶在上面。分为三班，六万年轮换一次。这样，五座大山才得以耸立不动。但是，龙伯之国有个巨人，抬起脚板没走几步就来到五座山前，一下子就钓上了六只海龟，一并放在肩上，快步回到自己国家，然后烧灼它们的甲骨来占卜吉凶。于是岱舆和员峤二山便漂移到北极，沉入大海，仙圣们流离迁徙的不可计数。天帝大怒，便逐渐减削龙伯国领土的面积，使它越来越狭；逐渐缩小龙伯国国民的身材，使他们越来越矮。到了伏羲、神农的时代，那个国家的人身还有几十丈高。

"从中原往东四十万里有一个僬侥国，那里的人身长一尺五寸。东北极地有一种人名叫诤人，身长九寸。荆州南面有一种叫冥灵的大树，以五百岁为春季，以五百岁为秋季。上古时候有一种大椿树，以八千岁为春季，以八千岁为秋季。朽木腐壤上生长的一种叫灵芝的菌类，早晨长出来，晚上就死了。春夏之交有叫蠛蠓与蚊蚋的小飞虫，逢雨便出生，见到阳光就死亡。终北国的北部有个溟海，又叫天池，海中有一种鱼，它身宽几千里，它的身长与之相称，名字叫做鲲。那里还有一种鸟，它的名字叫做鹏，翅膀展开就像挂在天上的云彩，它的身体也与之相称。世上的人们哪里知道有这些东西呢？大禹出行时，曾经见过它；伯益知道以后，给它起了名字；夷坚听说以后，将它记录下来。

长江的水滨之间生长着一种极细小的昆虫，它的名字叫焦螟，成群飞舞，然后聚集在蚊子的眼睫毛上，而且彼此之间触碰不到。栖息停留，飞来飞去，蚊子都觉察不到。视力超群的离朱、子羽，在大白天擦亮眼睛，抬起眉毛，仔细观看，也看不到它们的形体；听觉灵敏的鳀俞、师旷，在深夜中扯着耳朵，低着脑袋，细心倾听，也听不到它们

的声音。只有黄帝和容成子居住在崆峒山上，一同斋戒三个月，心如死灰，形如枯木；然后慢慢地用神念去省察，才发现它们形体高大，如同嵩山巍然耸立；慢慢地用元气去谛听，才听到它们砰砰巨响，如同雷霆的声音。

吴国和楚国有一种高大的树木，它的名字叫柚。碧绿的树叶冬天常青，朱红的果实味道酸甜。吃它的果皮，喝它的汁液可以治愈气逆的疾病。中原一带的人们视为珍宝，但将它移植到淮河以北就变成了不可食用的枳。八哥不能渡过济水，狗獾渡过汶水就死，这些都是地方的气候和水土使他们这样的。尽管万物的形状气质不同，而总体上却保持着常态，它们之间不能相互置换。天性都已完备，天分都已充足。我凭什么来辨别它们的大小，凭什么辨别它们的长短，凭什么辨别它们的同异呢？"

【原文】

太行①、王屋②二山，方七百里，高万仞，本在冀州③之南，河阳④之北。北山愚公⑤者，年且九十，面山而居。惩⑥山北之塞，出入之迂也，聚室而谋，曰："吾与汝毕力平险，指通豫南⑦，达于汉阴，可乎？"杂然⑧相许。其妻献疑曰："以君之力，曾不能损魁父⑨之丘，如太行、王屋何？且焉置土石？"杂曰："投诸渤海之尾⑩，隐土⑪之北。"遂率子孙荷担者三夫，叩石垦壤，箕畚⑫运于渤海之尾。邻人京城氏⑬之孀妻⑭有遗男⑮，始龀⑯，跳往助之。寒暑易节，始一反⑰焉。

河曲⑱智叟⑲笑而止之，曰："甚矣汝之不惠！以残年余力，曾不能毁山之一毛，其如土石何？"北山愚公长息曰："汝心之固，固不可彻，曾不若孀妻弱子。虽我之死，有子存焉。子又生孙，孙又生子，子又有子，子又有孙：子子孙孙，无穷匮也；而山不加增，何苦而不平？"河曲智叟亡以应。

操蛇之神⑳闻之，惧其不已也，告之于帝。帝感其诚，命夸娥氏㉑二子负二山，一厝㉒朔东㉓，一厝雍南㉔。自此，冀之南、汉之阴无陇断㉕焉。

【注释】

①太行：山名，即太行山。我国东部地区的重要山脉和地理分界线。耸于北京、河北、山西、河南4省、市间。北起北京西山，南达豫北黄河北崖，西接山西高原，东临华北平原，绵延400余公里，为山西东部、东南部与河北、河南两省的天然界山。

②王屋：山名，即王屋山。位于河南省西北部的济源市，东依太行，西接中条，北连太岳，南临黄河，是我国九大古代名山，也是道教十大洞天之首，相传是愚公的故乡。

③冀州：现河北、山西、河南的黄河以北和辽宁的辽河以西地区。为古九州之一。

④河阳：地名。故址在今黄河北岸，河南省孟州西。

⑤愚公：作者虚构的人物。

⑥惩：苦于。

⑦指通豫南：一直通向豫州的南部。
⑧杂然：纷纷的样子。
⑨魁父：小土山名。在今河南开封境内。
⑩渤海之尾：渤海的边上。
⑪隐土：古地名。地处中原的东北。
⑫箕畚：箕（jī），用竹篾、柳条或铁皮等制成的扬去糠麸或清除垃圾的器具，通称为"簸箕"。畚（běn），用木、竹、铁片做成的撮垃圾、粮食等的器具。
⑬京城氏：姓氏。
⑭孀妻：指寡妇。
⑮遗男：遗孤、孤儿。
⑯龀（chèn）：小孩换牙（乳齿脱落长出恒齿）。
⑰反：通"返"。
⑱河曲：地名。
⑲智叟：作者虚构的人物。
⑳操蛇之神：神话传说中的山神。因手中拿着蛇，故名。《山海经·大荒北经》："大荒之中……有神衔蛇、操蛇，其状虎首人身，四蹄长肘，名曰彊良。"
㉑夸娥氏：传说中的大力神。
㉒厝（cuò）：安置。
㉓朔东：朔方郡的东部（今山西省的北部）。
㉔雍南：雍，指雍州，古代州名，今陕西省、甘肃省一带。
㉕陇断：陇，通"垄"，土丘。断，阻隔。

【译文】

太行、王屋这两座山，方圆七百里，高八千丈，本来坐落在冀州的南部、河阳的北面。北山有位愚公，年纪将近九十岁了，面对着大山居住。苦于山北交通的堵塞，出入都要绕远路，于是就召集全家商议，说："我和你们一起竭尽全力铲平门前这险峻的大山，使道路一直通到豫州的南部，到达汉水的南岸，行吗？"全家纷纷表示赞成他的意见。他的妻子提出了疑问，说："凭你的力气，连像魁父那样的小山都不能削减，又能把太行、王屋（两座大山）怎么样呢？况且把挖下来的泥土石头放到哪里去呢？"大家纷纷说："把他们扔到渤海的边上，隐土的北面。"愚公于是就带领儿孙中能挑担子的三个人，敲凿石头，挖掘泥土，用箕畚运到渤海的边上。他的邻居京城氏的寡妇，有个男孩儿，刚刚七八岁，也蹦蹦跳跳地跑来帮忙。冬夏季节变换一次，才能往返一趟。

河曲有个名叫智叟的老汉，嘲笑着劝阻愚公，说："你愚蠢得也太厉害了！凭你这点残年余力，连山上的一棵草都铲除不了，又能把泥土石头怎么样呢？"北山愚公长叹一声，说："你的思想太顽固，顽固到不能通达事理的地步，连寡妇孤儿都不如。即使我死了，还有儿子在。儿子又生孙子，孙子又生儿子；儿子又有儿子，儿子又有孙子；子

子孙孙是没有穷尽的啊，可是山却不会再增高加大，还愁什么挖不平呢？"河曲智叟没有话来回答。

操蛇的山神听说了愚公移山这件事，怕他们真的挖个不停，就报告了天帝。天帝被愚公的诚心所感动，便命令大力神夸娥氏的两个儿子背走了这两座山，一座放到了朔州的东部，一座放到了雍州的南面。从此，冀州的南部，一直到汉水的南边，再没有高山阻隔了。

【原文】

夸父①不量力，欲追日影，逐之于隅谷②之际。渴欲得饮，赴饮河③、渭④。河、渭不足，将走北饮大泽⑤。未至，道渴而死。弃其杖，尸膏肉⑥所浸，生邓林。邓林弥广⑦数千里焉。

【注释】

①夸父：神话人物。《山海经·海外北经》记载说："夸父与日逐走，入日，渴，欲得饮，饮于河、渭，河、渭不足，北饮大泽，未至，道渴而死，弃其杖，化为邓林。"
②隅谷：即虞渊。古代神话传说中太阳西落的地方。
③河：黄河。
④渭：渭河，在今陕西境内，是黄河的大支流之一。
⑤大泽：大湖沼；大薮泽。
⑥膏（gāo）肉：泛指脂肉。
⑦弥广：辽阔，广阔。

【译文】

夸父自不量力，想要追上太阳的影子，一直追到太阳落下的隅谷边上。他感到口渴难忍，想要喝水，就跑去喝黄河、渭河的水。黄河、渭河的水不够喝，他又准备到北方寻找更大的湖泊和沼泽来喝。可是还没有走到，就渴死在半道上了。丢弃掉的手杖，由于他尸体脂肉的浸润，这个地方生长成了一片茂密的树林，名叫邓林。邓林宽广，覆盖面积方圆达数千里。

【原文】

大禹曰："六合①之间，四海之内，照之以日月，经②之以星辰，纪③之以四时④，要⑤之以太岁⑥。神灵所生，其物异形，或夭或寿，唯圣人能通其道。"夏革曰："然则亦有不待神灵而生，不待阴阳而形，不待日月而明，不待杀戮而夭，不待将迎⑦而寿，不待五谷而食，不待缯纩⑧而衣，不待舟车而行。其道自然，非圣人之所通也。"

【注释】

①六合：指上下和四方，泛指天地或宇宙。
②经：这里指测量、计算。
③纪：原指整理，这里引申为安排秩序。
④四时：指春夏秋冬四季。
⑤要：约定。
⑥太岁：木星的别称。古代用它围绕太阳公转的周期纪年，一周是十二年，古人因分黄道为十二等分，每经过一格，即定为一年，所以说"要之以太岁"。
⑦将迎：将养；保养。
⑧缯纩（zēng kuàng）：缯帛与丝棉的并称。

【译文】

大禹说："天地之间，四海之内，大自然以日月的光辉来照耀它的万物，以星辰的位置来划出它的区域，以四季的变化来安排它的秩序，以岁星的循环来规定它的纪年。神灵所产生的万事万物，它们的形态各不相同，有的夭折，有的长寿，只有圣人才能通晓这种规律。"夏革说："但是也有不需要依靠神灵就能产生的，不需要依靠阴阳变化就能形成的，不需要依靠日月照耀就能发出光亮的，不遭到杀戮而夭折的，不需要保养而长寿的，不需要五谷而饱腹的，不需要丝绸而暖和的，不需要车船而行驶的。这一切的规律都是自然而然的，不是圣人所能通晓的。"

【原文】

禹之治水土也，迷而失涂①，谬②之一国。滨③北海之北，不知距齐州④几千万里，其国名曰终北⑤，不知际畔⑥之所齐限⑦。无风雨霜露，不生鸟兽、虫鱼、草木之类。四方悉平，周以乔陟⑧。当国之中有山，山名壶领⑨，状若甔甄⑩。顶有口，状若员环⑪，名曰滋穴⑫。有水涌出，名曰神瀵⑬，臭过兰椒⑭，味过醪醴⑮。一源分为四埒⑯，注于山下。经营⑰一国，亡不悉遍。

土气和，亡札厉⑱。人性婉而从物，不竞不争；柔心而弱骨，不骄不忌；长幼侪居⑲，不君不臣；男女杂游，不媒不聘；缘水而居，不耕不稼；土气温适，不织不衣；百年而死，不夭不病。其民孳阜⑳，亡数，有喜乐，亡衰老哀苦。其俗好声，相携而迭谣㉑，终日不辍者。饥惓则饮神瀵，力志和平。过则醉，经旬乃醒。沐浴神瀵，肤色脂泽㉒，香气经旬乃歇。

周穆王北游过其国，三年忘归。既反周室，慕其国，憪然自失㉓。不进酒肉，不

召嫔御㉔者,数月乃复。

管仲㉕勉齐桓公㉖因游辽口,俱之其国。几克举,隰朋㉗谏曰:"君舍齐国之广,人民之众,山川之观,殖物之阜,礼义之盛,章服㉘之美,妖靡㉙盈庭,忠良满朝。肆咤则徒卒㉚百万,视㧅㉛则诸侯从命,亦奚羡于彼而弃齐国之社稷,从戎夷之国乎?此仲父之耄㉜,奈何从之?"桓公乃止,以隰朋之言告管仲。仲曰:"此固非朋之所及也。臣恐彼国之不可知之也。齐国之富奚恋?隰朋之言奚顾?"

【注释】

①涂:同"途",道路。

②谬:错误的。

③滨:通"濒"。靠近;临近。

④齐州:犹中州。古时指中原。

⑤终北:又称穷发,传说中的国名。言其极幽、极微的玄默之地。

⑥际畔:边际;界限。

⑦齐限:终极;极限。

⑧乔陟:重叠的山岭。

⑨领:同"岭"。

⑩甔甄(dān zhuì):瓦瓶。殷敬顺释文:"谓瓦缾也。"

⑪员环:圆环。员,通"圆"。

⑫滋穴:谓喷涌泉水的洞穴。

⑬神瀵:传说中水名。神,言其神奇。瀵(fèn),指由地面下喷出漫溢的水。

⑭兰椒:椒与兰。皆芳香之物,故以并称。

⑮醪醴(láo lǐ):醪酒,甜酒。

⑯埒(liè):山上的水流。

⑰经营:犹往来,指流水循环盘绕。古人以南北为"经",以东西为"营"。

⑱札厉:传染病、疫病、瘟疫之类。

⑲侪(chái)居:共同居住。

⑳孳阜(zī fù):繁衍。张湛注:"孳,息也;阜,盛也。"

㉑迭谣:轮流歌唱。

㉒脂泽:润滑有光。

㉓憪然自失:精神怅惘恍惚,形容失意的样子。

㉔嫔御:古代帝王、诸侯的侍妾与宫女。

㉕管仲：名夷吾，谥曰"敬仲"，汉族，齐国颍上（今安徽颍上）人，史称管子。春秋初期的政治家、军事家，曾相齐桓公，使齐国成为春秋时期第一个霸主，被称为"春秋第一相"。管仲的言论见于《国语·齐语》，另有《管子》一书传世。

㉖齐桓公：名小白，春秋时期齐国的国君，"春秋五霸"之首，前685年—前643年在位。他在位期间任用管仲为相，使齐国国力逐渐强盛，成为天下诸侯的盟主。

㉗隰朋：春秋时齐国大夫。齐庄公曾孙。与管仲、鲍叔牙等辅佐齐桓公，齐国大治。曾率军会秦军安定晋国的内乱，拥立晋惠公。管仲病重时荐他自代，与管仲同年死。

㉘章服：绣有日月、星辰等图案的古代礼服。

㉙妖靡：指美女。

㉚徒卒：步兵。泛指兵卒。

㉛视扑：即指挥。视，通"指"。扑（huī）：同"挥"。

㉜耄（mào）：年老混乱。

【译文】

大禹治理洪水，迷失了道路，错误的走到了一个国家。这个国家靠近北海的北边，不知道距离中原有几千万里，这个国家的名字叫终北国，不知它的边界到哪里为止。这里终年没有风雨霜露，也不生长鸟兽、虫鱼、草木之类的生物。四方都是平原，周围则环绕着重叠的山岭。国土正中部有座山，山名叫做壶领，样子像个口小腹大的瓦瓶。山顶有个洞口，形状像个圆环，名叫滋穴。洞口有水涌出，名叫神瀵，气味清香胜过兰椒，味道甘美赛过甜酒。一个源泉分出四股支流，流注到山脚下；在国境内循环盘绕，没有浸润不到的地方。

地气调和均匀，没有瘟疫。人们性情温和，顺其自然，不竞逐，不争斗；内心柔美，品性怯弱，不骄傲，不妒忌；老幼共同居住，不分君臣；男女混杂交往，不需媒妁聘嫁；靠着水岸居住，不耕耘土地，不种植庄稼；气候温和适宜，不织布帛，不穿衣服；百岁而亡，不早夭，不生病。那里的人民繁衍兴旺，不计其数，只有喜悦和欢乐，没有衰老和哀苦。那里的风俗爱好音乐，彼此拉手，轮番歌唱，终日不停。饥饿了疲倦了就喝神瀵的泉水，力量和心志便又和平如初。饮用过量就会醉倒，十多天才能醒来。用神瀵的泉水洗澡，肤色柔滑而有光泽，香气十多天才能消散。

周穆王在北方巡游时路过那个国家，一下子住了三年，流连忘返。回到周国宫室以后，仍然思慕那个国家，怅惘恍惚，若有所失。不食用酒肉，不使唤侍从，不亲近嫔妃，好几个月才恢复正常。

管仲劝说齐桓公在巡游辽口之后，一同到那个国家去。眼看就要启程了，隰朋劝阻说："君王您拥有齐国广阔的土地，众多的人民，壮观的山川，丰富的物产，隆盛的礼义，华美的服饰，盈庭的美女，满朝的忠良。叱咤一声就能聚集兵卒百万，号令一下就能使诸侯听命，又为什么要羡慕别的国家而抛弃齐国的江山，到那些野蛮落后的国家

去呢？这是仲父的昏聩主张，怎么能听从他呢？"齐桓公于是打消了出游的念头，把隰朋的话告诉了管仲。管仲说："这本来就不是隰朋所能明白的。我怕以后那个国家再也不会有人知道了！如果真能去成，那么齐国的富饶有什么可留恋的？隰朋的话又有什么可顾及的呢？"

【原文】

南国之人祝发①而裸②；北国之人鞨巾③而裘；中国之人冠冕④而裳。九土⑤所资，或农或商，或田⑥或渔；如冬裘夏葛，水舟陆车，默而得之，性而成之。

越⑦之东有辄沐之国⑧，其长子生，则解而食之，谓之宜弟⑨。其大父⑩死，负其大母⑪而弃之，曰："鬼妻不可以同居处。"

楚⑫之南有炎人之国⑬，其亲戚⑭死，刳⑮其肉而弃之，然后埋其骨，乃成为孝子。

秦之西有仪渠之国⑯者，其亲戚死，聚柴积而焚之。熏则烟上，谓之登遐⑰，然后成为孝子。

此上以为政，下以为俗，而未足为异也。

【注释】

①祝发：断发。指中原以外地区少数民族的习俗和装束。
②裸：露出，没有遮盖。
③鞨巾：束发的头巾。杨伯峻集释："《释文》云：鞨音末。方言俗人帕头是也。帕头，幞头也。帕，又作鞨，又作帓。"
④冠冕：古代皇冠或官员的帽子。
⑤九土：九州的土地。
⑥古同"畋"，打猎。
⑦越：即越过。
⑧辄沐之国：古国名。
⑨宜弟：多生儿子。
⑩大父：祖父。
⑪大母：祖母。
⑫楚：即楚国。
⑬炎人之国：寓言中的国名，在今越南一带。
⑭亲戚：这里指父母。
⑮刳（guǎ）：割肉离骨。
⑯仪渠之国：古国名。
⑰登遐：谓死者升天而去。后因以"登遐"为对人死讳称。

【译文】

　　南方的人削断头发,裸露身体;北方的人头巾束发,身穿皮裘;中原的人头戴礼帽,身穿衣裳。九州土地拥有的各种资源,用以维持人们的生计。有的务农,有的经商,有的打猎,有的捕鱼;这正如冬天穿皮袄、夏天穿丝绸,水行乘船、陆行坐车一样,潜移默化就能得到,顺应本性就能成功。

　　越国的东方有个叫辄沐的国家,那里的人第一胎子女一出生,就解剖并吃掉他,说这样做以后会多生儿子。他们的祖父一旦去世,就要把祖母背出去扔掉,说:"鬼的妻子不能同我们活着的人一起居住。"

　　楚国的南方有个炎人国,他们的父母一旦去世,家人就要把尸体上的肉剔除下来扔掉,然后把骨骸埋葬,这样做才算是孝子。

　　秦国的西方有个叫仪渠的国家,他们的父母一旦去世,家人就聚积柴火,焚烧尸体。出现升腾的火苗,就说是死者升天成仙了,这样做才算是孝子。

　　以上种种情形和做法,在那里官府当成政事来推行,民间作为风俗来办理,没有人为此感到怪异。

【原文】

　　孔子东游,见两小儿辩斗①。问其故,一儿曰:"我以日始出时去人近,而日中时远也。"一儿以日初出远,而日中时近也。

　　一儿曰:"日初出大如车盖②,及日中,则如盘盂③,此不为远者小而近者大乎?"

　　一儿曰:"日初出沧沧凉凉④,及其日中如探汤⑤,此不为近者热而远者凉乎?"

　　孔子不能决也。两小儿笑曰:"孰为⑥汝多知⑦乎?"

【注释】

①辩斗:争辩;争论。
②车盖:古代车上遮雨蔽日的蓬子,形圆如伞,下有柄。
③盘盂:圆盘与方盂的并称。用于盛物,比盖和轮要小得多。古代亦于其上刻文纪功或自励。
④沧沧凉凉:即苍凉。
⑤探汤:探试沸水。喻炙热。
⑥为:通"谓",说。
⑦知:知识。

【译文】

孔子到东方游览,看见两个小孩在争辩。孔子问他们争辩的原因。一个小孩说:"我认为太阳刚出来的时候离人最近,而中午时分就离人远了。"另一个小孩则认为太阳刚出来时离人远,而中午时分离人最近。

一个小孩说:"太阳刚出来的时候就像车盖那么大,到了中午,却小得像个盘子,这不正是符合距离远就小,距离近就大的道理吗?"

另一个小孩说:"太阳刚出来时又寒又冷,到了中午,就像手伸进热水里一样,这不正是符合距离近就热,距离远就凉的道理吗?"

孔子一时无法裁决谁是谁非。两个小孩笑着说:"谁说你知识渊博啊?"

【原文】

均,天下之至理也,连于形物亦然。均发均县①,轻重而发绝,发不均也。均也,其绝也,莫绝。人以为不然,自有知其然者也。

詹何②以独茧丝为纶③,芒针④为钩,荆筱⑤为竿,剖粒为饵,引盈车之鱼⑥于百仞之渊、汩流⑦之中,纶不绝,钩不伸,竿不挠。楚王闻而异之,召问其故。詹何曰:"臣闻先大夫⑧之言,蒲且子⑨之弋⑩也,弱弓⑪纤缴⑫,乘风振之,连双鸧⑬于青云之际。用心专,动手均也。臣因其事,放⑭而学钓,五年始尽其道。当臣之临河持竿,心无杂虑,唯鱼之念;投纶沉钩,手无轻重,物莫能乱。鱼见臣之钩饵,犹沉埃聚沫,吞之不疑。所以能以弱制强,以轻致重也。大王治国诚能若此,则天下可运于一握,将亦奚事哉?"楚王曰:"善。"

【注释】

①县:古同"悬"。悬挂。

②詹何:战国时期哲学家,楚国人,以善钓闻名诸侯。他继承了杨朱的"为我"思想,和道家思想接近。

③纶:钓鱼用的线。

④芒针:即针。针身纤细而长,形如麦芒,故称。

⑤荆筱(xiǎo):楚地所产的小竹。

⑥盈车之鱼:指大鱼。张湛注:"《家语》曰:'鲲鱼,其大盈车。'"

⑦汩流:激流。

⑧先大夫:先父。

⑨蒲且子:古代楚国善于射鸟的人。

⑩弋(yì):射。用带绳子的箭射猎。

⑪弱弓:软弓;弹射力差的弓。

⑫纤缴：系在箭上的细生丝绳，射鸟用。
⑬鸧(cāng)：即鸧鹒，亦称黄鹂。体羽黄色，羽翼中央黑色，鸣声婉转动听。
⑭放：通"仿"，模仿。

【译文】

　　均衡是天下最高深的道理，涉及有形的物体也是这样。譬如头发所受的拉力均匀，悬挂再重的物体也不会断绝。如果有轻有重，头发就会断绝，这是力量不均匀的缘故。如果力量均匀，本来应该断绝的也不会断绝了。一般人认为不是这样，不过总会有懂得这个道理的人。

　　詹何用单根细细的茧丝作为钓线，用麦芒一样的小针作为鱼钩，用细柔的荆竹作为渔竿，用剖开的米粒米饭作为鱼饵，从百丈深渊和滔滔激流中能钓到一条就能装满一辆车子的大鱼，钓线不断，鱼钩不直，渔竿不弯。楚王听说这件事后感到奇怪，便将他招来问其中的缘由。詹何说："我听先父说，蒲且子射鸟，用柔弱的弓，箭系上纤细的丝绳，趁着风势射出去，能把一对黄鹂从高空射下来。这就是因为用心专一，手力均匀的缘故。我从这件事中受到启发，模仿着去学习钓鱼，用了五年时间才完全掌握其中的规律。当我在河边拿着渔竿的时候，心中没有一点儿杂念，一心一意地钓鱼；投出钓线，沉下鱼钩，握竿的力量始终保持均匀，专心致志，任何事物都不能分散我的注意力。鱼儿看见我投入水中的钓饵，认为是沉淀下来的尘埃和聚在一起的泡沫，毫不犹豫地吞下。这就是我能以柔弱制服刚强，以轻物得到重物的道理。大王治理国家如果也能这样，那么天下就可以运转于手掌之中，还用得着干其他的事吗"楚王说："好啊！"

【原文】

　　鲁公扈①、赵齐婴②二人有疾，同请扁鹊③求治。扁鹊治之。既同愈。谓公扈、齐婴曰："汝曩之所疾，自外而干府藏⑤者，固药石⑥之所已。今有偕生⑦之疾，与体偕长，今为汝攻⑧之，何如？"二人曰："愿先闻其验⑨。"扁鹊谓公扈曰："汝志强而气弱，故足于谋而寡于断。齐婴志弱而气强，故少于虑而伤于专。若换汝之心，则均于善矣。"扁鹊遂饮二人毒酒⑩，迷死三日，剖胸探心，易而置之；投以神药，既悟如初。

二人辞归。于是公扈反齐婴之室，而有其妻子，妻子弗识。齐婴亦反公扈之室，有其妻子，妻子亦弗识。二室因相与⑪讼⑫，求辨于扁鹊。扁鹊辨其所由，讼乃已。

【注释】

①鲁公扈：即鲁国人公扈。
②赵齐婴：即赵国人齐婴。
③扁鹊：姬姓，秦氏，名越人，又号卢医，春秋战国时期名医。由于他的医术高超，被认为是神医，所以当时的人们借用了上古神话的黄帝时神医"扁鹊"的名号来称呼他。扁鹊奠定了中医学的切脉诊断方法，开启了中医学的先河。相传有名的中医典籍《难经》为扁鹊所著。
④干：干扰，侵害。
⑤府藏：腑脏。五脏六腑的总称。府，通"腑"；藏，通"脏"。
⑥药石：古时指治病的药物和砭石。
⑦偕生：先天之疾，与生俱来的疾病。
⑧攻：治病。
⑨验：这里指症状，征兆。
⑩毒酒：指用作麻醉剂的药酒。
⑪相与：副词。表示同时同地做某件事。可译为"共同"。
⑫讼：争辩是非。

【译文】

鲁国的公扈和赵国的齐婴这两人都患有疾病，他们一同到扁鹊那里请求诊治。扁鹊为他们诊治。疾病医治好以后，扁鹊对公扈和齐婴说："你们先前所害的病，乃是外界病源侵入腑脏所造成的，用草药和砭石就能治好。现在你们有先天的疾病，和身体一同生长，现在为你们治疗，怎么样？"他二人说："请先说说这种病的症状，让我们听听。"扁鹊对公扈说："你的心志刚强但气魄柔弱，所以善于谋划而缺乏果断。齐婴心志柔弱但气魄刚强，所以缺乏谋划而过于专断。如果把你们的心对换一下，那么你们就都会很好了。"扁鹊于是叫两个人喝下了麻醉药酒，让他们昏迷三天，扁鹊趁机剖开他们的胸膛，取出心脏，互相交换；然后给他们吃了一种神奇的药，醒来以后两人就像以前一样健康。

两人告辞回家。结果，公扈回的是齐婴的家，认为妻子儿女是自己的，而齐婴的妻子儿女却不认识他。齐婴回的是公扈的家，认为妻子儿女是自己的，而公扈的妻子儿女也不认识他。两家人因此相互争吵不休，找到扁鹊，请他来分辨。扁鹊说明了此事发生的原因，两家的争吵才解决。

【原文】

瓠巴①鼓琴而鸟舞鱼跃。郑师文②闻之,弃家从师襄③游。柱指④钩弦⑤,三年不成章。师襄曰:"子可以归矣。"师文舍其琴,叹曰:"文非弦之不能钩,非章之不能成。文所存者不在弦,所志者不在声。内不得于心,外不应于器,故不敢发手而动弦。且小假⑥之,以观其后。"

无几何,复见师襄。师襄曰:"子之琴何如?"师文曰:"得之矣。请尝试之。"于是当春而叩商⑦弦以召南吕⑧,凉风忽至,草木成实。及秋而叩角⑨弦以激夹钟⑩,温风徐回,草木发荣。当夏而叩羽⑪弦以召黄钟⑫,霜雪交下,川池暴沍⑬。及冬而叩徵⑭弦以激蕤宾⑮,阳光炽烈,坚冰立散。将终,命宫⑯而总四弦,则景风⑰翔,庆云⑱浮,甘露降,澧泉⑲涌。

师襄乃抚心⑳高蹈㉑曰:"微矣,子之弹也!虽师旷㉒之清角,邹衍㉓之吹律,亡以加之。彼将挟琴执管而从子之后耳。"

【注释】

①瓠(páo)巴:古代传说中的乐人。
②师文:春秋时期郑国的乐师,善弹琴瑟。曾从师于鲁国乐官师襄。他是郑国宫廷音乐乐师的优秀代表人物。
③师襄:春秋时鲁国的乐官。擅击磬,也称击磬襄。孔子曾向他学习弹琴。
④柱指:在琴的柱弦上用手指确定音位。
⑤钩弦:又称定弦,调弦。使弦松紧适宜,每弦发出的声音相互应和。
⑥小假:再宽限一些时日。
⑦商:五音之一。是五音中的金音,与肃杀的秋色相应。
⑧南吕:古代乐律调名。十二律之一,属阴律。
⑨角:发角音的琴弦。属木音,与春天相应。
⑩夹钟:古十二乐律中六阴律之一。
⑪羽:五音之一。属水音,与冬天相应。
⑫黄钟:乐律十二律中的第一律。相对于十一月份,故与羽弦相配合。
⑬沍(hù):冻结。
⑭徵:五音之一。属火音,与夏天相应。
⑮蕤(ruí)宾:古乐十二律中之第七律。相对于五月,故与徵弦相配合。
⑯宫:五音之一。属土音,与四季相应。这里指宫调,指以七声之一的宫声为主的调式。
⑰景风:祥和之风。
⑱庆云:五色云。古人以为祥瑞之气。
⑲澧泉:甘美的泉水。澧,通"醴"。
⑳抚心:抚摸心口,表示感叹。

㉑高蹈：举足顿地。形容惊喜。
㉒师旷：字子野，山西洪洞人，春秋时著名乐师。他生而无目，故自称盲臣、瞑臣。晋国大夫，博学多才，尤精音乐，善弹琴，辨音力极强。以"师旷之聪"闻名于后世。
㉓邹衍：齐国人，战国末期哲学家，阴阳家的代表人物。邹衍是稷下学宫有名的学者，他知识丰富，"尽言天事"，时称"谈天衍"。

【译文】

  匏巴弹琴，鸟儿听到在空中飞舞、鱼儿听到在水里跳跃。郑国的乐师师文听说后，便抛弃家业，跟随师襄学习。他确定音位，调整琴弦，学了三年都弹奏不出一支乐曲。师襄说："你可以回去了。"师文放下琴，叹了口气说："我并不是不会调整琴弦，也不是不能弹不出乐曲，而是我心中存念的不是琴弦，所忧虑的也不是乐声。现在我对内还不能掌握自己的心意，对外还不能使乐器和心意相应，所以不敢放开手去拨动琴弦。姑且再给我一些时日，看看我以后的学习效果怎样。"

  没过多久，师文又去见师襄。师襄问："你的琴弹得怎样了？"师文说："行了。请让我试试吧。"于是，正当春天里，他拨动了与秋天相应的金音商弦，奏出了代表金秋八月的南吕乐律，悲凉的琴声响处，忽然吹来凉爽的秋风，草木都随之成熟并结出了果实。到了秋天，他又拨动了与春天相应的木音角弦，奏出了代表初春二月的夹钟乐律，柔和的琴声响处，温暖的春风慢慢回旋，草木都随之发芽并开出了花朵。正当夏天里，他又拨动了与冬天相应的水音羽弦，奏出了代表十二月的黄钟乐律，激越的琴声响处，霜雪交加，河水立刻冻结。到了冬天，他又拨动了与夏天相应的火音徵弦，奏出了代表五月的蕤宾乐律，欢快的琴声响起，烈日当空，坚固的冰块立刻融化。乐曲将要结束，他又换用宫调来总括四弦，奏出了四季调和乐律，顷刻之间，祥和之风回翔，五色彩云飘荡，甘甜雨露普降，甜美泉水流淌。

  师襄拍着胸口，举足顿地，说："你的演奏太精妙了！即使是师旷弹奏的清角之曲，邹衍吹奏的笙管乐律，也不能超过你。以后他们都要挟着琴弦、拿着笙管跟在你后面向你请教了。"

【原文】

  薛谭①学讴②于秦青③，未穷青之技，自谓尽之，遂辞归。秦青弗止，饯④于郊衢⑤，抚节⑥悲歌，声振林木，响遏⑦行云。薛谭乃谢求反，终身不敢言归。

  秦青顾谓其友曰："昔韩娥⑧东之齐，匮粮，过雍门，鬻⑨歌假⑩食。既去而余音绕梁㭍⑪，三日不绝，左右以其人弗去。过逆旅⑫，逆旅人辱之。韩娥因曼声⑬哀哭，一里老幼悲愁，垂泪相对，三日不食。遽⑭而追之。娥还，复为曼声长歌⑮，一里老幼喜跃抃舞⑯，弗能自禁，忘向之悲也。乃厚赂发之。故雍门之人至今善歌哭，放⑰娥之遗声。"

【注释】

①薛谭：古代传说人物。战国时秦国人，善歌。薛谭跟随著名歌唱家秦青学习技艺。薛谭非常聪明、好学，嗓音又格外甜美嘹亮。

②讴：歌唱。

③秦青：古代传说人物。战国时期秦国人，善歌，以教歌为业。

④饯：设酒食送行。

⑤郊衢(qú)：城外的大道。

⑥抚节：击节。

⑦遏：遮拦，挡住。

⑧韩娥：古代传说中韩国一个善于歌唱的女子。

⑨鬻(yù)：卖。

⑩假：借。

⑪梁欐(lì)：房屋的栋梁。

⑫逆旅：客舍，旅店。

⑬曼声：舒缓而长的声音。

⑭遽：急忙，仓促。

⑮长歌：放声高歌。

⑯抃(biàn)舞：喜极而拍手跳跃。

⑰放：通"仿"，仿效。

【译文】

薛谭向秦青学习唱歌，还没有把秦青的唱歌技巧完全学到手，就自以为已经完全学会了，于是告辞回家。秦青没有劝止，还在城外的大路口为他饯行。席间秦青打着节拍，慷慨悲歌，歌声振动林木，回响挡住了行云。薛谭听了，立即向老师认错，并请求返回继续学习，从此终身不敢再提回家的事。

秦青回头对他的朋友说："从前韩娥东去齐国，路上粮食吃完了，经过雍门时，便依靠卖唱来维持生活。她走了以后，歌声的余音还在屋梁间回荡，三天没有停止，附近的邻居还以为她没有离开。韩娥经过一家旅店，旅店里的人侮辱她。于是韩娥便拖长声音，哀哭不止。附近的男女老幼也都随之悲伤，相对流泪，整整三天吃不下饭。急忙去追赶她。韩娥回来后，又拖长声音，放声高歌，附近的男女老幼也都欢喜雀跃地鼓掌跳舞，不能自禁，都忘记了先前的悲哀。于是大家赠送给她很多钱财，送她回家。因此齐国雍门附近的人直到现在还擅长唱歌和悲哭，那就是仿效了韩娥传留下来的声音啊！"

【原文】

伯牙①善鼓琴，钟子期②善听。伯牙鼓琴，志在登高山。钟子期曰："善哉！峨峨③兮若泰山！"志在流水，钟子期曰："善哉！洋洋④兮若江河！"伯牙所念，钟子期必得之。

伯牙游于泰山之阴，卒⑤逢暴雨，止于岩下；心悲，乃援琴⑥而鼓之。初为霖雨⑦之操，更造崩山之音。曲每奏，钟子期辄穷其趣。伯牙乃舍琴而叹曰："善哉！善哉！子之听夫！志想像犹吾心也。吾于何逃声哉？"

【注释】

①伯牙：古代传说中春秋时著名的琴师，擅弹古琴，技艺高超，既是弹琴能手，又是作曲家，被人尊为"琴仙"。

②钟子期：名徽，字子期，春秋时代人。相传钟子期是一个戴斗笠、披蓑衣、背冲担、拿板斧的樵夫。历史上记载俞伯牙在汉江边鼓琴，钟子期感叹说："巍巍乎若高山，荡荡乎若流水。"两人就成了至交。钟子期死后，俞伯牙认为世上已无知音，终身不再鼓琴。

③峨峨：山体高大陡峭。

④洋洋：形容盛大的样子。

⑤卒：突然，猛然。

⑥援琴：持琴；弹琴。

⑦霖雨：连绵大雨。

【译文】

伯牙擅长弹琴，钟子期善于听琴。伯牙弹琴时，心中向往登临高山。钟子期说："好啊！高大陡峭就像泰山一样！"伯牙又转而心中向往流水，钟子期说："好啊！浩浩荡荡就像江河一样！"凡是伯牙心中想要通过琴弦表达的，钟子期一听琴音就能领会。

伯牙在泰山北面游览，突然遇上暴雨，只得停在岩石下避雨；一时心中伤感，便持琴弹奏起来。起初，伯牙弹了表现连绵大雨不放晴的曲子，接着又改弹表现高山崩坍的壮烈之音。每弹一曲，钟子期总是能够参透其中的旨趣。伯牙于是放下琴，叹息道："好啊！好啊！你的鉴赏力已经达到了登峰造极的地步！您心中想的简直和我想的一样，我如何能够隐匿自己的心声呢？"

【原文】

周穆王西巡狩①，越昆仑②，不至弇山③。反还，未及中国，道有献工人名偃师④。穆王荐之，问曰："若有何能？"偃师曰："臣唯命所试。然臣已有所造，愿王先观之。"穆王曰："日以俱来，吾与若俱观之。"

越日偃师谒见王。王荐之，曰："若与偕来者何人邪？"对曰："臣之所造能倡⑤者。"穆王惊视之，趋步俯仰，信人⑥也。巧夫顉⑦其颐⑧，则歌合律；捧其手，则舞应节。千变万化，惟意所适。王以为实人也，与盛姬⑨内御并观之。技将终，倡者瞬⑩其目而招王之左右侍妾。王大怒，立欲诛偃师。偃师大慑⑪，立剖散倡者以示王，皆傅会⑫革、木、胶、漆、白、黑、丹、青之所为。王谛料⑬之，内则肝胆、心肺、脾肾、肠胃，外则筋骨、支节、皮毛、齿发，皆假物也，而无不毕具者。合会复如初见。王试废其心，则口不能言；废其肝，则目不能视；废其肾，则足不能步。穆王始悦而叹曰："人之巧乃可与造化者同功乎？"诏贰车⑭载之以归。

夫班输⑮之云梯⑯，墨翟⑰之飞鸢⑱，自谓能之极也。弟子东门贾⑲、禽滑釐⑳闻偃师之巧以告二子，二子终身不敢语艺，而时执规矩。

【注释】

①巡狩：指帝王出巡。
②昆仑：即昆仑山。
③不至弇山：弇山，即弇兹山，在今甘肃天水西境。古代常用指日没的地方。句中的"不"字当为衍文。
④偃师：虚构的人物。
⑤倡：即倡优。古代以乐舞戏谑为业的艺人。这里指鼓舞戏谑，作动词。
⑥信人：这里指真人。
⑦顉："撳"（qìn），向下按。
⑧颐：面颊，腮。
⑨盛姬：周穆王的宠姬。
⑩瞬：眨眼，眼球转动。
⑪慑：恐惧，害怕。
⑫傅会：凑合，集合。
⑬谛料：仔细观察、鉴别。
⑭贰车：副车。古代帝王外出时的从车。
⑮班输：即鲁班，姓公输名般。春秋时期鲁国人。中国古代著名的建筑工匠。
⑯云梯：古代攻城时攀登城墙的长梯，属于战争器械。传说为鲁班所创。
⑰墨翟：春秋时期鲁国人。墨家学派创始人。主张兼爱、非攻，以善守城著称。
⑱飞鸢（yuān）：传说墨翟用木头制成飞鸢，能飞翔。
⑲东门贾：鲁班的弟子。

㉑禽滑(gǔ)釐：初受业于子夏，后学于墨翟，精研攻守城池谋略。

【译文】

周穆王到西部巡视，越过昆仑山，到达弇兹山。在回来的路上，还没有到达中原地区，路上碰上一个自愿奉献技艺给穆王的工匠，名叫偃师。穆王召见他，问他说："你有什么本领？"偃师说："只要是君王的命令，我都愿意去尝试。但是，我已经造出了一件东西，希望大王先观看一下。"穆王说："明天你把它带来，我和你一块儿看。"

第二天，偃师前来拜见穆王。穆王召见了他，说："和你同来的是什么人啊？"偃师回答说："是我制造的歌舞艺人。"穆王惊奇地望去，只见那歌舞艺人快走慢行，弯腰抬头，活动自如，完全像个真人。巧妙啊！移动它的下巴，便唱出合乎旋律的歌曲；抬起它的双手，便跳起符合节拍的舞蹈。动作千变万化，随心所欲。穆王以为它是个真实的人，便叫来自己宠幸的盛姬及其他嫔妃一同来观看它的表演。表演快要结束的时候，歌舞艺人眨着眼睛，挑逗穆王身边的嫔妃。穆王大怒，立刻要杀死偃师。偃师十分害怕，连忙把歌舞艺人拆散，展示给穆王看，原来都是用皮革、木头、树脂、油漆、白垩、黑炭、丹砂、青丹蒦之类的材料组合而成的。穆王又仔细地察看，只见体内的肝胆、心肺、脾肾、肠胃，体外的筋骨、肢节、皮毛、齿发，全是假的，但却没有一样不具备的。把这些东西重新组装以后又和刚开始见到的一样。穆王试着摘掉它的心脏，它的嘴就不能再说话；摘掉它的肝脏，它的眼睛就不能再看东西；摘掉它的肾脏，它的脚就不能再走路。穆王这才高兴地赞叹道："人的技巧竟然可能同创造万物的自然具有相同的功效吗！"命令偃师坐上副车回到中原。

班输制造的云梯，墨翟制造的飞鸢，他们都认为自己已经达到了技艺的顶点。他们的弟子东门贾、禽滑釐听说了偃师的技巧，就分别告诉了自己的老师。于是这两位老师便终身不敢再来谈论技艺，而是时刻老老实实地拿着他们做木匠用的圆规和直尺刻苦练习。

【原文】

甘蝇①，古之善射者，彀弓②而兽伏鸟下。弟子名飞卫③，学射于甘蝇，而巧过其师。

纪昌④者，又学射于飞卫。飞卫曰："尔先学不瞬，而后可言射矣。"纪昌归，偃卧⑤其妻之机⑥下，以目承牵挺⑦。二年之后，虽锥末倒眦⑧，而不瞬也。以告飞卫。飞卫曰："未也，必学视而后可。视小如大，视微如著，而后告我。"昌以氂⑨悬虱于牖⑩，南面而望之。旬日之间，浸⑪大也；三年之后，如车轮焉。以睹余物，皆丘山也。乃以燕角之弧⑫、朔蓬之簳⑬射之，贯虱之心，而悬不绝。以告飞卫。飞卫高蹈拊膺⑭曰："汝得之矣！"

纪昌既尽卫之术，计天下之敌己者，一人而已，乃谋杀飞卫。相遇于野，二人交射，中路矢锋相触，坠于地，而尘不扬。飞卫之矢先穷。纪昌遗一矢。既发，飞卫以棘刺⑮之端捍之，而无差焉。

于是二子泣而投弓，相拜于途，请为父子。克臂⑯以誓，不得告术于人。

【注释】

①甘蝇：古代善于射箭的人。传说射箭时，射动物应声而倒。
②彀（gòu）弓：张满弓。
③飞卫：古代传说中的善于射箭的人。
④纪昌：古代传说中的善于射箭的人。
⑤偃卧：仰卧；睡卧。
⑥机：这里专指织布机。
⑦牵挺：织布机的踏板。
⑧锥末倒眦：锥末，指锥子尖。眦，眼角，上下眼睑的接合处；靠近鼻子的称"内眦"，靠近两鬓的称"外眦"。
⑨氂（máo）：同"牦"。牛尾巴。
⑩牖（yǒu）：窗户。
⑪浸：慢慢地，逐渐地。
⑫燕角之弧：用燕地出产的兽角做成的弓。
⑬朔蓬之簳（gǎn）：用楚国蓬梗制成的箭。朔，当为"荆"字之误。荆，楚国，出产良竹。蓬，蓬草，杆可做箭。簳，箭杆。
⑭高蹈拊膺：高蹈，举足顿地。拊膺（yīng），捶胸。
⑮棘刺：荆棘的尖刺。
⑯克臂：在臂上刻下记号。克，通"刻"。

【译文】

甘蝇是古代射箭的能手，只要一张弓，弓声一响，就吓得野兽倒在地上，飞鸟落到地上。他有个弟子名叫飞卫，向甘蝇学习射箭，但技艺超过了老师。

有个名叫纪昌的人，又向飞卫学习射箭。飞卫说："你先学会盯住目标而眼睛不眨的本领，然后才可以谈学习射箭。"纪昌回到家后，就仰面躺在他妻子的织布机下，双眼紧紧地盯住上下不停移动的踏板。两年以后，即使锋利的锥尖碰到眼眶，他的眼睛都不眨一下。于是前去告诉飞卫。飞卫说："不行，你还必须先练好眼力，然后才可以学射箭。当你练到能把极小的物体看得很大，将模糊的目标看得很清楚的时候，然后再来告诉我。"于是纪昌用牦牛尾巴上的细毛拴住一只虱子，挂在窗户上，天天面朝南

方目不转睛地盯着看。十天之中,虱子在他的眼中渐渐变得大了起来;三年之后,眼中的虱子竟然变得像车轮那么大。再看看其他物体,都如山丘一样。于是他便用燕国牛角制成的弓、楚国蓬草做成的箭,朝那只虱子射去,利箭正好穿透虱心,而挂虱子的牛尾细毛却没有断。于是,纪昌又前去告诉飞卫。飞卫听后,高兴得跳起来,拍着胸脯说:"你已经领悟到射箭的奥妙了!"

纪昌完全学到飞卫的技艺之后,心里盘算,天下能和自己匹敌的只有老师一人而已,于是就产生了谋杀飞卫的念头。一次在野外相遇,两人便张弓搭箭对射起来,箭头在中途相撞,落到地上,却连尘土也没有扬起来。飞卫的箭先射完了,纪昌剩下一支箭。纪昌射出最后那支箭,飞卫措手不及,只好用荆棘的尖端来抵挡迎面飞来的利箭,竟无丝毫差失。

于是,两个人激动地流着眼泪扔掉弓,在路上相对跪拜,请求结为父子。并在胳膊上刻下记号来发誓,诀不把射箭的技艺传给他人。

【原文】

造父①之师曰泰豆氏②。造父之始从习御也,执礼甚卑,泰豆三年不告。造父执礼愈谨,乃告之曰:"古诗言:'良弓之子,必先为箕;良冶之子,必先为裘。'汝先观吾趣。趣如吾,然后六辔③可持,六马可御。"造父曰:"唯命所从。"泰豆乃立木为涂,仅可容足;计步而置,履之而行。趣走往还,无跌失也。

造父学之,三日尽其巧。泰豆叹曰:"子何其敏也?得之捷乎!凡所御者,亦如此也。曩④汝之行,得之于足,应之于心。推于御也,齐辑⑤乎辔衔⑥之际,而急缓乎唇吻⑦之和;正度乎胸臆⑧之中,而执节⑨乎掌握之间。内得于中,而外合于马志⑩,是故能进退履绳而旋曲中规矩,取道致远而气力有余,诚得其术也。

"得之于衔,应之于辔;得之于辔,应之于手;得之于手,应之于心。则不以目视,不以策⑪驱;心闲体正,六辔不乱,而二十四蹄所投无差;回旋进退,莫不中节。然后舆轮之外可使无余辙,马蹄之外可使无余地;未尝觉山谷之险,原隰⑫之夷⑬,视之一也。吾术穷矣,汝其识之!"

【注释】

①造父:人名。古代传说中擅长驾驭马车的人。
②泰豆氏:又写作大(tài)豆,是造父学驾车的老师。
③六辔:古一车四马,马各二辔,共有八辔,但两边骖马的内辔是拴在车身上的,谓之靷,所以御者手中只执六辔。辔(pèi),缰绳。

④曩(nǎng)：以往，从前，过去的。
⑤齐辑：协调驾车的众马，使整齐均一。齐，协调。辑，原指车舆，这里指驾车的马匹。
⑥辔衔：御马的缰绳和嚼子。
⑦唇吻：指口；嘴。
⑧胸臆：内心深处的想法。
⑨执节：驾驭的节奏。
⑩马志：马的性情和意愿。
⑪策：古代的一种马鞭子，头上有尖刺。
⑫原隰：平原和低下的地方。隰(xí)，低湿的地方。
⑬夷：平，平坦。

【译文】

造父的老师叫泰豆氏。造父刚开始跟随他学习驾车时，对老师的态度很是谦卑恭敬，然而三年过去了，泰豆也没有传授给他任何技术。造父对老师的态度更加谨慎谦恭。于是泰豆这才告诉他说："古诗说：'优秀弓匠的儿子，必须先要学会编织簸箕；优秀冶匠的儿子，必须先要学会制作皮衣。'你先看观察一下我是怎样快步走路的。等你走得像我一样了，然后就可以执掌六根缰绳，能够驾驭六匹马的车了。"造父说："我完全听从您的吩咐。"泰豆于是树立起一根根木桩作为道路，每根木桩上仅仅能够容下一只脚；按照步伐大小放置木桩的间隔，然后踩在木桩上行走。只见他来回快跑，既没有跌落下来，也没有走错。

造父向泰豆学习，三天就完全掌握了木桩上行走的技巧。泰豆赞叹说："你怎么这么聪明啊？掌握得真快啊！大凡驾驭车马，道理同这是一样的。刚才你在木桩上行走时，已经做到落脚得当，与心相应。以此类推到驾车上，就是用缰绳和嚼子来协调驾车的马匹，而在嘴里吆喝声的轻重之中掌握行车速度的快慢；在自己的胸中把握正确的驾驭方法，而在手掌中控制适当的节奏。在内得之于心，在外则同马匹的性情相契合。这样，进退就像遵循绳墨一样直，盘旋就像照着圆规一样准确，就能走得远而气力绰绰有余，这才是真正掌握了驾车的技术。

"做到嚼子运用自如，就要同缰绳的使用要领相应；缰绳调度适当，就要同手掌的动作相应；手掌操纵得当，就能同内心相应。这样就用不着眼睛来观看，用不着马鞭去驱赶；心情闲适，身体端正，六条缰绳井然在握，二十四只马蹄落地没有差错；迂回旋转，前进后退，无不合乎节奏。然后，就可以在只容下车轮的窄道上行走，可以在仅容下马蹄的险路上驾驭；根本感觉不到高山深谷的艰险，也感觉不到原野洼地的平坦，看上去它们是完全一样的。我所有的机巧都在这里了，你牢牢记住吧！"

【原文】

魏黑卵①以暱嫌②杀丘邴章③。丘邴章之子来丹谋报父之仇。丹气甚猛，形甚露，计粒而食，顺风而趋。虽怒，不能称兵④以报之。耻假力⑤于人，誓手剑以屠黑卵。黑卵悍志⑥绝众，九抗百夫，节骨皮肉非人类也。延颈承刀，披胸受矢，铓锷⑦摧屈⑧，而体无痕挞。负其材力⑨，视来丹犹雏鷇⑩也。来丹之友申他⑪曰："子怨黑卵至矣，黑卵之易⑫子过矣，将奚谋焉？"来丹垂涕曰："愿子为我谋。"申他曰："吾闻卫孔周⑬其祖得殷帝⑭之宝剑，一童子服之，却三军之众，奚不请焉？"

来丹遂适卫，见孔周，执仆御之礼⑮，请先纳妻子，后言所欲。孔周曰："吾有三剑，唯子所择；皆不能杀人，且先言其状。一曰含光，视之不可见，运之不知有。其所触也，泯然⑯无际，经物而物不觉。二曰承影，将旦昧爽⑰之交，日夕昏明之际，北面而察之，淡淡⑱焉若有物存，莫识其状。其所触也，窃窃⑲然有声，经物而物不疾也。三曰宵练，方昼则见影而不见光，方夜见光而不见形。其触物也，骉然⑳而过，随过随合，觉疾而不血刃焉。此三宝者，传之十三世矣，而无施于事。匣而藏之，未尝启封。"来丹曰："虽然，吾必请其下者。"

孔周乃归其妻子，与斋七日。晏阴㉑之间，跪而授其下剑，来丹再拜㉒受之以归。

来丹遂执剑从黑卵。时黑卵之醉偃㉓于牖下，自颈至腰三斩之。黑卵不觉。来丹以黑卵之死，趣而退。遇黑卵之子于门，击之三下，如投虚㉔。黑卵之子方笑曰："汝何蚩㉕而三招予？"来丹知剑之不能杀人也，叹而归。黑卵既醒，怒其妻曰："醉而露我，使人喑疾㉖而腰急㉗。"其子曰："畴昔㉘来丹之来，遇我于门，三招我，亦使我体疾而支疆㉙，波其厌㉚我哉！"

【注释】

①魏黑卵：传说中春秋时代的人物。

②暱（nì）嫌：私怨。

③丘邴章：传说中春秋时代的人物。

④称兵：举兵，兴兵。这里指拿起武器。

⑤假力：借助别人的力量。

⑥悍志：勇猛之气。

⑦铓锷（máng è）：刀剑等的尖端。

⑧摧屈：受挫而窘迫或收敛。

⑨材力：勇力，膂力。

⑩雏鷇（kòu）：孵化不久的幼禽。

⑪申他：传说中春秋时代的人物。

⑫易：轻视，轻慢。

⑬孔周：传说中春秋时期的卫国人。
⑭殷帝：即成汤。商朝第一个帝王。
⑮仆御之礼：即仆人车夫等下等人应遵行的礼节。
⑯泯然：这里指事物尽灭，不见踪迹的样子。
⑰昧爽：拂晓，黎明。
⑱淡淡：隐隐约约的样子。
⑲窃窃：形容声音轻微细碎。
⑳騞（huō）然：疾速；突然。
㉑晏阴：柔和之阴，微阴。
㉒再拜：古代一种隆重的礼节，先后拜两次，表示郑重奉上的意思。
㉓偃：仰面倒下，放倒。
㉔投虚：落在虚空里。
㉕蚩：通"嗤"，讥笑。
㉖嗌疾：咽喉疼痛。嗌（yì），咽喉。
㉗腰急：腰部酸疼。
㉘畴昔：往昔；日前；以前。
㉙支彊：四肢僵硬。支，同"肢"。彊，通"僵"，僵直。
㉚厌（yā）：即"厌胜"。古代方士的一种巫术，谓能以诅咒制服人或物。

【译文】

魏黑卵因私怨杀死了丘邴章，丘邴章的儿子来丹准备为父亲报仇。来丹的气势很是勇猛，但身体却是相当羸弱，数着米粒吃饭，顺着风势行走。虽然十分愤怒，却不能举起兵器去报仇。可是他又耻于借助别人的力量，发誓要亲手用剑杀死黑卵。而魏黑卵勇猛剽悍，勇力超越常人，可以一当百，同时他的筋骨皮肉，都和常人不同。他伸着脖子让刀砍，敞着胸脯让箭射，刀箭的锋刃都被折断弯曲了，而他的身体却没有一点受伤的痕迹。魏黑卵依仗着自己的勇力，根本不把来丹放在眼里，只把他看作是一只刚出壳的小鸟。来丹的朋友申他说："你怨恨黑卵到了极点，而黑卵轻视你也太过分了，你打算怎么办呢？"来丹流着眼泪说："希望你为我想想办法。"申他说："我听说卫国人孔周的祖先得到了殷商天子的宝剑，一个小孩佩戴着它都能吓退三军官兵，你为什么不去请求孔周借你用用呢？"

来丹于是来到卫国，拜见孔周，对孔周行了奴仆的大礼，他请孔周先收下自己的妻子儿女作为抵押，然后再谈自己的要求。孔周说："我有三把剑，任由你选择一把；但这三把剑都杀不死人。姑且先让我说说它们的特点。第一把剑叫含光，用眼看上去见不

着他的形状,使用它时感觉不到它的存在。剑锋过处,没有一点伤痕,刺过身体而身体感觉不到。第二把剑叫承影,在清晨天色将亮未亮之时,或傍晚光线半明半暗之际,面向北观察它,隐隐约约似乎有件东西存在着,但分辨不清它的形状。剑锋过处,轻微有点声音,刺过身体而身体感觉不到疼痛。第三把剑叫宵练,白天能看见它的影子,却看不到它的光芒;夜间能看见它的光芒,却看不到它的形状。用它砍削身体,剑锋一过,伤口即合,虽然感到疼痛,但血水不沾刀口。这三把宝剑,已经传了十三代了,也从来没有使用过。它们都装在匣子里珍藏着,一直没有开封。"来丹说:"即使这样,我还是一定要求借用那把下等的剑。"

孔周便归还了来丹的妻子儿女,同他一起斋戒七天。在天气半晴半阴的时候,孔周跪着传授给来丹那把下等的宝剑,来丹拜了两次,接受宝剑,返回家中。

来丹于是便开始拿着宝剑跟踪黑卵。趁黑卵喝醉酒仰面朝天躺在窗下的时候,来丹窜过去将他从颈部到腰间连砍三次。黑卵毫无感觉。来丹以为黑卵死了,急忙离去。在门口碰到黑卵的儿子,于是又用剑连砍他三下,如同砍在虚空里。黑卵的儿子这才笑着说:"你为什么戏弄我,对我招了三次手?"来丹听了,知道这剑真的杀不死人,只好叹气而归。黑卵醒来以后,向他妻子发怒说:"我喝醉酒,你却让我在露天睡觉,害得我咽喉疼,腰杆酸。"他儿子说:"刚才来丹到过这里,在门口碰上我,他向我招了三次手,也使我身体疼痛,四肢僵直。他难道是用什么法术诅咒了我们吗?"

【原文】

周穆王大征西戎①,西戎献锟铻②之剑,火浣之布③。其剑长尺有咫④,练钢⑤赤刃⑥,用之切玉如切泥焉。火浣之布,浣之必投于火;布则火色,垢则布色;出火而振之,皓然⑦疑乎雪。

皇子以为无此物,传之者妄⑧。萧叔⑨曰:"皇子果于自信⑩,果于诬理⑪哉!"

【注释】

①西戎:我国古代对西部少数民族的总称。

②锟铻:亦作"昆吾"。古剑名。

③火浣之布:石棉布的旧称。由于可以用火烧,除去石棉布上的污渍,故名。

④咫:我国古代长度单位(周代指八寸,合现市尺六寸二分二厘)。

⑤练钢:纯钢。练,谓除去杂质,使之纯净或坚韧。

⑥赤刃:锋利的刀刃。赤,比喻刀锋钢质真纯。

⑦皓然:洁白的样子。

⑧妄：胡乱，荒诞不合理。
⑨萧叔：人名。事迹不详。
⑩果于自信：主观武断。
⑪诬理：歪曲客观事理。诬，歪曲，不相信。

【译文】

周穆王大举征伐西部少数民族，这些部落献出锟铻之剑和火浣之布。那剑长一尺八寸，纯钢锻造，箭刃赤红，用它来切割玉石，就像切割泥土似的，十分锋利。火浣之布，洗涤的时候必须把它投入火中，布烧成火红的颜色，而污垢则烧成布的颜色；将布从火中取出后抖一抖，竟洁净得如同白雪一般。

皇太子认为世上不可能有这种东西，传说的人一定是胡说。萧叔说："皇太子也太过分自信，过分不相信客观事理啦！"

【解读】

《汤问》篇的寓言和故事十分丰富，概括起来有以下特点：其一，有的是在神话故事或已有典籍记载的基础上，或转述，或修饰润色，或发展创造，最终形成了一则则令人赏心悦目、增长见识、扩展思维的寓言和故事。如《夸父追日》等。其二，有的完全是作者的奇诡想象，甚至荒诞不经，但叙述起来却又自然得体，没有矫揉造作和哗众取宠的嫌疑。甚至有的故事还寓藏着深刻的人生体验和哲理智慧。如《穆王西巡》等。其三，对"道"的认识和掌握是全部寓言和故事的明确主旨，并且贯穿全篇。它告诉人们认识和掌握"道"的本质，决非轻而易举，必须从两方面努力：一方面刻苦地进行实践锻炼，坚持不懈，锲而不舍；另一方面要努力地打破人为的各种限制，发展智力，开阔视野，使自己接近于"道"，进而掌握"道"。

文中有的地方进行理论上的探索，很能引人深思，耐人寻味。例如，开篇提出的关于物质的有无问题、物质的先后问题、空间的无边际问题等，都极富哲学意味。作者认为，时间无论往前推到多远，物质都是存在的，否则"后人将谓今之无物"，就会陷入不可知论的泥潭。客观物质的存在，相对地说，无所谓先后，无法清理出谁先谁后的头绪；硬要分出先后，就难以推论，无从得知。至于空间，作者坚持无极无穷的观点。因为万物在其中生存，所以无穷；天地都包含在里面，所以无极；不可能存在无极之处还有无极，无尽之处还有无尽的现象。因为人的知识有限、能力有限，人对客观事物的认识也是有限的，任何一个具体的个人，都不可能对道、对物、对宇宙做出全面的认识和彻底的了解。只有通过全人类的实践活动，把全人类的感性认识和理性认识都集中起来把握道，认识世界才有可能。作者有理有据地论证了这些哲学问题，目的在于使人们开阔视野，勇于实践，进而掌握"道"，提供哲

学的认识论前提。"均",是《汤问篇》提到的又一重要哲学范畴。作者把"均"当成了进行实践创造的指导准则,把"均"提到了"天下之至理"的高度,字里行间流露出"均"的强大作用,甚至认为,只有把"均"视为至理,一切实践才能与"道"相契合。"均"的作用,完全渗透在人们的行为实践之中。只有"均",詹何之钓才可能以轻制重,蒲且子之弋才可能以弱制强。如果不"均",或"均"受到破坏,那么一切行为实践就不可能达到平衡的状态,也不可能遵守常规的道理,从而导致行为实践的混乱和盲目,垂钓则断纶,射箭则绝弦,与"道"就南辕北辙了。作者的基本立足点是朴素的唯物观,因此在解释哲学上的这些根本性问题时,闪射出朴素唯物主义的光芒。

文章通过这些奇谈,向人们展示了大千世界的恢宏奇伟,万千气象,其中不乏自然科学、辩证法思想、为人处世的道理,有的还充满着科幻思想,这些对于人们认识和把握自然规律,突破狭隘的一孔之见,开阔视野都具有积极意义。

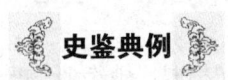

精卫填海

太阳神炎帝有一个小女儿,名叫女娃。女娃十分乖巧懂事,黄帝见了她,都忍不住夸奖她,炎帝更是视她为掌上明珠。

炎帝不仅管太阳,还管五谷和药材。他事情很多,每天一大早就要到东海,指挥太阳升起,直到太阳西沉才回家。

炎帝不在家时,女娃便独自玩耍。其实女娃非常想让父亲带她出去,到东海太阳升起的地方去看一看,可是由于父亲忙于公事,日日如此,因此这个愿望总是不能实现。

这一天,女娃没有告诉父亲,便一个人驾着一只小船向东海太阳升起的地方划去。不幸的是,海上突然起了风暴,像山一样的海浪把女娃的小船打翻了,女娃不幸落入海中,最后被无情的大海吞没了,永远离开了炎帝。炎帝虽然十分怀念自己的小女儿,但却不能用医药来使她死而复生,只能独自神伤嗟叹了。

女娃死了,她的精魂化作了一只小鸟,花脑袋,白嘴壳,红脚爪,发出"精卫、精卫"的悲鸣,因此,人们便叫此鸟为"精卫"。

精卫痛恨无情的大海夺去了自己年轻的生命,让自己从此离开了亲爱的父亲,她发誓要报仇雪恨。于是,她一刻不停地从她住的发鸠山上衔来一粒粒小石子和一个个小树枝,展翅高飞,一直飞到东海。她在波涛汹涌的海面上回翔着,悲鸣着,把石子树枝投下去,想把大海填平。

大海奔腾着,咆哮着,嘲笑她:"小鸟儿,算了吧,你这工作就算干上一百万年,也休想把我填平!"

精卫在高空答复大海:"一百万年不行,那我就干上一千万年,一万万年,干到宇宙的尽头,世界的末日,也要把你填平!"

"你为什么这么恨我呢?"大海不解地说。

"因为你夺去了我年轻的生命,使我永远也见不到自己亲爱的父亲了。而你将来还会夺走更多年轻无辜的生命。因此,我要永无休止地干下去,总有一天会把你填成平地。"

精卫飞翔着、鸣叫着,离开大海,又飞回发鸠山去衔石子和树枝。她衔呀,扔呀,成年累月,往复飞翔,从不停息。后来,一只海燕飞过东海时无意间看见了精卫,他为她的行为感到困惑不解,但了解了事情的起因之后,海燕为精卫大无畏的精神所打动,就与其结成了夫妻,生出许多小鸟,雌的像精卫,雄的像海燕。小精卫和她们的妈妈一样,也去衔石填海。就这样,日复一复,年复一年,越来越多的小精卫跟着妈妈从早到晚的衔着石子和树枝,每天往返于发鸠山和东海,形成了一道美丽的风景。

鲁班学艺

鲁家湾有个木匠,姓鲁,人称鲁木匠。鲁木匠有个儿子叫鲁班。鲁班从小就喜欢看着父亲做木匠活。等到长大一些,就开始模仿父亲做活。父亲做了个大柜子,他就照着做了个小柜子;父亲做了条大板凳,他就照着做了条小板凳。鲁班十岁时,就能做什么像什么了。父母十分欢喜,邻居见了也都夸奖。有个邻居劝他父亲说:"鲁班这孩子心灵手巧,你就让他学点手艺,给你做个帮手吧!"

他父亲说:"我的手笨,跟我能学出什么好手艺来!我叫他跟那手艺强的人去学!"

鲁班十二岁了,有一天,父亲牵出一匹马,拿出一包银子,对鲁班说:"孩子,你爹苦了一辈子,就积了这点钱。你就用它做路费,骑上快马,到终南山去找出名的木匠祖师学手艺吧!"

鲁班背好包袱,骑上快马,一连跑了九十九天,翻过了九十九座大山,渡过了九十九条大河,才到了终南山。他爬上山顶,看到三间草屋,便推门进去,只见满地都是锛子、斧头;再一看,床上睡着一个白发苍苍的老爷爷,呼噜响得像打雷。鲁班想:这人一定是木匠祖师了。

鲁班把工具收拾得整整齐齐,把屋子打扫得干干净净,站在一边等着老爷爷起床。等呀等,一直等到太阳快落山的时候,老爷爷这才坐了起来。鲁班连忙走上前去,跪在地上说:"我叫鲁班,到这里来求老师傅收我做个徒弟。"

老爷爷听了,呵呵地笑了起来,问鲁班:"你学手艺是为了什么呀?"

鲁班回答说:"学好手艺,给大伙修桥造房子。"

老爷爷点点头,说:"好,我就收下你这个徒弟。你先把钝了的斧头、刨子、凿子磨快。"

鲁班挽起袖子,磨了起来。白天磨,晚上磨,一连磨了七天七夜,才磨完了。

师傅说:"你再去把门前那棵大树锯倒。"

鲁班到门前一看,那棵大树真粗,两个人都抱不过来,树梢都快顶着天了。他坐在树下锯了起来,一连锯了十二天十二夜,大树才倒了。

师傅又吩咐:"你把那棵大树,砍成一根屋梁,要砍得又光又圆。"

鲁班拿起斧头,一连砍了十二天十二夜,才砍成了一根又光又圆的屋梁。

这时,师傅又说了:"你要在大梁上凿两千四百个眼子,六百个方的,六百个圆的,六百个三角的,六百个扁的。"

鲁班凿得木花乱飞,一连凿了十二天十二夜,凿成了两千四百个眼子。

师傅看了,笑眯眯地对他说:"好孩子,看来什么也难不倒你,你做得很好啊!我一定把自己会的都教给你。"说完,就领鲁班到西间屋里。一进这屋,鲁班只嫌眼睛不够用,原来屋里摆满了各种模型,各式各样的楼阁、桥塔、桌椅、箱柜,都做得特别精巧,鲁班一下子看呆了。

师傅说:"你把这些模型,一个个拆开,再一个个装上。"说完就走出去了。

鲁班把那些模型拿在手里，翻过来覆过去地看，舍不得放下。每天天刚亮，他就进屋去，到夜晚满天星的时候还不见他出来。他胳膊酸了，顾不得伸一伸；眼睛花了，顾不得闭一闭。就这样，鲁班忘掉了白天和黑夜，也忘掉了冬天和夏天；不知不觉已经过了三年。这时的鲁班已经把那些模型拆拆装装不知有多少遍了，什么都记得滚瓜烂熟了。

老师傅看鲁班的手艺学得差不多了，为了试试他的本领，就一把火把模型都烧了，要鲁班重新做出来。鲁班想了想，一样样全都重新做了出来。老师傅又提出许多新的式样，鲁班稍一琢磨，也都做出来了。

老师傅很满意，就说："鲁班，你的手艺学好了，该下山了。"

鲁班还想再学些东西，也舍不得离开师傅，就说："我的手艺还没学好，让我再学三年吧。"

老师傅笑了，说："学习是一辈子的事，以后一边做一边学吧，在我这里已经学不到什么了。"

鲁班这才含着眼泪，拜别了师傅，下山了。

鲁班一生记住了师傅的话，修桥梁，造房子，给人们做了许多好事。

大禹治水

远古时期，天地茫茫，宇宙洪荒，人民饱受海浸水淹之苦。为了制止洪水泛滥，保护农业生产，尧帝召集部落首领会议，征求治水能手来平息水害。鲧被推荐来负责这项工作。鲧接受任务后，逢洪筑坝，遇水建堤，采用"堙"的办法，九年治水不得成功，最后被放逐羽山而死。

舜帝继位以后，洪水仍然是天下大患，便命已成为夏部族首领的禹继续治理洪水。禹欣然领命，但没有贸然行事，而是首先认真总结前辈治水的教训，寻找治水失败的原因。然后，率领伯益、后稷等一批忠实助手，跋山涉水，顶风冒雨到洪灾严重地区进行勘察，了解各地山川地貌，摸清洪水流向和走势，制定统一的治水规划，在此基础上才展开大规模的治水工作。他鉴于前辈治水无功主要是因为没有根据水流规律因势利导，而只采用筑堤截堵的办法，一旦洪水冲垮堤坝便前功尽弃的教训，大胆改用疏导和堰塞相结合的新办法。即顺天地自然，高的培土，低的疏浚，成沟河，除壅塞，开山凿渠，疏通水道。历时十三年之久，终于把洪渊填平，河道疏通，使水由地中行，经湖泊河流汇入海洋，有效治服了洪水。

在大禹治水的过程中，留下了许多感人的事迹。相传他借助自己发明的原始测量工具——准绳和规矩，走遍大河上下，用神斧劈开龙门和伊阙，凿通积石山和青铜峡，使河水畅通无阻。当时的绍兴地区也受到洪水的祸害，被称为荒服之地。大禹治水到了这块荒蛮之地，凿山疏流，将水引入东海，使这片浅海沼泽之地重新成为平原，人民得以从事垦殖为生。大禹曾在绍兴娶涂山氏为妻。新婚才四天，禹便离家治水去了。他治水居外十三年，三过家门而不入，连自己刚出生的孩子都没工夫去爱抚，不畏艰苦，身先士卒，腿上的汗毛都在劳动中被磨光了。经过大禹艰辛的努力，最终平息了水患，使百姓得以从高地迁回平川居住和从事农业生产。他是中国历史上第一位成功地治理黄河水患的治水英雄。后来大禹因此而成为夏朝的第一代君王，并被人们称为"神禹"而传颂后世。

铁杵磨针

李白是唐代著名的大诗人，但是他小的时候很贪玩，读书并不用功。

有一天，他的书读到一半，就不耐烦了，一边摆弄着桌边的小玩意，一边自言自语地说："这么厚一本书，什么时候才能读完啊！"于是他干脆就不读了，把书扔到一边就溜出去玩了。

李白高兴地跑着跳着，好像刚出笼子的小鸟，尽情地享受着大自然的清新和快乐。不知不觉，走到一个农户家的院墙外，他看见一位老奶奶正在磨刀石上用力地磨着一根铁棒。李白觉得很奇怪，便蹲了下来，傻傻地看了好一阵。老奶奶也不理会他，只是全神贯注地磨着。后来，李白终于忍不住了，问道：

"老奶奶，您这是干什么呢？"

"我在磨一根针来缝衣服。"老奶奶头也不抬，还在专心地磨着。

"磨针？"李白更加诧异了，不解地问道："这么粗的一根铁棒怎么能磨成针呢？"

老奶奶这才抬起头来说："孩子，铁棒再粗，我天天磨，还怕它磨不成一根针吗！"老奶奶继续低下头磨着，然后说："只要坚持下去，有决心，有毅力，没有干不成的事情！"

李白听了，恍然大悟道："对呀！只要有恒心，再难的事情也能够成功，读书不也是这样吗！"

于是他便立刻转身跑回家去，拾起扔在地上的书，专心地读起来，从此再也不偷懒了。后来他终于成了中国历史上一位伟大的诗人。

戒骄成名

柳公权(778—865),字诚悬,唐朝京兆华原人,官至太子太师,世称"柳少师"。由于他曾被皇帝封为河东郡公,因此后人也称他为"柳河东"。他是颜真卿的后继者,后世以"颜柳"并称。

柳公权的书法在唐朝极负盛名,民间更有"柳子一字值千金"的说法。他的书法遒劲有力,而且字字严谨,一丝不苟。在字的特色上,以瘦劲著称,所写楷书,体势劲媚,骨力强健,以行书和楷书最为精妙。

柳公权小时候,字写得很慢,常常因为大字写得七歪八扭受到先生和父亲的训斥。小公权很要强,自己暗下决心一定要练好字。经过一年多的日夜苦练,他写的字大有起色,比村里其他年龄相仿的孩子都强上好多倍。

一次,在私塾里,小公权又得到了老师的夸奖,小公权十分得意。

放学以后,小公权发现一棵大树下面,有几个小孩子在玩耍。他想加入,结果遭到大家的拒绝,原来是老师经常表扬,他总是很得意,没有一点儿谦虚的样子,所以大家都不愿意和他玩儿。

小公权很生气,于是用激将法说:"我知道你们比不过我,不敢和我玩儿!"孩子们很不服气,决定和他比试。但是比什么呢?柳公权很狡猾,就说:"比字!谁写得好,就让谁当将军,写得不好的就当马,给将军骑,怎么样?"孩子们居然答应了。

小公权和几个小伙伴在村旁的老桑树下摆了一张方桌,举行"书会",约定每人写一篇大楷,互相观摩比赛。柳公权很快就写了一篇,以为自己是第一名呢,但是抬头一看,却发现已经有一个孩子写完了。

这时,一个卖豆腐脑的老头放下担子,来到桑树下乘凉。他很有兴致地看孩子们写字。柳公权递过自己写的字说:"老爷爷,你看我写得棒不棒?"老头接过去一看,只见写的是:"会写飞凤家,敢在人家夸。"老头觉得这孩子太骄傲了,皱了皱眉头,沉吟了一会儿说:"我看这字写得并不好,不值得在人前夸。这字好像我担子里

的豆腐脑儿一样，软塌塌的，没筋没骨，有形无体，还值得在人前夸吗？"几个小伙伴都停住笔仔细听老人的评说。小公权看老人把自己的字说得一塌糊涂，便不服气地说："人家都说我字写得好，你偏说不好，有本事你写几个字让我看看！"

老头爽朗地笑了笑，说："不敢当，不敢当！我老汉是一个粗人，写不好字。可是，人家有人用脚都比你写得好多了呢！不信，你到华京城里去看看吧！"

最后，小公权只好被人当马骑了，他感到从来没有过的屈辱与委屈，眼泪不由自主地留下来了。后来他决定到华京城里去看看。

由于华京城离家有四十多里路，第二天，小公权就起了个五更，悄悄给家里人留下一张纸条，背着装馍的布袋就独自出发了。

小公权一进华京城门，见北街一棵大槐树下挂着个白布幌子，上面写道"字画汤"三个大字，字体苍劲有力，笔法雄健潇洒。树下围了很多人，他挤进人群去看，不禁惊得目瞪口呆。只见一个黑瘦的畸形老头，没有双臂，赤着双脚坐在地上，左脚压住铺在地上的纸，右脚夹着一支大笔，正在挥洒自如地写着对联。他运笔如神，笔下的字似群马奔腾，龙飞凤舞，博得看客们的阵阵喝彩。

小公权这才知道买豆腐的老翁没有说假话，他惭愧极了，心想：自己和这位老爷爷比起来，真是差得太远了。他"扑通"一声跪在老人面前，说："我叫柳公权，我想拜您为师，希望您收下我，告诉我您写字的秘诀……"老人慌忙放下脚中的笔，去拉小公权，说："我是个孤苦的畸形人，生下来没有手，干不成活，只能靠脚来谋生。虽然能写几个歪字，怎配为人师呢！"

小公权一再苦苦哀求，这位老人才在地上铺了一张纸，用脚写道："写尽八缸水，砚染涝池黑；博取百家长，始得龙凤飞。"

老人向小公权说："这就是我写字的秘诀。我自小用脚练字，风风雨雨已经练了五十多个年头了。我家有个能盛八担水的大缸，我磨墨练字用尽了八缸水。我家墙外有个半亩地的涝池，每天写完字就在池里洗砚，池水都洗黑了。可是，我的字还差得远呢!"

小公权把老人的话牢牢地铭刻在心里,他深深地向老人鞠了一躬,然后依依不舍地回去了。

自此,小公权发奋练字,手上磨起了厚厚的茧子,衣服补了一层又一层。他学习颜体的清劲风格,也学习欧体的开朗方润;学习那位老人的奔腾豪放,也学习宫院体的娟秀妩媚。他经常看人家剥牛剔羊,研究骨架结构,从中得到启发。他还注意观察天上的大雁,水中的游鱼,奔跑的麋鹿,脱缰的骏马,把自然界各种优美的形态都熔铸到书法艺术中去。

柳公权终于成为我国唐代著名的书法家。他的字,结构严谨,刚柔相济,疏朗开阔,为书法界所珍视,素有"颜筋柳骨"的美称。可以说是戒骄戒躁成就了柳公权,如果当初的小公权一味地骄傲下去,那么他的书法水平就不可能提升,就更别说成为名家了。

忍辱负重

东汉末年,王莽篡权,统治腐朽,天下大乱。各地农民纷纷起义,南阳蔡阳(今湖北省枣阳西南)人刘演、刘秀兄弟乘机起兵,以重建汉朝旗帜,四处招兵买马。

两人后来率领自己的队伍加入了绿林军。他们同族人刘玄,起初参加平林军,被推举为更始将军,后来也与绿林军合兵。

公元23年,刘玄称帝,年号更始。随着王莽统治的灭亡,他迁都长安,很快就背叛绿林起义军,调转矛头杀戮农民军。刘秀的兄长刘演,就是在这时被刘玄杀害的。

刘玄知道,刘秀肯定不会放过自己,一定会找他报杀兄之仇,所以他心里一直希望刘秀尽快替兄报仇,他自己也就可以随便找个理由杀掉刘秀。

可是他一直没能如愿。因为刘秀有自己的考虑,他不但没有找刘玄算账,反而表面上不动声色,若无其事。当他朝见刘玄时,表面平静,低声相应,从来没有提及关于兄长的一句话;而且他不穿孝服,不举丧事,言谈饮食也一如既往。所以刘玄一直没有找到借口除掉刘秀。

刘秀心中当然清楚,他的哥哥本是有功之臣,只因争权被杀,他内心一直愤愤不平,为兄长难过。他虽然白天淡如平常,但夜晚常常泪流不止,心中发誓一定要完成兄长未完成的事业。

可是刘秀知道目前他毕竟是刘玄的臣属,如果不能克制自己,质问刘玄,以自己现在的实力,还不是刘玄的对手。如果贸然行事,很可能就会失败被杀,落得和兄长

一样的下场。那样别说什么宏图伟业，就是为兄长报仇也是难以实现的！

同时他也知道自己是有功之臣，在昆阳大战中，他亲率13人突围求援，为刘玄建立奇功。刘玄也很清楚这一点，不会贸然杀掉自己。此时如果重提那段历史，或许会讨好刘玄，增加他对自己的信任程度，但是刘秀却只字不提。这也正是一种无为而不为的策略。

刘玄见刘秀如此宽宏大量，深感惭愧，于是下令任命刘秀为破虏大将军，加封琥信侯。

刘秀见此，趁机扩充自己的军事势力。公元23年，刘秀到河北一带活动，废除王莽苛政，释放囚徒，深得民心。接着，他以恢复汉家天下为号召，取得当地官僚、地主的支持，势力越来越强大。他同时镇压并收编铜马等农民起义军，力量不断壮大。刘秀觉得实现自己宏图大志的时机已到，便与刘玄决裂，起兵讨伐刘玄。

经过长期斗争，刘秀终于打败刘玄，替兄长报仇并最终取得天下，建立东汉王朝，是为光武帝。

善辨忠奸

汉武帝去世的时候，他所立的太子即后来的汉昭帝，年龄才8岁。汉武帝并不放心，于是就把他托付给霍光、金日磾、上官桀、桑弘羊四位大臣，让四人辅佐昭帝。四人之中，霍光是大司马、大将军，掌握着朝廷军政大权，地位很高。

霍光为人正直，又忠心耿耿辅佐汉昭帝，把国家大事处理得井井有条，因此，他的威望也日益增高。霍光为人耿直，做事不讲情面，得罪了不少人，其中就有上官桀、桑弘羊、盖长公主等人。

当时燕王刘旦（汉昭帝的哥哥）因为自己没有做成皇帝，一心想着废掉昭帝，自己做皇帝；但是又惧怕霍光。于是他便与上官桀等人勾结起来，谋划除掉霍光。

于是，在汉昭帝14岁那年，上官桀趁朝廷让霍光休假的机会，伪造了一封刘旦的亲笔书信，又派人冒充刘旦的使者，把这封信送给了汉昭帝。

汉昭帝打开信一看，只见上面写道：霍光外出检阅御林军，擅自使用皇上专用的仪仗，而且经常不守法度，不经皇上批准，擅自向大将军府增调武官，这都是有据可查。他简直是独断专行，根本不把皇上放在眼里！我担心他有阴谋，对皇上不利，因此我愿意辞去王位，到宫里保护皇上，以提防奸臣作乱。

送完信后，上官桀等人做好一切准备，只等汉昭帝发布命令，就把霍光捉拿起来，谁知汉昭帝看完信后毫无动静。

第二天，霍光前去上朝，听说了这件事，就坐在偏殿上等候发落。

汉昭帝在朝堂上没有看见霍光，便问道："大将军在哪里？"

上官桀赶紧回答说："大将军因为燕王告发，所以不敢进来。"

于是，汉昭帝派人请霍光上殿。霍光来到殿前，摘掉帽子，磕头请罪。

汉昭帝说："大将军只管戴上帽子。我知道那封信是假的，你没有罪。"

霍光既高兴又迷惑不解，问道："皇上怎么知道那封信是假的啊？"

汉昭帝说："大将军检阅御林军只是最近几天的事情，增调武官校尉到现在也不过10天，燕王远在北方，他怎么知道得如此之快啊？如果将军要作乱，也不必依靠校尉。"

上官桀等人和文武百官听了都大吃一惊。

汉昭帝又说："这件事只须问送信人就可以弄明白。不过，我想他肯定早就逃跑了。"

左右下属连忙命人去找送信人，送信人果然逃跑了。

一计不成，上官桀等人又生一计，他们经常在汉昭帝面前说霍光的坏话，最后，汉昭帝勃然大怒，对他们说道："大将军是忠臣，先帝嘱托他辅佐我，以后谁要是再敢污蔑大将军，我就治他的罪！"

上官桀等人看到这个方法不行，就密谋让盖长公主出面请霍光喝酒，然后借机除掉他，废掉汉昭帝，立燕王刘旦为帝。但他们的阴谋还没有来得及施行，就被汉昭帝和霍光发觉。

最后上官桀等人全部被诛杀。

画蛇添足

战国时，楚国上柱国昭阳带兵攻打魏国，在襄陵打败魏军，得到八座城池。

昭阳大喜之下又欲移兵攻打齐国，齐王得到消息后，召集群臣商议。

当时齐国的军队战斗力还很薄弱，若与楚军交战，必是惨败，但固守城池不出，也不是长久之计，因此齐王很担心。群臣一时也没有什么好办法来阻挡楚军的进犯。

齐王正在一筹莫展之时，忽然有人来报，说："秦国使臣陈轸前来拜见。"

陈轸上殿后见齐国

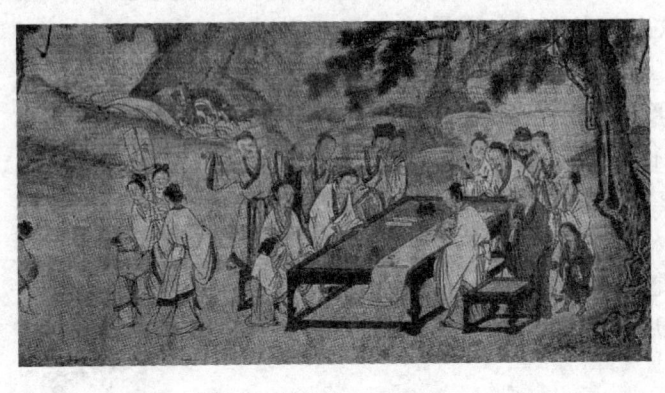

君臣都面带难色，问明原因后，便对齐王说："大王不必担忧，待我去叫他罢兵回国。"

齐王很是疑惑，但是也没有其他的好办法，只好抱着试一试的态度让陈轸去见昭阳。

陈轸见到昭阳后开口问道："请问按照楚国的奖赏制度，对那些击败敌军、杀死敌将而得到城池的人，应该给予什么奖赏呢？"

昭阳很是纳闷，不知道为何问起这个，但是还是应付说："官封上柱国，爵封上执珪。"

陈轸又问："还有比这更高的奖赏吗？"

"那要数令尹了。"昭阳不耐烦地说。

"您回国后，能封令尹吗？"陈轸继续说。

昭阳听后哈哈大笑，说："当然没问题了，因为我马上就能当令尹了。"

陈轸也仰头哈哈大笑。

陈轸满腹疑惑地问："您笑什么呢？难道您认为我在说谎吗？"

陈轸摇摇头，说："我没有丝毫怀疑之心，只是我觉得您既然已经是令尹了，又何必自取降职杀身之祸呢？"

昭阳听了，气愤地问道："您这是什么话？"

陈轸向昭阳拱手道："将军请莫动怒。让我给您讲这样一个故事。有一个人，送给他的门客一杯酒，门客们商量说，'一杯酒，这么多人，毫无兴趣可言。我们每个人在地上画一条蛇，谁先画成，那杯酒就让他一人饮用。'众人都表示赞同，于是就都画起来。其中一个人顷刻便画完了，拿起酒杯欲喝，他环视一下众人都还没画完，便自以为是地给蛇画起脚来。另一个人画完了，抢过酒杯一饮而尽，讥笑那人说：'你见过有脚的蛇吗？它穿不穿鞋呢？'先画完的人后悔不已。"

陈轸停顿了一下，继续说："现在您攻打魏国取城八座已经是画成蛇了，若再进攻齐国，打下来，你的官职还是令尹，不会有所增加了；若是打不下来呢，身死爵位被夺，不是很可悲吗？况且还有损于楚国的威望。权衡一下，皆不讨好，与那个画蛇添足的人有什么区别呢？您还不如带兵回国，功德圆满，得楚王及全国百姓的欣赏和赞颂，何乐而不为呢？"

昭阳深思了一会儿，觉得陈轸说得不无道理，便连夜撤兵回楚国了。

力命篇

【题解】

　　《力命》篇共有十三个寓言故事和议论。集中反映了《列子》的命定论思想。文中主要包含两点：第一，天命不可违逆，只能顺其自然，人们的夭寿、穷达、贵贱、贫富皆由命定，不是道德的厚薄、才能的智愚所能左右的，指出善无善报、恶无恶报，"穷圣而达逆，贱贤而贵愚，贫善而富恶"，皆由心定，出于"自然之理"，"不知所以然而然，命也"。第二，对于人的生死，列子认为天道决定生死，只能逆来顺受，无可干犯。人的行为实践一旦有差错，就将受到惩罚。齐景公想的和做的都与天命不符，只能"举觞自罚"。

　　左右人的命运的有两种力量，一种是自然力，一种是社会力。前一种叫天命，后一种称作人力。列子称之为"命"和"力"。本篇围绕"力"和"命"这一主题，分别加以论述和阐释。

【原文】

　　力谓命①曰："若之功奚若我哉？"命曰："汝奚功于物而欲比朕？"力曰："寿夭、穷达、贵贱、贫富，我力之所能也。"命曰："彭祖②之智不出尧、舜之上，而寿八百；颜渊③之才不出众人之下，而寿四八④。仲尼之德不出诸侯之下，而困于陈、蔡⑤；殷纣之行不出三仁⑥之上，而居君位。季札⑦无爵于吴，田恒⑧专有齐国。夷、齐⑨饿死首阳，季氏⑩富于展禽⑪。若是汝力之所能，奈何寿彼而夭此，穷圣而达逆，贱贤而贵愚，贫善而富恶邪？"力曰："若如若言，我固无功于物，而物若此邪，此则若之所制邪？"命曰："既谓之命，奈何有制之者邪？朕直而推之，曲而任之。自寿自夭，自穷自达，自贵自贱，自富自贫，朕岂能识之哉？朕岂能识之哉？"

【注释】

①力谓命：力，力量、人力。命，命运、天命。本段以寓言的形式，表达了"天命"决定一切的思想。

②彭祖：一作彭铿，或云姓篯名铿，传以长寿见称。原系先秦传说中的仙人，养生家，后道教奉为仙真。

③颜渊：颜回，字子渊，春秋时期鲁国人。孔子弟子之一。孔子对他称赞最多，不仅赞其"好学"，而且还以"仁人"相许。

④寿四八：三十二岁。

⑤困于陈、蔡：鲁哀公四年，孔子游于陈国和蔡国之间。陈、蔡一齐派兵把孔子围困在陈、蔡之间的荒野，断粮多日。陈，古国名，在今河南淮阳和安徽亳县一带。蔡，古国名，都城在今河南新蔡。陈、蔡两国先后为楚所灭。

⑥三仁：三位仁人。指殷末之微子、箕子、比干。

⑦季札：春秋时吴国贵族，吴王寿梦第四子，王诸樊之弟，称公子札。多次退让君位，以贤明而有远见著称。封于延陵，又称"延陵季子"。

⑧田恒：一名田常，又称田成子。春秋时期齐国大臣。他以大斗借贷，小斗收进，收买人心，逐渐扩充势力。公元前481年杀死齐简公，拥立平公，自任宰相。尽杀公族中强人，扩大封邑，从此齐国由田氏专权，齐国国君成为玩偶和傀儡。

⑨夷、齐：即伯夷、叔齐。伯夷是商末孤竹君的长子，贤士。孤竹君以次子叔齐为继承人。孤竹君死后，两人谦让王位，反对周武王讨伐商纣，逃避到首阳山，不食周粟而死。

⑩季氏：即季孙氏，春秋、战国时期掌握鲁国政权的贵族。

⑪展禽：名获，字禽，即柳下惠，春秋时期鲁国大夫，食邑柳下，谥号为"惠"。以道德高尚著称。

【译文】

人力对命运说："你的功劳怎么能比得上我呢？"命运说："你对人们和万物有什么功劳，竟然要来同我比？"人力说："长寿或短命，穷困或显达，尊贵或低贱，贫穷或富有，都是我的力量所能做到的。"命运说："彭祖的智慧不在尧、舜之上，却活到八百岁；颜渊的才能不在一般人之下，只活到三十二岁。孔子的仁德不在各国诸侯之下，却受困于陈、蔡两国之间；殷纣王的品行不在微子、箕子、比干之上，却位居天子之位。季札在吴国没有官爵，田恒却在齐国专权。伯夷和叔齐在首阳山上挨饿，季氏却比柳下惠还富有。假如你的力量能够达到，为什么让那个长寿而让这个短命，让德行高尚的人穷困而让倒行逆施的人显达，让贤明的人低贱而让愚蠢的人尊贵，让善良的人贫穷而让邪恶的人富有呢？"人力说："倘若像你所说的那样，我固然对人们和万物没有什么功劳；但是像人们遇到这种情况，难道是你所控制的吗？"命运说："既然称呼为'命运'了，又有什么可控制的呢？我只不过是对于合理的事物，尽力促进其发展；对于不合理的事物，任其自生自灭好了。它自然长寿自然短命，自然穷困自然显达，自然尊贵自然低贱，自然富有自然贫穷，其中的道理，我怎么能知道呢？我怎么能知道呢？"

【原文】

北宫子①谓西门子②曰："朕与子并世③也，而人子达④；并族也，而人子敬；并貌也，而人子爱；并言也，而人子庸⑤；并行也，而人子诚；并仕⑥也，而人子贵；并农也，而人子富；并商也，而人子利。朕衣则裋褐⑦，食则粢粝⑧，居则蓬室⑨，出则徒行⑩。子衣则文锦⑪，食则粱肉⑫，居则连欐⑬，出则结驷⑭。在家熙然⑮有弃朕之心，在朝谔然⑯有敖⑰朕之色。请谒不及相，遨游不同行，固有年矣。子自以德过朕邪？"西门子曰："予无以知其实。汝造事⑱而穷，予造事而达，此厚薄之验欤？而皆谓与予并，汝之颜厚矣。"北宫子无以应，自失⑲而归。中途遇东郭先生。先生曰："汝奚注而反，偶偶⑳而步，有深愧之色邪？"

北宫子言其状。东郭先生曰："吾将舍㉑汝之愧，与汝更之西门氏而问之。"曰："汝奚辱北宫子之深乎？固且言之。"西门子曰："北宫子言世族、年貌、言行与予并，而贱贵、贫富与予异。予语之曰：予无以知其实。汝造事而穷，予造事而达，此将厚薄之验欤？而皆谓与予并，汝之颜厚矣。"东郭先生曰："汝之言厚薄不过言才德之差，吾之言厚薄异于是矣。夫北宫子厚于德，薄于命；汝厚于命，薄于德。汝之达，非智得也；北宫子之穷，非愚失也。皆天也，非人也。而汝以命厚自矜，北宫子以德厚自愧，皆不识夫固然之理矣。"西门子曰："先生止矣！予不敢复言。"

北宫子既归，衣其裋褐，有狐貉㉒之温；进其茙菽㉓，有稻粱㉔之味；庇其蓬室，若广厦之荫；乘其筚辂㉕，若文轩之饰。终身逌㉖然，不知荣辱之在彼也，在我也。东郭先生闻之曰："北宫子之寐久矣，一言而能寤，易悟也哉！"

【注释】

①北宫子：作者虚构的人物。
②西门子：作者虚构的人物。
③并世：同时代。
④人子达：有人使你尊贵显达。人子，即别人使你……以下"人子敖"、"人子爱"、"人子庸"、"人子诚"、"人子贵"、"人子富"、"人子利"均相同。
⑤庸：通"用"。
⑥并仕：同样走入仕途。
⑦裋褐：粗陋布衣。古代多为贫贱者所服。
⑧粱粝(zī lì)：粗糙的饭食。
⑨蓬室：穷人所住的草屋。
⑩徒行：步行。

⑪文锦：文彩斑烂的织锦。
⑫粱肉：指精美的饭食。
⑬连栭：形容房屋宽广连片。
⑭结驷：一车并驾四马。
⑮熙然：和乐、高兴的样子。
⑯谔然：直言争辩、毫不顾忌的样子。
⑰敖：同"傲"，傲慢。
⑱造事：做事情。
⑲自失：因感空虚、不足而内心若有所失。
⑳俞俞（yǔ yǔ）：独行的样子。
㉑舍：通"释"，消除。
㉒狐貉（hé）：指狐、貉的毛皮制成的皮衣。
㉓茙菽（róng shū）：大豆。
㉔稻粱：稻和粱。谷物的总称。
㉕荜辂（bì lù）：柴车。多以荆竹编织，简陋无饰。
㉖迪然：舒适自得的样子。

【译文】

　　北宫子对西门子说："我和你同一时代，而别人却只使你显达；与你同属一族，而别人却只尊敬你；与你相貌一样，而别人却只喜欢你；与你一同说话，而别人却只采纳你的意见；与你一道办事，而别人却只信任你；与你一起做官，而别人却以你为高贵；与你一样务农，而别人却只让你富有；与你一样经商，而别人却只让你获利。我穿的是粗布衣服，吃的是粗米杂粮，住的是茅草小屋，外出只能徒步行走。你穿的是绫罗绸缎，吃的是精美饭食，住的是雕梁画栋，外出则驷马高车。在家庭中，你怡然自得，有冷落我的意思；在朝廷上，你夸夸其谈，有轻慢我的神色。请客问候没有我的份，外出游玩不和我同行，这样已经有好多年了。你自以为自己的德行超过了我吗？"西门子说："我无从知道你说的那些究竟是否与事实相符。你做事情总是穷困多磨，我做事情总是顺利通达，这恐怕是德行好坏的结果吧？而你却说自己的各个方面都同我一样，你的脸皮也太厚啦！"北宫子无言以对，若有所失地回去了。半路上遇见了东郭先生。东郭先生问他说："你是从哪里回来呀？为什么孤孤单单一个人行走，而且脸上还带着深深的羞愧神色呢？"

　　北宫子就向他叙述了事情发生的情形。东郭先生说："我可以消除你的惭愧之心，和你再到西门氏家去问个明白。"东郭先生问西门子说："你为什么这样过分地侮辱北宫子呢？姑且说说原因吧。"西门子说："北宫子讲他的时代、家族、年龄、相貌、言论、行为都与我相同，而低贱与尊贵、贫苦与富有方面却与我不一样。我对他说：我无从知道他说的那些是否与事实相符。你做事情总是穷困多磨，我做事情总是顺利通达，这大概是两人德行好坏的结果吧？而你却说自己的各个方面都同我一样，你的脸皮也太厚啦！"东郭先生说："你所讲的好坏不过是说才能和德行方面的差异，我所讲的好坏就与此不同。北宫子的德行好，但命运坏；你的命运好，但德行坏。你的显达，不是凭借个人智力得到的；北宫子的穷困，也不是他的愚蠢带来的过失。都是天命如此，不是人力所能左右的。而你却以命运好而盛气凌人，而北宫子却以德行好而自惭形秽，都是不懂得自然事理的缘故。"西门子说："请先生不要再往下说。我再也不敢说这样的话了。"

北宫子回去以后，穿的还是他的粗布衣服，却觉得有狐裘貉毛那样的温暖；吃的还是他的粗粮大豆，却觉得有精美饭菜的味道；住的还是他的茅草小屋，却感觉好像是住在宽广大厦里面；坐的还是他的柴车，却好像坐在高车大马上。一生怡然自得，不再考虑荣辱在他的身上，还是在自己身上。东郭先生听到后说："北宫子昏然若睡已经很久了，一句话就能使他醒悟过来，真是容易觉悟啊！"

【原文】

管夷吾①、鲍叔牙②二人相友甚戚③，同处于齐。管夷吾事公子纠④，鲍叔牙事公子小白⑤。齐公族多宠，嫡庶并行。国人惧乱。管仲与召忽⑥奉公子纠奔鲁，鲍叔奉公子小白奔莒⑦。

既而⑧公孙无知⑨作乱，齐无君，二公子争入。管夷君与小白战于莒道，射中小白带钩。小白既立，胁鲁杀子纠，召忽死之，管夷吾被囚。鲍叔牙谓桓公曰："管夷吾能，可以治国。"桓公曰："我雠也，愿杀之。"鲍叔牙曰："吾闻贤君无私怨，且人能为其主，亦必能为人君。如欲霸王，非夷吾其弗可。君必舍⑩之！"遂召管仲。鲁归之齐，鲍叔牙郊迎，释其囚⑪。桓公礼之，而位于高、国⑫之上，鲍叔牙以身下之，任以国政，号曰仲父。桓公遂霸。

管仲尝叹曰："吾少穷困时，尝与鲍叔贾，分财多自与；鲍叔不以我为贪，知我贫也。吾尝为鲍叔谋事而大穷困，鲍叔不以我为愚，知时有利不利也。吾尝三仕，三见逐于君，鲍叔不以我为不肖，知我不遭时也。吾尝三战三北⑬，鲍叔不以我为怯，知我有老母也。公子纠败，召忽死之，吾幽囚受辱；鲍叔不以我为无耻，知我不羞小节而耻名不显于天下也。生我者父母，知我者鲍叔也！"

此世称管、鲍善交者，小白善用能者。然实无善交，实无用能。实无善交实无用能者，非更有善交，更有善用能也。召忽非能死，不得不死；鲍叔非能举贤，不得不举；小白非能用雠，不得不用。

及管夷吾有病，小白问之，曰："仲父之病病⑭矣，可不讳⑮。云至于大病⑯，则寡

人恶乎属国而可?"夷吾曰:"公谁欲欤?"小白曰:"鲍叔牙可。"曰:"不可。其为人也,洁廉善士也,其于不已若者不比之人,一闻人之过,终身不忘。使之理国,上且钩⑰乎君,下且逆乎民。其得罪于君也,将弗久矣。"小白曰:"然则孰可?"对曰:"勿已⑱,则隰朋可。其为人也,上忘而下不叛⑲,愧其不若黄帝而哀不已若者。以德分人谓之圣人;以财分人谓之贤人。以贤临人,未有得人者也;以贤下人者,未有不得人者也。其于国有不闻也,其于家有不见也。勿已,则隰朋可。"

然则管夷吾非薄鲍叔也,不得不薄;非厚隰朋也,不得不厚。厚之于始,或薄之于终;薄之于终,或厚之于始。厚薄之去来,弗由我也。

【注释】

①管夷吾:即管仲。名夷吾,谥曰"敬仲",史称管子。春秋时期著名的政治家、军事家,周穆王的后代。管仲少时丧父,老母在堂,生活贫苦,不得不过早地挑起家庭重担,为维持生计,与鲍叔牙合伙经商;后从军,到齐国,几经曲折,经鲍叔牙力荐,为齐国上卿(即丞相),被称为"春秋第一相",辅佐齐桓公成为春秋时期的第一霸主,所以又说"管夷吾举于士"。管仲的言论见于《国语·齐语》,另有《管子》一书传世。

②鲍叔牙:亦称"鲍叔"、"鲍子",是鲍敬叔的儿子。春秋时代齐国大夫,管仲的好朋友。早期管仲贫困,鲍叔牙时常接济他。后来管仲侍奉齐襄公的儿子公子纠,鲍叔牙侍奉公子纠的弟弟公子小白。齐国内乱,管仲随公子纠出奔鲁,鲍叔牙随公子小白出奔莒,小白返国继承君位之后,公子纠被杀,管仲被囚车运送回国。鲍叔牙推荐管仲当上了宰相,被时人誉为"管鲍之交"、"鲍子遗风"。

③戚:亲近,亲密。

④公子纠:春秋时齐国人。齐襄公之弟,齐桓公之兄,母为鲁女。齐襄公时,政令无常,恐遭杀害,于鲁庄公八年(前686年)携管仲、召忽奔鲁。襄公被杀后,齐国内乱,鲁国派兵护送他返齐争位,管仲射中公子小白的衣扣,小白倒地装死,结果出奔在莒的公子小白先回齐国即位,派兵击败鲁军,在齐国胁迫下,公子纠为鲁君所杀。

⑤公子小白:即齐桓公。吕氏,名小白。齐襄公及公子纠之弟。春秋时代齐国第十五位国君,在位期间任用管仲为相,推行改革,实行军政合一、兵民合一的制度,使齐国国力逐渐强盛。当时中原华夏各诸侯苦于戎狄等部落的攻击,于是齐桓公打出"尊王攘夷"的旗号,北击山戎,南伐楚国,成为中原第一个霸主,受到周天子赏赐。但其晚年昏庸,管仲去世后,任用易牙、竖刁等小人,最终在内乱中饿死。

⑥召忽:春秋时期齐国人。少负才名,胸有大志,喜研军国治理之术,但不得志。齐襄公时,公子纠慕其才华和谋略,聘为师

傅，终日伴读讲史不倦。齐国内乱，公子小白与公子纠争位，公子纠失败。桓公即位，派人杀了公子纠，召忽拔剑自刎，以身殉主。

⑦莒（jǔ）：周代诸侯国名，在今山东省莒县一带。公元前431年被楚国所灭。

⑧既而：不久，一会儿，副词。指上件事情发生后不久。

⑨公孙无知：春秋时期齐国公族，齐僖公弟夷仲年的儿子。曾杀齐襄公，篡夺王位。登位后不久即被雍林所杀。

⑩舍：通"赦"。免罪或免罚；释放。

⑪囚：本义指拘禁、囚禁，这里引申为刑具。

⑫高、国：齐国当时的两家当政的卿大夫的姓。

⑬北：打了败仗往回逃。

⑭病病：病情加重。后一个"病"，作动词，谓病势加重。

⑮可不讳：亦作"不讳"，或"不可讳"，将死的婉辞。

⑯大病：死的婉辞。

⑰钩：钩距。即对人辗转推问，究其情实。这里含有求全责备的意思。

⑱勿已：犹无已。不得已；不能止。

⑲上忘而下不叛：上忘，指在上则忘记自己身处高位。下不叛，指对下则不骄横跋扈。

【译文】

管夷吾和鲍叔牙两人相交为友，十分亲密，一同在齐国做事。管夷吾侍奉公子纠，鲍叔牙侍奉公子小白。当时齐国公族中的子弟受宠幸的很多，嫡系和庶出都享有同等的待遇。国人为此担忧，害怕发生动乱。于是，管仲与召忽陪着公子纠逃奔到鲁国，鲍叔牙陪着公子小白逃奔到莒国。

没过多久，公孙无知发动叛乱，杀了齐襄公，自立为国君，后又被杀。在齐国没有君主的情况下，逃亡在外的公子纠和公子小白争着回国抢夺君位。管夷吾与公子小白在通往莒国的道路上交战，管夷吾射中了公子小白的衣带钩。后来公子小白取得胜利，登上齐国君位，便胁迫鲁国杀死公子纠，召忽自杀殉主，管夷吾被囚禁起来。鲍叔牙对齐桓公说："管夷吾才能出众，可以治理国家。"齐桓公说："他是我的仇敌，我想杀掉他。"鲍叔牙说："我听说贤明的君主不记私仇；而且一个人能衷心为他主人做事，也一定能衷心地为君王效劳。如果您想成为诸侯霸主，就非起用管夷吾不可。请您一定要赦免他！"齐桓公于是派人召请管仲。鲁国把他送回齐国，鲍叔牙来到郊外迎接，解除了他的刑具。齐桓公用隆重的礼节接待了他，而且封他的官位在高、国二卿大夫之上，鲍叔牙也甘居下位。齐桓公把国政交给管仲，称他为仲父。齐桓公在管仲的辅佐下终于称霸诸侯。

管仲曾经感叹道："我年轻穷困的时候，曾与鲍叔一道做买卖，在每次分配钱财时总是自己多分一些；鲍叔不认为我是贪心，而是知道我家境贫穷。我曾替鲍叔谋划事情，结果受到很大损失；鲍叔不认为我是愚笨，而是知道时机有时顺利有时不顺利。我

曾三次做官,三次被国君驱逐,鲍叔不认为我没有才能,而是知道我没有遇到好机会。我曾三次作战三次败逃,鲍叔不认为我是怕死,而是知道我有老母亲需要人照顾。公子纠失败,召忽自杀,而我却甘愿被囚受辱,鲍叔不认为我是无耻,而是知道我不羞于小节而耻于不能扬名天下啊。生我的人是父母,了解我的人是鲍叔啊。"

这就是世人所称道的管、鲍善于交友,小白善于任用贤能的故事。然而实际上无所谓善于交友,实际上无所谓善于任用贤能。实际上无所谓善于交友无所谓善于任用贤能的原因,在于根本就没有什么纯粹的善于交友,根本就没有什么单纯的善于任用贤能。召忽并非要自杀,而是不得不自杀;鲍叔并非能推荐贤能,而是不得不推荐;小白并非能任用仇人,而是不得不任用。

到管夷吾患病的时候,小白问他,说:"仲父的病情很严重啦,我也不用忌讳了,如果你去世了,那我把国家政事托付给谁才好呢?"管夷吾问:"您想交给谁呢?"小白说:"可以交给鲍叔牙。"管仲说:"不行。他的为人,清正廉洁,是一个贤能之士,但他对于德才不如自己的人不屑亲近,一听到别人的过错就记一辈子。倘若用他来治理国家,对上则会求全责备于君主,对下则会违逆民众的心意。他得罪您的时候不会太久啦。"小白问:"既然这样,那么谁可以呢?"管仲回答说:"不得已的话,那隰朋可以。他的为人,在上则忘怀自己身处高位,对下则毫不骄横跋扈,只惭愧自己的德行不如黄帝,而能同情那些不如自己的人。以德行来感化他人的人叫做圣人;用财物来施惠他人的人叫做贤人。因才能而傲视别人的人,从来就没有能够得人心的;以贤能而谦虚待人的人,从来就没有不得人心的。这样的人顺应自然,对于国事不过分干预,对于家事不过分苛求。不得已的话,那么隰朋可以担当国政。"

但是,管夷吾并非故意贬低鲍叔,而是不得不贬低;并非有意推重隰朋,而是不得不推重。开始时推重,有可能到最后就变成贬低;开始时贬低,有可能到最后就变成推重。推重和贬低的相互转化,都不是由个人的主观意志所能决定的。

【原文】

邓析①操两可之说②,设无穷之辞③,当子产④执政,作《竹刑》⑤。郑国用之,数难子产之治。子产屈之。子产执而戮⑥之,俄而⑦诛之。

然则子产非能用《竹刑》,不得不用;邓析非能屈子产,不得不屈;子产非能诛邓析,不得不诛也。

【注释】

①邓析:春秋时期法家、名家。郑国大夫。"名辨之学"倡始人。与子产同时,名家学派的先驱

人物。他是代表新兴地主阶级利益的革新派,他第一个提出反对"礼治"思想。他的主要思想倾向是"不法先王,不是礼义"。

②两可之说:利用事物固有的两面,从不同的角度进行阐发、论述,往往可以得出不同的结论,可以这样说,也可以那样说。即此亦可,彼亦可。如果不能正确运用,则会导致无是无非、是非不分、无所可否的消极结果。

③无穷之辞:指巧言辩说的圆滑辞令。

④子产:复姓公孙,名侨,字子产,郑穆公之孙,贵族子国之子。春秋时期郑国的政治家和思想家。在郑国为相数十年,他仁厚慈爱、轻财重德、爱民重民,执政期间在政治上颇多建树。被清朝的王源推许为"春秋第一人"。

⑤《竹刑》:子产公布《刑书》三十余年后,邓析又根据当时的新情况,对郑国的刑法进行补充修改,并刻在竹简上,史称《竹刑》。

⑥戮:羞辱,侮辱。

⑦俄而:不久;顷刻。

【译文】

邓析主张模棱两可的学说,创设了一套巧辩圆滑的辞令。当子产执掌国政的时候,邓析编制出一部《竹刑》。郑国采用了它,屡次给子产的政务出难题,常把子产弄到理屈词穷的地步。子产便下令逮捕邓析,并当众羞辱他,不久又把他诛杀了。

可见,子产并非愿意采用《竹刑》,而是不得不采用;邓析并非能使子产屈服,而是子产不得不屈服;子产并非要诛杀邓析,而是不得不诛杀他。

【原文】

可以生而生,天福也;可以死而死,天福也。可以生而不生,天罚也;可以死而不死,天罚也。可以生,可以死,得生得死,有矣;不可以生,不可以死,或死或生,有矣。

然而生生死死,非物非我,皆命也,智之所无奈何。故曰,窈然①无际,天道自会,漠然②无分,天道自运。天地不能犯,圣智不能干,鬼魅不能欺。自然者默之成之,平之宁之,将之迎之。

【注释】

①窈然:深远貌;幽深貌。

②漠然:寂静。

【译文】

应该生存而得以生存的,是上天的福佑;应该死亡而得以死亡的,也是上天的福佑。应该生存却不得生存的，是上天的惩罚；应该死亡却没有死亡的，也是上天的惩罚。应该生存而得以生存，应该死亡而得以死亡，这种情况是有的；应该生存却不得不死亡，应该死亡却不得不生存，这种情况也是有的。

然而出生也好，死亡也罢，并非听凭外物的安排，并非顺随自己的意愿，而都是命运决定的，人们的智慧对它无可奈何。因此说，那幽深而没有边际的自然规律是自行变通的；那寂静而没有界限的自然规律是自然运动的。天地的变化不能违犯它，圣贤的睿智不能干扰它，鬼怪的东西不能欺骗它。自然规律，无声无息而暗暗成就，平静安宁而无所作为，送往迎来而顺应万物。

【原文】

杨朱之友曰季梁。季梁得病，七日大渐①。其子环而泣之，请医。季梁谓杨朱曰："吾子不肖如此之甚，汝奚不为我歌以晓之？"杨朱歌曰："天其弗识，人胡能觉？匪祐自天，弗孽由人。我乎汝乎！其弗知乎！医乎巫乎！其知之乎？"其子弗晓，终谒三医。一曰矫氏，二曰俞氏，三曰卢氏，诊其所疾。矫氏谓季梁曰："汝寒温不节，虚实失度，病由饥饱色欲。精虑烦散，非天非鬼。虽渐，可攻也。"季梁曰："众医②也，亟③屏④之！"俞氏曰："女始则胎气不足，乳湩⑤有余。病非一朝一夕之故，其所由来渐矣，弗可已也。"季梁曰："良医也，且食之！"卢氏曰："汝疾不由天，亦不由人，亦不由鬼。禀生受形，既有制之者矣，亦有知之者矣，药石⑥其如汝何？"季梁曰："神医也，重贶⑦遣之！"俄而季梁之疾自瘳⑧。

【注释】

①大渐：病危。
②众医：一般医生；庸医。
③亟(jí)：急切。
④屏：排除，逐走。
⑤乳湩：乳汁。
⑥药石：指治病的药物和砭石
⑦贶(kuàng)：赠，赐。
⑧瘳(chōu)：病愈。

【译文】

杨朱有个朋友名叫季梁。季梁生病，七天转入病危。他的儿子们围在他的床前痛哭，并恳求父亲允许他们去请医生诊治。季梁对杨朱说："我的儿子们不明事理到如此地步，你怎么不为我唱支歌来开导他们一下呢？"杨朱唱道："上天都不知，人又怎能明了？福祐非天赐，罪孽非人造。我呀你呀，都不能知道！医呀巫呀，岂能辨分晓？"他的儿子们不晓得杨朱歌中的含意，终于还是请来了三位医生。一位姓矫，一位姓俞，一位姓卢，诊断季梁的病因。矫氏对季梁说："你体内的寒温不能调和，虚实失去限度，这病是由于饥饱不均、色欲过度造成的。精神思虑烦杂散漫，这不是天也不是鬼造成的。虽然病情危重，但仍然可以治疗。"季梁说："庸医呀，赶快把他撵出去！"俞氏说："你原来就存在胎气不足的缺陷，出生以后奶水就吃不了。这病并非一朝一夕所致，而是长期积累和逐渐加深的结果，已经治不好啦。"季梁说："良医啊，姑且留他吃顿饭吧！"卢氏说："你的病不是天造成的，也不是人造成的，更不是鬼造成的。从你禀受生命之气而形成身体之形的那天开始，就既有控制你命运的，又有知道你命运的。药物针砭能对你怎样呢？"季梁说："神医啊，赠送给他重金打发他走吧！"不久季梁的病就自行痊愈了。

【原文】

生非贵之所能存，身非爱之所能厚；生亦非贱之所能夭，身亦非轻之所能薄。故贵之或不生，贱之或不死；爱之或不厚，轻之或不薄。此似反也，非反也，此自生自死，自厚自薄。或贵之而生，或贱之而死；或爱之而厚，或轻之而薄。此似顺也，非顺也；此亦自生自死，自厚自薄。

鬻熊语文王①曰："自长非所增，自短非所损。算②之所亡若何？"

老聃语关尹③曰："天之所恶，孰知其故？"言迎天意，揣利害，不如其已。

【注释】

①文王：即周文王。
②算：算计、智慧。
③关尹：周朝函谷关守关官吏。

【译文】

生命不是因为珍惜它就能长存，身体不是因为爱护它就能健壮；生命也不是因为轻贱它就会夭折，身体也不是因为轻视它就会羸弱。所以珍惜它或许就不能生存，轻贱它或许就不会死亡；爱护它或许就不能健壮，轻视它或许就不会羸弱。这听起来似乎是违反事理的，其实并不违反；因为生命是自然生存、自然死亡、自然健壮、自然孱弱的。或许珍惜它就能生存，或许轻贱它就会死亡；或许爱护它能壮实，或许轻视它就会羸弱。这听起来似乎是合乎事理，其实与事理相合；它们同样也是因为生命自然存在、自然死亡,自然健壮,自然羸弱的。

鬻熊对周文王说:"身材高大是自然的身材高大,不是人力所能增加的;身材短小是自然的身材短小,不是人力所能减损的。智谋对此无可奈何。"

老聃对关尹说:"天所厌恶的,谁知道是什么原因?"意思就是告诫人们,迎合天意,揣摩利害,不会有任何好处的,还不如趁早停止。

【原文】

杨布①问曰:"有人于此,年兄弟②也,言③兄弟也,才兄弟也,貌兄弟也;而寿夭父子④也,贵贱父子也,名誉父子也,爱憎父子也。吾惑之。"杨子曰:"古之人有言,吾尝识⑤之,将以告若。'不知所以然而然,命也。'今昏昏昧昧,纷纷若若,随所为,随所不为。日去日来,孰能知其故?皆命也夫。信命者,亡寿夭;信理者,亡是非;信心者,亡逆顺;信性者,亡安危。则谓之都亡所信,都亡所不信。真矣悫⑥矣,奚去奚就?奚哀奚乐?奚为奚不为?《黄帝书》云:'至人⑦居若死,动若械⑧。'亦不知所以居,亦不知所以不居;亦不知所以动,亦不知所以不动。亦不以众人之观易其情貌,亦不谓众人之不观不易其情貌。独往独来,独出独入,孰能碍之?"

【注释】

①杨布:战国时期哲学家杨朱之弟。
②年兄弟:年纪相当。兄弟,比喻差别不大。下同。
③言:《释文》本作"訾"。"訾"应释为"訾程",即资历。
④寿夭父子:长寿和短命相差悬殊。父子,比喻差别悬殊,下同。
⑤识(zhì):记住。
⑥悫(què):诚实,谨慎。
⑦至人:指思想或道德修养最高超的人。
⑧居若死,动若械:指得道之人静坐如同死人一般,活动起来好像木偶一样。

【译文】

杨布问杨朱说:"这里有两个人,年纪相当,资历相当,才能相当,容貌相当;但他们的寿命相差悬殊,地位相差悬殊,名誉相差悬殊,人们对他们的感情也相差悬殊。我对此感到迷惑不解。"杨朱说:"古人有句话,我曾把它记下了,现在告诉你吧。'不知道为什么会这样而这样的,这就叫做命运。'如今万物昏昏暗暗,纷纷纭纭,任随所为,任随所不为。日去日来,循环不止,谁能知道其中的原因呢?都是命运的安排啊!相信命运的,心里就不考虑寿命的长短;相信至理的,心里就不考虑事情的对错;相信心灵的,心里就不考虑处境的逆顺;相信天性的,心里就不考虑自身的安危。

这就叫做什么都相信，什么都不相信。一个人如果真正领悟到了这个'道'，那么还有什么弃取，还有什么哀乐，还有什么为与不为的区别呢？《黄帝书》上说：'道德修养最高的人静坐下来如同死人一般，活动起来好像木偶一样。'也不知道为什么静坐，也不知道为什么不静坐；也不知道为什么行动，也不知道为什么不行动。也不因为众人的观察而改变自己的情貌，也不因为众人的不观察而不改变自身的情貌。独往独来，独出独入，谁能阻碍他呢？"

【原文】

墨尿①、单至②、啴咺③、憋懯④四人相与游于世，胥⑤如志也；穷年⑥不相知情，自以智之深也。

巧佞⑦、愚直⑧、婩斫⑨、便辟⑩四人相与游于世，胥如志也；穷年而不相语术，自以巧之微也。

㺄㤉⑪、情露⑫、謇极⑬、凌谇⑭四人相与游于世，胥如志也；穷年不相晓悟，自以为才之得也。

眠娗⑮、諈诿⑯、勇敢⑰、怯疑⑱四人相与游于世，胥如志也；穷年不相谪发⑲，自以行无戾⑳也。

多偶㉑、自专㉒、乘权㉓、只立㉔四人相与游于世，胥如志也；穷年不相顾眄㉕，自以时之适也。

此众态也。其貌不一，而咸之于道，命所归也。

【注释】

①墨尿(mò chī)：表面愚蠢而内心狡诈。即以人的情貌作为寓言中的人名。下同。
②单至：(dān zhì)：行为轻率的样子。借作人名。
③啴咺(chǎn xuān)：迂腐缓慢的样子。借作人名。
④憋懯(biē fū)：急性的样子。借作人名。
⑤胥：全，都。
⑥穷年：全年；一年到头。
⑦巧佞：奸诈机巧，阿谀奉承。借作人名。
⑧愚直：愚笨而憨直。借作人名。
⑨婩斫(nüè zhuó)：懵懂不悟的样子。借作人名。
⑩便辟(biàn pì)：善于谄媚逢迎的样子。借作人名。
⑪㺄㤉(qiāo jiā)：即哀怒郁结于心而不肯吐露的样子。借作人名。
⑫情露：内情暴露，无所隐藏的样子。借作人名。
⑬謇(jiǎn)极：性急口吃的样子。借作人名。

⑭凌谇(suì)：凌辱责骂人。有苛求或斤斤分辨之意。借作人名。
⑮眠娗(mián tǐng)：害羞，不大方，不开通的样子。借作人名。
⑯诿诿(zhuì wěi)：呆滞迟钝的样子。借作人名。
⑰勇敢：有勇气，有胆量。借作人名。
⑱怯疑：懦弱不决。借作人名。
⑲谪(zhé)发：责过罚恶。
⑳戾：违背，违反。
㉑多偶：随顺和谐。借作人名。
㉒自专：自作主张，独断专行。借作人名。
㉓乘(chéng)权：利用权势。借作人名。
㉔只(zhī)立：孤立，单独存在。借作人名。
㉕顾眄：往回看。眄(miǎn)，斜着眼看。

【译文】

墨杘、单至、啴咺、憋懯四人同时在世上游逛，全都各随己意；终年互不了解，都认为自己的智慧高深得不可估量。

巧佞、愚直、婑斫、便辟四人同时在世上游逛，全都各随己意；终年互不探讨，都认为自己的技巧精妙到了极点。

㺯㾓、情露、謇极、凌谇四人同时在世上游逛，全都各随己意；终年互相不启迪，都认为自己的才能出色。

眠娗、诿诿、勇敢、怯疑四人同时在世上游逛，全都各随己意；终年互不相指责，都认为自己的行为没有不当之处。

多偶、自专、乘权、只立四人同时在世上游逛，全都各随己意；终年互不顾视，都认为自己一切适合时宜。

这许多情态，多种多样。它们的表现虽然不一，但同样都合于道，这全是命运导致的结果呀！

【原文】

佹佹①成者，俏②成也，初非成也。佹佹败者，俏败者也，初非败也。故迷生于俏，俏之际昧然③。于俏而不昧然，则不骇外祸，不喜内福；随时动，随时止，智不能知也。信命者于彼我无二心。于彼我而有二心者，不若掩目塞耳，背阪面隍④亦不坠仆也。故曰：死生自命也，贫穷⑤自时也。怨夭折者，不知命者也；怨贫穷者，不知时者也。当死不惧，在穷不戚，知命安时也。其使多智之人量利害，料虚实，度人情，得亦中，亡亦中。其少智之人不量利害，不料虚实，不度人情，得亦中，亡亦中。量与不量,料与不料,度与不度,奚以异?唯亡所量,亡所不量,则全⑥而亡丧。亦非知⑦全,亦非知丧。自全也,自亡也,自丧也。

【注释】

①侥侥(guǐ guǐ):偶然;将要。
②俏:通"肖"。相似。
③昧然:昏茫无知貌。
④背阪面隍:阪(bǎn),同"坂",山坡,斜坡。隍(huáng),没有水的城壕。
⑤贫穷:据陶鸿庆说,"贫穷"当作"贫富",与上句"死生自命也"语义一律。
⑥全:指保全自然赋予人的本性。
⑦知:同"智"。下文同。

【译文】

因偶然而成功的事情,看上去似乎成功了,实质上并没有成功。因偶然而失败的事情,看上去似乎失败了,实质上并没有失败。所以迷惑往往产生于相似,人们常常因为弄不清楚似乎与真实的成败界限而迷惑。对于表面的成败毫不迷惑的,那么就不会惧怕突如其来的祸患,也不会庆幸突如其来的福运;顺应时势而行动,顺应时势而停止,靠智力是无法知晓的。相信命运的人对于外物和自身没有不同的心情。对于外物和自身有不同心情的人,倒不如捂着眼睛、塞住耳朵,这样背向斜坡、面对壕沟也不会坠落下来。因此说:死生来自命运,贫富由于时运。埋怨短命的人,那是不懂得命运的人;埋怨贫穷的,那是不懂得时运的人。面对死亡而不恐惧,身处贫困而不悲伤,这是懂得命运、安于时运的人。如果让足智多谋的人去衡量利害,估算虚实,揣度人情,那么结果会是正确的为一半,错误的也是一半。那些缺智少谋的人不衡量利害,不估算虚实,不揣度人情,那么结果也将是正确的为一半,错误的也是一半。这样看来,衡量与不衡量,估算与不估算,揣度与不揣度,两者之间又有什么差别呢?唯有没有什么衡量的,也没有什么不衡量的,这样才能保全本性而无所丧失。也不靠智力来保全本性,也不因智力而丧失本性。它们都是自然保全,自然消亡,自然丧失。

【原文】

齐景公①游于牛山②,北临其国城而流涕曰:"美哉国乎!郁郁芊芊③,若何滴滴④去此国而死乎?使古无死者,寡人将去斯而之何?"史孔、梁丘据⑤皆从而泣曰:"臣赖君之赐,疏食恶肉⑥可得而食,驽马棱车⑦可得而乘也,且犹不欲死,而况吾君乎?"晏子⑧独笑于旁。公雪涕⑨而顾晏子曰:"寡人今日之游悲,孔与据皆从寡人而泣,子之独笑,何也?"

晏子对曰："使贤者常守之，则太公、桓公⑩将常守之矣；使有勇者而常守之，则庄公、灵公⑪将常守之矣。数君者将守之，吾君方将被蓑笠而立乎畎亩⑫之中，唯事之恤⑬，行假⑭念死乎？则吾君又安得此位而立焉？以其迭⑮处之，迭去之，至于君也，而独为之流涕，是不仁也。见不仁之君，见谄谀⑯之臣；臣见此二者，臣之所为独窃笑也。"景公惭焉，举觞⑰自罚。罚二臣者各二觞焉。

【注释】

①齐景公：齐国君主，名杵臼。齐庄公的异母弟。前548年至前490年在位。他的大臣中有相国晏婴、司马穰苴以及梁邱据等人。齐景公既有治国的壮怀激烈，又贪图享乐。作为君主，他不愿放弃其中的任何一个，与此相应，他的身边就必有不同的两批大臣，一批是治国之臣，一批是乐身之臣。

②牛山：在山东临淄南。

③郁郁芊芊：草木苍翠茂盛的样子。

④滴滴：为"滂滂"之误。《晏子春秋》亦有这段文字。滂滂为大水涌流貌。用以说明时光如流水，人的生命像江河一样，不停地流逝。

⑤史孔、梁丘据：同为齐景公的大臣。

⑥疏食恶肉：疏食，粗粝的饭食，糙米饭。恶肉，腐败之肉。

⑦驽马棱车：驽马，劣马或无用的马。棱车，当为"栈车"之误。《释文》："棱当作栈"。栈车，古代用竹木做成的简陋车子，一般供士人所乘。

⑧晏子：即晏婴，字仲，谥平，习惯上多称平仲，又称晏子。春秋后期一位重要的政治家、思想家、外交家。晏婴是齐国上大夫晏弱之子。以生活节俭，谦恭下士著称。

⑨雪涕：擦拭眼泪。

⑩太公、桓公：太公，指姜太公，周代齐国的始祖。桓公，指齐桓公。

⑪庄公、灵公：庄公，即齐庄公。灵公，即齐灵公。都是齐国国君。

⑫畎亩（quǎn）：田地，田间，田野。

⑬恤：考虑。

⑭行假：张湛注："行假当作何暇"。

⑮迭：更迭，轮换。

⑯谄谀：谄媚阿谀。

⑰觞（shāng）：古代酒器。

【译文】

齐景公登临牛山游览，面向北方，眺望都城，满眼含泪而慨叹道："真美啊，我的国土！草木苍翠茂盛，一望无际，然而我为什么还要像江河流逝那样离开这个国家而去死呢？假使自古以来就没有死亡这回事，那么我将离开此地而到哪里去呢？"史孔和梁丘据都跟着垂泪附和说："我们仰仗国君的恩赐，有粗米劣肉可吃，有劣马栈车可乘，尚且还不愿意死，更何况我们的国君呢！"唯独晏子一声不吭，站在一旁发笑。看到晏子这种表现,景公揩干眼泪,望着晏子说:"我今天游览,心中悲伤,史孔和梁丘据都跟着我流泪,你却独自发笑,为什么呢?"

晏子回答说:"假使让贤明的君主永远掌管这个国家,那么太公和桓公就能永远掌管它;假使让勇武的君主永远掌管这个国家,那么庄公和灵公就能永远掌管它。倘若这么多君主都掌管这个国家,那么您现在大概只能做一个农夫,披着蓑衣,戴着斗笠站在田野之中,成天只顾考虑农活,哪有闲暇想到死呢?您又怎么能得到国君的位置而成为国君呢?正是因为历代国君一个接着一个地登位,又一个接着一个地死去,才轮到了您呀!现在您却因为死亡而流泪,这是不仁义的。看到不仁不义的国君,看到阿谀奉承的大臣,我看见了这两种人,这便是我独自暗笑的原因。"景公觉得惭愧,便举起酒杯自罚;同时又罚那两位大臣每人各饮两杯。

【原文】

魏人有东门吴①者,其子死而不忧。其相室②曰:"公之爱子,天下无有。今子死不忧,何也?"东门吴曰:"吾常③无子,无子之时不忧。今子死,乃与向无子同,臣奚忧焉?"

【注释】

①东门吴:人名。东门,复姓。
②相室:古代为卿大夫管理家务的人。男称家老,女称傅母,通称家臣。
③尝:通"尝",曾经。

【译文】

魏国有个叫东门吴的人,他儿子死了,却毫不悲伤。他的管家说:"您对儿子的喜爱,真是天下少有。如今儿子死了,您却毫不悲伤,为什么呢?"东门吴说:"我过去是没有儿子的,没有儿子的时候没有感觉悲伤。如今儿子死了,就和过去没有儿子的时候一样,我有什么好值得悲伤的呢?"

【原文】

农赴时①,商趣②利,工追术,仕逐势,势使然也。然农有水旱,商有得失,工有成败,仕有遇否③,命使然也。

【注释】

①赴时:赶节令。
②趣:通"趋"。趋向;奔向。
③遇否:顺利或者不顺利。遇,顺通,契合。否(pǐ),不通,阻滞。

【译文】

农民赶赴时令,商人趋逐利润,工匠追求技术,官吏争夺权势,这是时势使得他们这样的。然而农民有水旱之灾,商人有得失之时,工匠有成败之别,官吏有顺逆之殊,这是命运使他们这样的。

【解读】

命定论在先秦哲学思想中是普遍存在的,主要有两类:一类是儒家的"死生有命,富贵在天"命定论,其天是天帝;一类是道家天道自然命定论。列子的命定论属于道家思想,这与儒家的命定论思想存在着本质的差别。他认为自然之道是决定命运的主宰者,而非有人格神的上帝。但是由于列子过分强调不可知的必然性,劝导人们"知命安时",不免有宿命论之嫌,但终归与"乐天知命"有别。《力命》篇从强调、夸大天命入手,表现了作者的社会观和宇宙观,即天命不可违逆,必须顺其自然(天命)。"生生死死,非物非我,皆命也",列子的这种命定论,可贵之处有两点:一是起主宰作用的是天道自然,不是上帝。二是,命定论给人的努力留有活动的余地,在天道运行之中,人可以把握其规律,做到知命知时,乘势争取,顺时而动,顺势而为。人在命运面前,要知时知势,积极面对。

文中虽然也提及"人力"不可忽视,但是过分强调不可知的力量,他说:这种天道"窈然无际,天道自会;漠然无分,天道自运。天道不能犯,圣智不能干,鬼魅不能欺。自然者默之成之,平之宁之,将之迎之",反复说到凡事皆由命定,出于"自然之理","不知所以然而然,命也",不免带有强烈的宿命论观点。同时,这也说明,《列子》的社会观和宇宙观包含着深刻的矛盾:存在朴素的唯物主义思想,但是唯心的成分很重,看到的多是天命的决定因素。

同时,人力与天命对抗的本身,也是一个重大的社会问题。作者撇开具体纷争,只作哲学上的抽象思考。思考的结果,面对种种恶势力,找不出惩治的良方,面对强大的自然力量,没有征服的本领,便只能从另一方面去寻求出路,去寻找答案。这其实也就是对社会恶势力无可奈何的屈服,是对自然暴力束手无策的顺从。这依然反映出作者思想的局限和时代的局限。然而,字里行间又可以看出作者对黑暗现状的厌恶和憎恨,对罪恶势力的仇恨和轻蔑。作者呼唤的,就是公平、合理,这才能抚慰人们愤疾的心情,才能求得人生和社会的安宁、稳定。

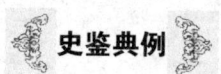

智拔断针

元代，有位叫程铭的先生患腿病，一位姓巴的医生为他针灸治疗时，不慎将银针折断，情势急迫，于是特请当时有名的针灸学家滑伯仁来解救。滑伯仁气喘吁吁地赶到程家。此刻，程铭疾首蹙额地在床上痛苦呻吟，右腿不敢动弹。巴医生神色慌张，焦急万分。只能用手紧紧捏住留在外皮的一点银针断头，生怕银针游走，进入病人体内，导致生命危险。程家一家老小，此刻也是六神无主，束手无策。

滑伯仁走到病人床前，冷静地告诉大家不要慌乱，并请围在床前的家人及仆役都出去，然后便镇定自若地排除体内银针。他不是使用随意按摩的方法，而是采取了因势利导、声东击西的方法。因为他懂得，针刺治病取穴一般不是头痛医头，脚痛医脚，而是头部病却取足部的穴位，身体左侧的病却取右侧的穴位，内脏的病却取四肢的穴位。现在，他决定采取同样的对策来排除眼前病人的险情。

考虑到断针是程铭先生足少阴脉穴位——阳陵泉穴，滑伯仁便沿着这条经脉巡行着，在离阳陵泉穴很远处风市穴扎上一根又长又大的银针，并用力捻动起来。病人疼痛难忍，汗流如注，不禁大嚷大叫。这时风市穴旁边的肌肉猛烈地抽搐着，而阳陵泉穴周围的肌肉却逐渐松弛下来。滑伯仁见时机已到，忙向巴医生丢了一个赶快拔针的眼色，巴医生此刻也是心领神会，果断地将断针拔出，十分顺利。接着，滑伯仁也在病人稍缓之时，拔出粗银针。

由于滑伯仁成功地运用了非常规的对策，使一场即将危及病人生命的医疗事故化险为夷。大家不但心悦诚服，而且不约而同地向滑伯仁投来了敬佩的目光。

明察秋毫

三国时期，吴国的国君孙亮非常聪明，观察和分析事物深入细致，常常能使疑难问题顺利解决，为一般人所不及。

一次，孙亮想要吃梅子，就吩咐黄门官去库房把浸着蜂蜜的蜜汁梅取来。这个黄门官心术不正又心胸狭窄，是个喜欢记仇的小人。他和掌管库房的库吏素有嫌隙，即使平时两人见面也会因为一些小事发生口角。他怀恨在心，一直想伺机报复。这次，可让他逮着机会了。他从库吏那里取了蜜汁梅以后，悄悄地找了几颗老鼠屎放了进去，然后才拿去给孙亮吃。

不出他所料，孙亮没吃几口就发现蜂蜜中有老鼠屎，勃然大怒，说："是谁这么大胆，竟然欺负到我的头上来了，简直反了！"心怀鬼胎的黄门官连忙下跪，奏道：

"库吏一向不忠于职守,常常游手好闲,四处闲逛,一定是他的渎职才使老鼠屎掉进了蜂蜜里。既败坏了主公的雅兴,又损害了主公的健康,简直是罪不容恕,希望您好好地教训教训他,严惩他的渎职之罪。"

孙亮马上命人将库吏招来审问。孙亮问道:"刚才黄门官是不是从你那里取走的蜜汁梅?"库吏早就吓得脸色惨白,赶忙磕头,结结巴巴地回答说:"是……是的,但是我给他……他的时候,里……里面肯定没有老鼠屎。"这时,黄门官抢着说:"不对!库吏在撒谎,老鼠屎早就在蜜中了!"两人争执不下,都说自己说的是真话,一时难以判断真假。

这时,侍中官刁玄和张邠出主意说:"既然黄门官和库吏争不出结果来,分不清楚到底是谁的责任,不如把他们俩都关押起来,一同治罪。"

孙亮沉思片刻,微笑着说:"其实,要弄清楚这件事很简单,只要把蜜中的老鼠屎剖开就可以了。"他叫人当着大家的面把老鼠屎切开,大家仔细一看,只见老鼠屎的外面沾着一层蜂蜜,是湿润的;而里面却是干燥的。孙亮解释说:"如果老鼠屎早就掉进蜜中了,那么浸了这么长时间,一定早就湿透了。现在它却是内干外湿,很明显是人刚放进去的,而库吏负责看守,是不可能自己放进去的。那么,最有可能的就是黄门官,而且在我发现有老鼠屎的时候,黄门官迫不及待地将矛头引向库吏。"说罢,站起身来,向黄门官大怒道:"黄门官,你这样栽赃陷害,实在是太不像话了!你居心何在?"

这时的黄门官早就吓得跪在了地上,磕头如捣蒜,如实交代了自己陷害库吏、欺君罔上的罪行。

滥竽充数

古时候，齐国的国君齐宣王爱好音乐，尤其喜欢听吹竽，手下有300个善于吹竽的乐师。齐宣王喜欢热闹，爱摆排场，总想在人前显示做国君的威严，所以每次听吹竽的时候，总是叫这300个人在一起合奏给他听。

有个南郭先生听说了齐宣王的这个癖好，觉得有机可乘，就跑到齐宣王那里，吹嘘自己说："大王啊，我是个有名的乐师，听过我吹竽的人没有不被感动的，就是鸟兽听了也翩翩起舞，花草听了也会合着节拍颤动，我愿意把我的绝技献给大王。"齐宣王听得很是高兴，不加考察，很是痛快地收下了他，把他也编进那支吹竽的队伍中。

这以后，南郭先生就随那300人一起合奏给齐宣王听，和大家一起拿着丰厚的薪水和赏赐，心里得意极了。

其实南郭先生撒了个弥天大谎，他压根就不会吹竽。每逢演奏的时候，南郭先生就捧着竽混在吹竽的队伍中，人家摇晃身体他也跟着摇晃身体；人家摆头他也跟着摆头；人家手指移动他也跟着移动。同时，他的脸上还呈现出一幅动情忘我的样子，看上去和别人一样，一样吹奏得挺投入，还真看不出什么破绽来。南郭先生就这样靠着蒙骗混过了一天又一天，不劳而获地白拿着薪水。

可是好景不长，过了几年，爱听竽合奏的齐宣王死了，他的儿子齐闵王继位。齐闵王同样爱听吹竽，但是他和齐宣王不同，认为300人一起吹实在是太吵，不如独奏来得悠扬逍遥。于是齐闵王发布了一道命令，要这300人好好练习，好好准备，他将让他们轮流一个接一个地吹竽给他欣赏。乐师们知道命令后，都积极练习，想一展身手，希望得到更优厚的待遇。可是南郭先生却急得如同热锅上的蚂蚁，惶惶不可终日。他想来想去，觉得这次再也混不过去了，只好连夜收拾行李，逃走了。

圯上受书

张良，字子房，生于战国末期韩国城父（今安徽亳县东南），出身于贵族世家，祖父张开地曾相韩昭侯、韩宣惠王、韩襄王；父亲继之又相韩厘王、韩桓惠王。不过到了张良时代，韩国逐渐衰落，终于在公元前230年，被秦王政派内史一举剪灭，将其置为颍川郡。韩国的灭亡，使张良失去了继承父业的机会，丧失了赫赫荣耀的地位，使他像许多贵族遗少一样，心中充满仇恨的烈火。于是，就有了博浪沙刺秦王的一幕。

刺杀秦王失败以后，始皇帝愤然"大索天下"，张良只得更名改姓，隐匿于下

邳，小心出入，谨慎行事。

一天，张良闲来无事在下邳桥上散步，走到桥头，遇到一个身穿粗布短衣的老人，这位老人走到张良身边时，不慎将自己的鞋脱落桥下，然后傲慢地对着张良说："小子，下去给我捡鞋！"张良愕然，但是看到是一位老者，于是强压着心中不满的怒火，勉强下去将鞋给老人捡了上来。可是，老人并不接着，而是把脚跷起来，说："给我穿上！"此刻的张良真想挥拳上去打他，但因他已经历经人间沧桑，饱经漂泊生活的种种磨难，况且对方又是老人，都把鞋给捡上来了，还是好人做到底吧。想到这里，强忍怒火，膝跪于前，小心翼翼地帮老人穿好鞋。老人非但没有感谢，反而仰面长笑而去。张良呆视很久，只见那老人走出里许之地，又轻步返回桥上，对张良说："孺子可教也！五天后的黎明，与我在此会面。"张良越发觉得奇怪，于是跪拜说："好的！"

五天后，鸡鸣时分，张良急匆匆地赶到桥头。谁知老人故意提前来到桥上，此刻已等在桥头，见张良来到，忿忿地斥责道："与老人约，为何误时？五日后再来！"说罢离去。又过了五天，张良索性半夜就到桥上等候。其至诚和隐忍的精神感动了老人，于是老人送给他一本书，说："读此书则可为王者师，十年后天下大乱，你可用此书兴邦立国，十三年后再来见我。"说吧，自顾扬长而去。这位老人就是传说中的神秘人物：隐身岩穴的高士黄石公。

张良惊喜异常，天亮时分，捧书一看，《太公兵法》。从此，张良日夜研习兵书，思考天下大事，终于成为一个深明韬略、文武兼备、足智多谋的"智囊"。

公元前209年七月，陈胜、吴广在大泽乡揭竿起义，举兵反秦。紧接着，各地反秦武装暴动风起云涌。矢志抗秦的张良也聚集了一百多人，举起了反秦的大旗。后来自感身单势孤，难以立足，便率众投奔在留县称王的景驹。不料，走到半路，正遇上刘邦率领义军在下邳一带发展势力。两人一见倾心，张良多次以《太公兵法》劝说刘邦，刘邦多能领悟，并常常采纳张良的谋略。于是，张良改变了投奔景驹的想法，决定跟从刘邦。后来在张良等人的帮助下，刘邦成功打败了项羽，建立了汉朝。

难得糊涂

郑板桥是清代画家,书法家,文学家。康熙秀才,雍正举人,乾隆进士,曾任山东范县、潍县知县,因请赈得罪上司而被罢官。郑板桥为政清廉,有才干,同情人们疾苦。去官后居住在扬州,以书画为生。其诗能揭露社会黑暗,同情人民疾苦,其文章率真自然。他的"难得糊涂"可以说是中外知名。表面看来,是糊涂处事,实际上,"难得糊涂"也可以说是一种聪明之举。

公元1751年,郑板桥在潍县"衙斋无事,四壁空空,周围寂寂,仿佛方外,心中不觉怅然。"他想,"一生碌碌,半世萧萧,人生难道就是如此?争名夺利,争强好胜,到头来又是如何呢?看来还是糊涂好,万事都作糊涂,无所谓失,无所谓得,心灵也就安宁了。"于是,他挥毫写下"难得糊涂"。因此它被称为"真乃绝顶聪明人吐露的无可奈何语,是面对喧嚣人生,炎凉世态内心迸发出的愤激之辞。"

郑板桥任潍县知县时,其堂弟为了祖传房屋的一段墙基,与邻居诉讼,要他函告兴化县知县,以便赢得官司。郑板桥看完信后立即赋诗回书:"千里捎书只为墙,让他三尺又何妨?万里长城今犹在,不见当年秦始皇。"稍后,他又写下"难得糊涂",并在"难得糊涂"下加注:"聪明难,糊涂难,由聪明而转入糊涂更难,放一着,退一步,当下安心,非图后来福报也。"此处将"难得糊涂"解释为:聪明人难得做一次糊涂事,要心安理得,也可取得心态平衡。

一鸣惊人

春秋时期,楚穆王死了,楚庄王即位。庄王继任王位以后,整日吃喝玩乐,打猎

巡游，不理朝政。奸邪大臣们暗中十分高兴，忠直大臣们急得不知如何是好。其实，庄王另有一番打算。

原来，楚国令尹权势太大，把持朝政，庄王觉得自己刚刚即位，党羽未丰，难以与之抗衡，所以想先利用假象麻痹他一下，免遭不测。另外，自己刚刚上台，对大臣们忠奸也心中没底，需要观察甄别。出于这两种考虑，楚庄王才把自己"深隐"起来，将满腹雄心"隐"在吃喝玩乐中。

这样过了三年，令尹等一帮奸臣更加肆无忌惮了，惹得民愤吏怨。一帮忠臣再也沉不住气了，有位出名的忠直大臣叫伍举的便出面责问庄王。庄王见伍举到来，便问道："你来干什么？是来喝酒的，还是来听音乐的？"

伍举不温不火地说："我只是想来请教一件事。有人给臣出了个谜语，臣下猜不出，特来请教。"

"那你讲给我听一下。"庄王心中疑惑，但面无表情地说。

伍举说："楚国山上有只大鸟，身披五彩，气宇华耀。三年以来，不飞不叫。我们不知，此为何鸟？"

庄王听后，哈哈大笑，回答道："这不是平凡之鸟。三年不飞，一飞冲天；三年不鸣，一鸣惊人。"

伍举明白了底细，叩头称谢说："大王英明。"便高兴地退了出来。

过了几个月，楚庄王这只大鸟依然一如既往地吃喝玩乐，既不"鸣"，也不"飞"。大夫苏从再也忍不住了，便来见庄王。他才进宫门，便大哭起来。楚庄王说："先生，为什么事这么伤心啊？"苏从回答道："我为自己就要死了伤心。还为楚国即将灭亡伤心。"楚庄王很吃惊，便问："你怎么能死呢？楚国又怎么能灭亡呢？"苏从说："我想劝告您，您听不进去，肯定要杀死我。您整日观赏歌舞，游玩打猎，不理朝政，楚国的灭亡不就在眼前了吗？"楚庄王听后站起来，动情地说："大夫的话都是忠言，我必定照你说的办。"

随即，楚庄王便开始整顿内政，起用有才能的人，将伍举、苏从提拔到关键的职位上去，分担令尹的工作，从而削弱了他的权力。

楚庄王一边改革政治，一边扩充军队，训练军士。终于在邱城大战中将拥有六百辆兵车的晋军人马全部消灭。三年末鸣的楚庄王终于一鸣惊人。以后，他又陆续逼鲁、宋、郑、陈等国归顺。他继齐桓公、晋文公、秦穆公之后，也当上了霸主。前后统治楚国二十三年，使楚国强盛一时。

反道行事

魏文侯在位时，西门豹治理邺县时严肃法纪，刚正廉明，铁面无私。他不仅把装神弄鬼的大巫小巫投入漳河，祭了河神，还从重惩治了地方上几个贪官污吏。邺县百姓都拍手称快，赞叹他的德政。在他的带领下，人们兴修水利，务农经商，很快使这个荒凉的地区呈现出繁荣昌盛的景象。

西门豹勤政爱民，为官清廉。但是他既不逢迎上司，也不奉承君主，所以虽然政绩显著，却并没有受到魏文侯的赏识。

相反，魏文侯左右的一些大臣因西门豹触及其私党的利益，总是想方设法诋毁诬陷西门豹。魏文侯并没有查证进言的真伪，而是听信了这些大臣，准备把西门豹召回京城，罢免他的官职。

西门豹进京拜见国君，魏文侯便劈头盖脸责备他，大臣们也趁机添油加醋地批评他。西门豹却是一句怨言也不发，只是请愿道：

"从前微臣才疏学浅，不知该如何治理地方，现在大王和诸位大臣的教诲，使我学会了治理的方法。请求再给我一个机会，换一个地方治理一年，如果还是治理不好，大王可以砍掉我的脑袋以泄民愤。"

魏文侯答应了他的请求，大臣们也没再说什么。

于是，西门豹来到新地方上任，一改往日清廉的作风，而是大肆搜刮百姓，弄得地方怨声四起。他又不断地贿赂魏文侯身边的亲信大臣，让他们在魏文侯面前多说好话。

一年任期届满，他进京晋见国君。魏文侯满面笑容地赞美他治理有方，左右大臣也是交口称赞。

西门豹听了，怒气冲冲地说道："臣以前衷心为大王治理地方，有政绩，深受百姓拥戴，大王却要罢免我的官职。而这一年，臣实际上是压榨百姓，欺上瞒下，大王却是夸奖赞美我。这不是很愚蠢的行为吗？我不能屈节求荣，愧对百姓！请大王恩

准我辞官回家！"

说吧，他当场交上官印，等候发落。

魏文侯这才醒悟过来，惭愧地扶起西门豹，说道：

"寡人如今才明白事情的真相。请你原谅，我保证从今以后，远小人，任用贤能，就请你继续为我尽心尽力吧！"

巧解纷争

清朝末年，有一名知县，叫陈树屏。他机智灵活，才思敏捷，尤其擅长为别人调解纷争。他所言不多，却是字字切中要害。只要他一出面，无论什么事情，用不了一会儿的工夫，肯定是大事化小，小事化了，所以人们都夸赞他的口才与机敏。

这一年的春天，阳光明媚，水光潋滟。陈树屏不由诗兴大发，兴致勃勃地邀请了一帮文人朋友到黄鹤楼上游玩。当时的湖北督抚张之洞和抚军大人谭继询是他的上司，两个人也乘兴而来。大家相互寒暄后，一边欣赏着黄鹤楼下的美妙春光，一边把酒谈笑。清风拂面而来，裹挟着花的芬芳；远处的长江风景秀丽，在阳光的照耀下，闪烁着粼粼的波光，江面上也是帆来帆去。大家兴致高涨，宴席气氛非常融洽。

忽然，有个客人问："你们看这江水浩浩荡荡，气势宏大，却不知道这江面有多宽。"

大家都讨论起来。有的引经据典，有的猜测估计，还有的等着倾听别人的回答。张之洞和谭继询两个人是死对头，表面上合得来，但是心里却是暗中较着劲，一遇到机会就会互相拆台。所以，两个人很快因为这件事情就针锋相对起来了。

谭继询清清嗓子，说道："我曾经在一本书上看到过有关长江的记载，我记得是五里三分。"

张之洞听后，故意说："不对，我记得清楚，怎么会是五里三分呢？书上明明写的是七里三分，你说得这么窄，江水怎么会有这么大的气势呢！"

谭继询见对方和自己又是意见相左，而且明摆着说自己引用有误，一时觉得面子上下不来，就梗着脖子和对方争执起来，两个人闹得脸红脖子粗。

陈树屏眼看着这场争执就要破坏宴会的气氛，心里看不起他们这样的行为，他知道两个人是在借题发挥。因为这个问题本来就是说不清楚的，即使说清楚了也没有多大意义。为了不扫来客的兴致，他灵机一动，不紧不慢地拱拱手，谦虚地说："涨潮时，江面就宽到七里三分；落潮时，江面就会降到五里三分。二位大人一个说的是涨潮时分，一个说的是落潮时分，可见你们说的都有道理。这是没有什么好怀疑的!"

　　陈树屏放下手,端起自己的酒杯,高举着说:"这个问题暂时不用再说了。今日难得大家高兴,也难得这么好的天气,来来来,为了今天的好景致我们喝一杯。"

　　众人听完这不偏不倚的圆场话,都会心地笑了。张之洞和谭继询都知道自己是一派胡言,只是和对方较劲。两个人一看东道主给自己台阶,便赶紧顺势而下,举起酒杯。

　　一场争辩就这样不了了之,众人又在一起把酒言欢了。

杨朱篇

【题解】

　　杨朱，先秦哲学思想家，在战国时代曾独树一帜，反对儒、墨，尤其反对墨子的"兼爱"，主张"贵生"、"重己"，重视个人生命的保存，反对他人对自己的侵夺，也反对自己对他人的侵夺。《杨朱》篇假托杨朱之口，集中地表达了作者"唯贵放逸"、"不违自然所好"的人生态度和社会观点。全篇由十五个寓言故事组成，全文可分为三个要点：第一，论生死。杨朱提出，有生便有死，死皆归腐骨。因此，"且趣当生，奚遑死后"。第二，贵己乐生。杨朱提出，己身最宝贵的东西就是生命，应当万分珍重，不使它受到任何伤害，提出"智之所贵，存我为贵"。第三，全性保真。即顺应自然之性，保持自然赋予我身之真性，自己主宰自己的命运。

【原文】

　　杨朱游于鲁，舍于孟氏。孟氏问曰："人而已矣，奚以名为？"曰："以名者为富。""既富矣，奚不已焉？"曰："为贵。""既贵矣，奚不已焉？"曰："为死。"

　　"既死矣，奚为焉？"曰："为子孙。""名奚益于子孙？"曰："名乃苦其身，燋①其心。乘其名者，泽及宗族，利兼乡党，况子孙乎？""凡为名者必廉，廉斯②贫；为名者必让，让斯贱。"曰："管仲之相齐也，君淫亦淫，君奢亦奢，志合言从，道行国霸。死之后，管氏而已。田氏③之相齐也，君盈则己降，君敛则己施，民皆归之，因有齐国；子孙享之，至今不绝。""若实名贫，伪名富。"曰："实无名，名无实；名者，伪而已矣。昔者尧、舜伪以天下让许由④、善卷⑤，而不失天下，享祚⑥百年。伯夷、叔齐实以孤竹⑦君让而终亡其国，饿死于首阳之山。实伪之辨，如此其省也。"

【注释】

①燋（jiāo）：同"焦"，焦灼，烦躁。
②斯：就，乃。
③田氏：田常，即田成子。春秋时期齐国大臣。公元前481年，他杀死齐简公，拥立齐平公，自任相国，齐国便由田氏专权。之后，田常的曾孙田和升格为诸侯，取代姜氏，成为齐的国君。
④许由：尧时的贤人。尧帝知其贤德，欲禅让君位于他，许由坚辞不就，逃到箕山下，农耕而食。尧帝又请他做九州的长官，他便到颍水边洗耳，表示不愿意听到。辛葬箕山之巅，尧帝封其为

"箕山公神,配食五岳,后世祀之"。

⑤善卷:相传为舜时隐士,舜曾将君位让位给他,他以"日出而作,日落而息,逍遥于天地之间"而拒绝不授,归隐枉山(今湖南常德德山),德播天下,成为我国道德文化的渊源之一。

⑥享祚(zuò):享国。指帝王在位的年数。

⑦孤竹:古国名。在今河北卢龙一带,存在于商、周之时。

【译文】

杨朱在鲁国游历,住在孟氏家中。孟氏问他:"做普通的人就行了,为什么要名声呢?"杨朱回答说:"用名声去发财致富。"孟氏又问:"已经富有了,为什么还不停止追求呢?"杨朱说:"为了地位显贵。"孟氏又问:"已经显贵了,为什么还不停止追求呢?"杨朱说:"为了身死之后的荣耀。"

孟氏又问:"人都已经死了,还要名干什么呢?"杨朱说:"为了子孙后代。"孟氏又问:"名声对子孙后代有什么好处呢?"杨朱说:"名声是依靠身体劳苦、心神焦虑才获得的。借一个人的名声能够让恩泽遍及宗族,利益兼顾乡里,更何况是自己的子孙后代呢?"孟氏说:"大凡追求名声的人一定廉洁,廉洁就会生活贫困;追求名声的人一定谦让,谦让就会地位低贱。"杨朱说:"管仲担任齐国国相的时候,国君淫乱,他也淫乱;国君奢侈,他也奢侈。顺随国君的意愿,听从国君的言令,因此政策得以推行,国家得以称霸。但是管仲死了以后,管氏家族也很快衰落下去。田常担任齐国国相的时候,国君专横,他便谦逊;国君聚敛,他便施舍。老百姓都归附他,他因而夺取了齐国政权;子孙后代继续享有齐国,至今没有断绝。"孟氏说"照这样说来,真名声使人贫贱,而假名声却使人富贵。"杨朱又说:"务实的没有名声,求名的没有实事。所谓名声,不过是虚伪的东西罢了。从前尧、舜假意将天下让给许由、善卷,不但没有失去天下,而且享受帝位长达百年之久。伯夷、叔齐真的将孤竹君位让出,不仅最终导致国家灭亡,甚至饿死在首阳山上。真实与虚伪的区别就是这样,就像这样明白啊。"

【原文】

杨朱曰:"百年,寿之大齐①。得百年者千无一焉。设②有一者,孩抱③以逮昏老④,几居其半矣。夜眠之所弭⑤,昼觉之所遗,又几居其半矣。痛疾哀苦,亡失⑥忧惧,又几居其半矣。量十数年之中,逌然⑦而自得,亡介焉之虑者,亦亡一时之中尔。

"则人之生也奚为哉?奚乐哉?为美厚⑧尔,为声色⑨尔。而美厚复不可常厌足⑩,声色不可常玩闻。乃复为刑赏⑪之所禁劝,名法⑫之所进退⑬;遑遑⑭尔竞一时之虚誉⑮,规⑯死后之余荣⑰;偊偊⑱尔顺⑲耳目之观听,惜身意⑳之是非;徒失当年之至乐,不能自肆于一时。重囚㉑累梏㉒,何以异哉?

"太古㉓之人知生之暂来，知死之暂往；故从㉔心而动，不违自然所好；当身之娱非所去也，故不为名所劝。从性而游，不逆万物所好，死后之名非所取也，故不为刑所及。名誉先后，年命多少，非所量也。"

【注释】

①大齐：最大的定限。
②设：假使。
③孩抱：幼年；幼小。
④昏老：昏聩老迈。
⑤弭(mǐ)：消逝，止息。
⑥亡失：这里指失意，不得志。
⑦迫(yōu)然：闲适自得的样子。
⑧美厚：指美好的衣食。
⑨声色：指歌舞和女色。
⑩厌足：满足。
⑪刑赏：刑罚与奖赏。
⑫名法：名分与法律。
⑬进退：前进和后退，这里指束缚。
⑭遑遑(huáng huáng)：匆忙不安定的样子。亦作"皇皇"。
⑮虚誉：虚假的名声。
⑯规：谋划。
⑰余荣：身后的荣耀。
⑱偊偊(yǔ yǔ)：同"踽踽"。独行的样子。
⑲顺：与"慎"相通假，即谨慎小心。
⑳身意：自身的意愿、志向。
㉑重囚：旧指犯有重罪的囚犯。
㉒累梏：沉重的手铐。梏(gù)，古代拘在罪人两手的刑具。
㉓太古：最古老的时代。
㉔从：同"纵"，放任。

【译文】

杨朱说："一百岁，是寿命的最高定限。能活到一百岁的，一千人中恐怕也挑不出一个。假使有一个人能活到一百岁，那么他处在幼年和衰老的时间，就几乎占据了人生的一半时间了。夜晚睡眠时间的消耗，白天休息时间的遗误，又几乎占据了剩余时间的一半。至于疾病苦痛、失意忧愁，又几乎占据了剩余时间的一半。算算剩下的十几年，能够闲适自得、没有挂念的快乐日子，恐怕连一天的时间也没有啊。

"那么人的一生究竟是为了什么？有什么快乐呢？就是为了锦衣玉食，为了歌舞女色呀！然而锦衣玉食并不能常常得到满足，歌舞女色也不能常常能够赏玩。动辄还要遭到刑罚的禁阻、奖赏的鼓励，受到名分礼法的约束；在有限的时间里，还要匆匆忙忙地竞争一时的虚名，谋划死后留下的荣耀；孤独谨慎地观察周围事物的对错，注重思想行动的是非；白白丧失了有生之年应该享有的最大快乐，不能自由自在地活一段时间。如此这般的生活，同戴着刑具，关进牢房的囚犯有什么区别呢？

"远古时代的人懂得出生是暂时的到来，懂得死亡是暂时的离去；因此放纵心意而行动，不违背自然的本性；并不抛弃自身的快乐，所以不为名誉所诱惑。顺随自然本性而游赏，不违背万物的规律，不博取死后的名誉，所以不会受到刑罚的惩处。至于名誉的大小，寿命的长短，都不是他们所考虑的。"

【原文】

杨朱曰："万物所异者生也，所同者死也。生则有贤愚、贵贱，是所异也；死则有臭腐、消灭，是所同也。虽然，贤愚、贵贱非所能①也，臭腐、消灭亦非所能也。故生非所生②，死非所死，贤非所贤，愚非所愚，贵非所贵，贱非所贱。

"然而万物齐③生齐死，齐贤齐愚，齐贵齐贱。十年亦死，百年亦死；仁圣亦死，凶愚亦死。生则尧、舜，死则腐骨；生则桀、纣，死则腐骨。腐骨一矣，孰知其异？且趣④当生，奚遑⑤死后？"

【注释】

①非所能：不是自己所能办到的，指生死、贤愚、贵贱、臭腐、消灭都不是凭自己的主观努力而能办到的。

②非所生：疑此句脱一"能"字，应作"非所能生"，意即生存并不是自己所能做主的。下文"非所死"、"非所贤"、"非所愚"、"非所贵"、"非所贱"皆应有"能"字。

③齐：相等、等同。

④趣：趋向，往。

⑤遑（huáng）：闲暇。

【译文】

杨朱说："万物所不同的是生存，所相同的是死亡。活着就有贤愚、贵贱之分，这是不同的；死亡无非都是臭腐、消灭，这是相同的。即使这样，造成贤愚、贵贱的差别也不是个人所能决定的，最终都归于腐臭、消灭也不是个人所能决定的。所以，不是自己想要生存就能生存，自己想要死亡就能死亡，自己想要贤能就能贤能，自己想要愚笨就能愚笨，自己想要显贵就能显贵，自己想要低贱就能低贱。

"然而，对于万物来说，生与死是等同的，贤与愚是等同的，贵与贱也是等同的。活十年也是死，活百年也是死。仁人圣人也要死，凶人愚人也要死。活着像尧、舜一样贤明，死了就是一堆腐骨；活着像桀、纣一样残暴，死了也是一堆腐骨。腐骨都是一样的，有谁能知道它们之间的差异呢？姑且追求今生的快乐吧，哪有工夫顾及死后的事情呢？"

【原文】

杨朱曰："伯夷非亡欲，矜清①之邮②，以放③饿死。展季④非亡情，矜贞之邮，以放寡宗⑤。清贞之误善之若此。"

杨朱曰："原宪⑥窭⑦于鲁，子贡殖⑧于卫。原宪之窭损生，子贡之殖累身。""然则窭亦不可，殖亦不可，其可焉在？"
曰："可在乐生，可在逸身。故善乐生者不窭，善逸身者不殖。"

【注释】

①矜：怜悯、怜惜。这里引申为顾惜。
②邮：通"尤"，最。
③放：至。
④展季：即展禽，亦称柳下惠，以女子坐怀不乱、坚守礼仪而著称。
⑤寡宗：宗支不繁，是说子孙很少。
⑥原宪：字子思，孔子弟子，今山东临沂市平邑县仲村镇南屯人。孔子死后，隐居于卫。
⑦窭(jù)：贫寒，贫穷。
⑧殖：兴生财利。

【译文】

杨朱说："伯夷并非没有欲念，而是过于顾惜清白的名声，以至于饿死山中。展季并非缺乏感情，而是过于顾惜坚贞的名声，以至于缺少后嗣。清白与坚贞的危害竟是这样的巨大啊！"

杨朱说："原宪在鲁国，生活贫困，挨饿受冻；子贡在卫国经商赚钱，家累万金。原宪的贫寒损害生命，子贡的富有劳累身心。"有人问道："既然这样，贫寒也不合宜，富有也不合宜，那么怎样才合适呢？"杨朱回答说："正确的办法在于使生活快乐，在于使身心安逸。因此说善于让生活快乐的人不会感到贫寒，善于使身心舒适的人不去经商。"

【原文】

杨朱曰:"古语有之:'生相怜,死相捐。'此语至矣。相怜之道,非唯情也;勤能使逸,饥能使饱,寒能使温,穷能使达也。相捐之道,非不相哀也;不含珠玉①,不服文锦②,不陈牺牲③,不设明器④也。"

"晏平仲⑤问养生于管夷吾⑥。管夷吾曰:'肆之而已,勿壅勿阏⑦。'晏平仲曰:'其目奈何?'夷吾曰:'恣耳之所欲听,恣目之所欲视,恣鼻之所欲向,恣口之所欲言,恣体之所欲安,恣意之所欲行。夫耳之所欲闻者音声,而不得听,谓之阏聪;目之所欲见者美色,而不得视,谓之阏明;鼻之所欲向者椒兰⑧,而不得嗅,谓之阏颤⑨。口之所欲道者是非,而不得言,谓之阏智;体之所欲安者美厚,而不得从,谓之阏适;意之所欲为者放逸,而不得行,谓之阏性。凡此诸阏,废虐之主。去废虐⑩之主,熙熙然⑪以俟⑫死,一日、一月、一年、十年,吾所谓养。拘此废虐之主,录⑬而不舍,戚戚然⑭以至久生,百年、千年、万年,非吾所谓养。'

"管夷吾曰:'吾既告子养生矣,送死奈何?'晏平仲曰:'送死略⑮矣,将何以告焉?'管夷吾曰:'吾固欲闻之。'平仲曰:'既死,岂在我哉?焚之亦可,沉之亦可,瘗⑯之亦可,露之亦可,衣薪⑰而弃诸沟壑亦可,衮衣绣裳⑱而纳诸石椁⑲亦可,唯所遇焉。'管夷吾顾谓鲍叔、黄子⑳曰:'生死之道,吾二人进之矣。'"

【注释】

①不含珠玉:古时人死入殓,以珠、玉、贝、米等物放在死者口中,因死者身份不同而又区别。现以相捐之道,故不在死者口中置放珠玉之类的珍贵东西。

②文锦:文彩斑斓的织锦。

③牺牲:古指祭祀或祭拜用品。供祭祀用的纯色全体牲畜;供盟誓、宴享用的牲畜。

④明器:即冥器。专为随葬而制作的器物,一般用竹、木或陶土制成。

⑤晏平仲:即晏婴。字仲,谥平,习惯上多称平仲,又称晏子,夷维人(今山东莱州)。春秋后期一位重要的政治家、思想家、外交家。

⑥管夷吾:即管仲。名夷吾,谥曰"敬仲",齐国颍上(今安徽颍上)人,史称管子。春秋时期齐国著名的政治家、军事家。周穆王的后代。

⑦勿壅勿阏:不要堵塞不要遏制。壅,堵塞。阏(è),壅塞。

⑧椒兰:椒与兰,皆芳香之物,故以并称。

⑨颤:鼻子通气,可辨气味。

⑩废虐:残害,摧残。

⑪熙熙然:和乐的样子。

⑫俟:等待。

⑬录:录用,采用。这里引申为束缚。

⑭戚戚然:忧伤、忧惧的样子。

⑮略：大致；简单；不详细。
⑯瘗（yì）：掩埋，埋葬。
⑰衣薪：用柴草包裹尸体。
⑱衮衣绣裳：画有卷龙的上衣和绣有花纹的下裳。古代帝王与上公的礼服。
⑲石椁：亦作"石槨"。亦作"石郭"。石制的外棺。
⑳黄子：与管仲同时的齐国大臣。

【译文】

杨朱说："古代有句话说：'活着相互怜爱，死后相互抛弃。'这句话是至理名言呀。所谓怜爱，不仅仅只是依靠相互之间的感情来维系；而且勤苦的能使他得到安逸，饥饿的能使他得到饱腹，寒冷的能使他得到温暖，穷困的能使他得到显达。所谓抛弃，并非是对死者不表示悲哀；而是口中不再给他含珍珠美玉，身上不再给他穿文彩绣衣，祭奠时不再给他供牺牲，埋葬时不再给他摆冥器。

"晏婴向管仲询问养生之道。管仲说：'养生的关键在于随心所欲、自由自在罢了。不要堵塞，不要遏制。'晏婴问：'具体应该怎样做呢？'管仲说：'放任耳朵所想听的，放任眼睛所想看的，放任鼻子所想闻的，放任嘴巴所想说的，放任身体所想处的，放任意愿所想干的。耳朵所想听的是声音，然而却不得听，这叫做阻塞听觉的灵敏；眼睛所想看的是美色，然而却不得看，这叫做阻塞视觉的明亮；鼻子所想闻的是香气，然而却不得闻，这叫做阻塞嗅觉的通畅；嘴巴所想说的是是非，然而却不得说，这叫做阻塞头脑的智慧；身体所想处的是舒服，然而却不得处，这叫做阻塞人生的安适；意愿所想做的是放逸，然而却不得做，这叫做阻塞天生的本性。凡此种种阻塞，都是残毁身心的根源。清除残毁身心的根源，和乐安逸一直到死，即使能活上一天，一月，一年，十年，这就是我所说的养生之道。拘泥于残毁身心的根源，束缚于此而不肯舍弃，悲伤忧惧一直到老，即使能活上一百年，一千年，一万年，也不是我所说的养生之道。'

"管仲说罢，反问晏婴道：'我已经告诉你养生之道了，那么给死者送葬又该怎样呢？'晏婴说：'送葬的事情就简单啦，我将怎么跟你说呢？'管仲说：'我一定要听你说说。'晏婴说：'已经死了，难道能由得自己吗？用火焚烧也行，沉到水中也行，埋进土里也行，露在外面也行，用柴草包裹丢到沟壑里也行，穿着礼服绣衣装入棺椁里也行，总之，碰上什么风俗，就按什么风俗办好了。'管仲回头对鲍叔牙和黄子说：'生死的道理，我们两人已经完全领悟了。'"

【原文】

子产相郑，专国之政①，三年，善者服其化，恶者畏其禁，郑国以治，诸侯惮之。

而有兄曰公孙朝，有弟曰公孙穆。朝好酒，穆好色。朝之室也聚酒千钟②，积麴③成封④，望门百步，糟浆之气逆于人鼻。方其荒⑤于酒也，不知世道之安危，人理之悔吝⑥，室内⑦之有亡，九族⑧之亲疏，存亡之哀乐也。虽水火兵刃交于前，弗知也。

穆之后庭比房数十，皆择稚齿⑨婑媠⑩者以盈之。方其耽于色也，屏亲昵，绝交游，逃于后庭，以昼足夜；三月一出，意犹未惬⑪。乡有处子⑫之娥姣⑬者，必贿而招之，媒而挑之，弗获而后已。

子产日夜以为戚⑭，密造邓析而谋之，曰："侨⑮闻治身以及家，治家以及国，此言自于近至于远也。侨为国则治矣，而家则乱矣。其道逆邪？将奚方以救二子？子其诏⑯之！"

邓析曰："吾怪之久矣！未敢先言。子奚不时其治也，喻以性命之重，诱以礼义之尊乎？"

子产用邓析之言，因间以谒其兄弟，而告之曰："人之所以贵于禽兽者，智虑⑰。智虑之所将者，礼义。礼义成，则名位至矣。若触情而动，耽⑱于嗜欲⑲，则性命危矣。子纳侨之言，则朝自悔而夕食禄矣。"

朝、穆曰："吾知之久矣，择之亦久矣，岂待若言而后识之哉？凡生之难遇而死之易及；以难遇之生，俟易及之死，可孰念哉？而欲尊礼义以夸人，矫情性以招名，吾以此为弗若死矣。为欲尽一生之欢，穷当年之乐，唯患腹溢而不得恣口之饮，力惫而不得肆情于色；不遑忧名声之丑，性命之危也。且若以治国之能夸物，欲以说辞乱我之心，荣禄喜我之意，不亦鄙而可怜哉！

"我又欲与若别之。夫善治外者，物未必治，而身交苦；善治内者，物未必乱，而性交逸。以若之治外，其法可暂行于一国，未合于人心；以我之治内，可推之于天下，君臣之道息矣。吾常欲以此术而喻之，若反以彼术而教我哉？"

子产忙然⑳无以应之。他日以告邓析。邓析曰："子与真人㉑居而不知也，孰谓子智者乎？郑国之治偶耳，非子之功也。"

【注释】

①专国之政：执掌国家政权。
②千钟：极言粮多。古以六斛四斗为一钟，一说八斛为一钟，又谓十斛为一钟。
③麴(qū)：同"曲"。泛指酒。
④封：土堆。
⑤荒：放纵，迷乱。
⑥悔吝：灾祸。
⑦室内：家里、屋里，引申为家业。
⑧九族：指本身以上的父、祖、曾祖和以下的子、孙、曾孙、玄孙。古时立宗法，以此为准。也有

以父族四、母族三、妻族二为"九族"。泛指血缘相近的亲族、宗族。

⑨稚齿：指年龄小。

⑩矮媠（wǒ duò）：柔弱美好的样子。

⑪惬：满足，畅快。

⑫处子：处女。

⑬娥姣：容貌美好。

⑭戚：忧愁，悲哀。

⑮侨：子产姓公孙，名侨，字子产。

⑯诏：告诉，告诫。

⑰智虑：智慧与思虑。这里泛指理智。

⑱耽：沉溺，入迷。

⑲嗜欲：嗜好和欲望。指肉体感官上追求享受的要求。

⑳忙然：茫然，若有所失的样子。

㉑真人：道教称有养本性或修行得道的人，多用做称号。

【译文】

子产担任郑国的宰相，执掌国家大权。三年之后，好人顺服他的教化，坏人畏惧他的禁令，郑国因此得以大治。其他诸侯国也因郑国的日益强大而感到恐惧。

然而子产有个哥哥名叫公孙朝，有个弟弟名叫公孙穆。公孙朝喜好饮酒，公孙穆喜好女色。公孙朝的家里藏有上千坛好酒，陈曲堆积得像一个个小山，离他家大门百步远的地方都能感觉得到扑鼻而来的酒糟气味。当他沉湎于酒香的时候，根本不顾时局的安危，人际的祸患，家业的有无，亲族的远近，生死的哀乐。即使是水火兵刃一齐到他面前，也茫然无知。

公孙穆的后院并列有数十间房，都选择年少貌美的女子住在里面。当他沉湎于女色的时候，屏退亲友，断绝交往，躲在后院，日以继夜；三个月才出来一次，还是觉得不能满足。如果发现乡间有容貌娇美的处女，他一定要用钱财招引，托媒人诱惑，不弄到手不肯罢休。

子产整天为此大伤脑筋，便秘密地造访邓析，同他商量说："我听说修养好自身然后能够推及家庭，治理好家庭然后能够推及国家，这是说做事要由近及远。我已经将国家治理好了，可是我的家庭却是这般混乱。这不是把由近及远的次序颠倒了吗？该用什么办法来挽救我的这两个兄弟呢？请你给我出个主意吧。"

邓析说："你说的事，我也奇怪很久了！但是没敢先提出来。你为何不及时管制他们呢？用性命的重要去晓喻他们，用礼义的尊贵去诱导他们呢？"

子产采纳了邓析的意见，找个机会见了他的两位兄弟，告诉他们说："人比禽兽尊贵的原因在于人有理智。理智所扶持的东西就是礼义。礼义完善，那么名誉和地位就来了。倘若你们放纵情欲去做事情，一味地沉溺于自我的嗜好和欲望之中，那么性命就危险啦！你们如果接受我的建议，早上知道悔改，晚上就可以享受俸禄了。"

公孙朝和公孙穆说："我懂得这些已经很久了，做这样的选择也已经很久了，难道要等你讲了以后我们才懂得吗？大凡生命是难以得到，而死亡却是很容易到来；用难以得到的生命来等待容易到来的死亡，还有什么可考虑的呢？如果你想借用尊重礼义来夸耀于人，勉强克制本性来沽名钓誉，我以为这样还不如死了。为了欲求享尽一生的欢娱，穷极当年的快乐，只怕肚子太小而不能开怀畅饮，精力疲惫而不能放纵情欲；根本没有时间去担忧名声的丑恶、性命的危险。而你却以治国的才能向我们夸耀，想凭劝说的言辞来扰乱我们的心性，用荣华富贵来诱惑我们的意志，不也太浅薄也太可怜了吗？

"我们又要和你辨别一下。善于治理外物的，外物未必能治好，而自己的身心却与之受尽拖累；善于治理内心的，外物未必因此混乱，而自己的性情却与之一道安逸。凭你治理外物而言，这些方法虽然可以暂时在一国实行，但并不符合人的本心；以我们对内心的治理，这些方法可以推广到天下，君臣之道就可以停止了。我们经常想用这种办法去晓谕你，你反而却要用你的那套东西来来教育我们吗？"

子产听完，若有所失，无以应对。一天，他把这事告诉了邓析。邓析说："你同真人相处却一点儿也没有察觉出来，谁说你是聪明人啊？郑国得以治理恐怕是偶然因素所致，并不是你的功劳。"

【原文】

卫端木叔①者，子贡之世②也。藉③其先赀④，家累万金。不治世故⑤，放意所好。其生民⑥之所欲为，人意之所欲玩者，无不为也，无不玩也。墙屋台榭⑦，园囿池沼，饮食车服，声乐嫔御，拟⑧齐、楚之君焉。至其情所欲好，耳所欲听，目所欲视，口所欲尝，虽殊方偏国⑨，非齐土之所产育者，无不必致之，犹藩墙⑩之物也。及其游也，虽山川阻险，涂泾修远⑪，无不必之，犹人之行咫步⑫也。

宾客在庭者日百住⑬，庖厨⑭之下不绝烟火，堂庑⑮之上不绝声乐。奉养之余，先散之宗族；宗族之余，次散之邑里⑯；邑里之余，乃散之一国。行年⑰六十，气干⑱将衰，弃其家事，都散其库藏、珍宝、车服、妾媵⑲。一年之中尽焉，不为子孙留财。及其病也，无药石之储；及其死也，无瘗埋⑳之资。一国之人受其施者，相与㉑赋㉒而藏之，反其子孙之财焉。禽滑釐闻之，曰："端木叔，狂人也，辱其祖矣。"段干生闻之，曰："端木叔，达人也，德过其祖矣。其所行也，其所为也，众意所惊，而诚理所取。卫之君子多以礼教自持，固未足以得此人之心也。"

【注释】

①端木叔：人名。孔子弟子端木赐（即子贡）的后代，也是巨富，他曾散尽家财资助宗族国人。直至自己生病时竟无钱买药，死后无丧葬之费，段干生称赞他说："端木叔，达人也。"
②世：后嗣；后人。
③藉：借，凭借。
④赀：同"资"。资财。
⑤世故：这里指生计、生产。
⑥生民：指人民。
⑦台榭：台和榭。亦泛指楼台等建筑物。
⑧殊方偏国：异域和偏僻的国家。殊方，远方，异域。偏国，偏远之国。
⑨齐土：犹中土。指中原地域。
⑩藩墙：篱落，垣墙。
⑪涂径修远：涂径，指道路，路径。修远，多指道路遥远。
⑫咫步：短距离。
⑬百住：即百数。张湛注曰："住，当为数，是其正矣。"
⑭庖厨：厨房。
⑮堂庑（wǔ）：堂及四周的廊屋。亦泛指屋宇。
⑯邑里：乡里。
⑰行年：经历的年岁，指当时年龄。
⑱气干：气血和躯干。
⑲妾媵：古代诸侯贵族女子出嫁，以妹妹和堂妹从嫁，称"妾媵"，后泛指侍妾。
⑳瘗（yì）埋：埋葬。
㉑相与：副词。表示同时同地做某件事。可译为"共同"。
㉒赋：按照人口出钱。

【译文】

　　卫国的端木叔，是子贡的后代。依仗着他祖先遗留下来的财产，家中积聚达万金之多。但他不经营家业，而是放纵意念，随心所欲。凡是人们所想做的，人们心中所想玩的，他没有不去做的，没有不去玩的。他家里的高墙大院，歌台舞榭，花园兽圈，鱼池草沼，甘饮美食，华车丽服，美声妙乐，娇妻艳妾，可以与齐、楚两国的国君相媲美。至于他情欲所喜好的，耳朵所想听的，眼睛所想看的，嘴巴所想尝的，即使在遥远的地方或偏僻的国家，并非中原所生产养育的，也没有他弄不到的东西，就好像是自己围墙里一样。说到他外出游览，即使山河阻险，路途遥远，也没有他不到达的地方，就好像是一般人在咫尺之间散步一样。

　　四方宾客来他家做客，每天住宿的数以百计。厨房灶下的烟火整日不熄，厅堂廊屋里的音乐终日不绝。对于家产，奉养门客剩下的财物，先施散给宗族；施散宗族剩下的

钱财,再施散给乡里;施散乡里剩下的钱财,又施散给整个都城的人们。活到六十岁的时候,身体逐渐衰弱,他便抛弃家事,把家中所有的库藏、珍珠宝玉、车马服饰、侍妾统统都施散出去。一年之中全部散尽,没给子孙留下一点财产。到他重病之际,家中没有一点积蓄为他看病抓药;等他去世之后,家中没有一点钱财给他买棺埋葬。都城之中凡是受过他施舍的人,共同出钱埋葬了他,又把财产都退还给了他的子孙。禽骨釐听说端木叔的事情后,说:"端木叔是个疯狂的人,侮辱了他的祖先。"段干生听说端木叔的事情后,说:"端木叔是个通达的人,德行超过他的祖先。他所行的,他所做的,人们心中都感到惊讶,但确实是符合真实的情理。卫国的君子们多以礼教自我约束,当然是不能理解端木叔这个人的用心了。"

【原文】

孟孙阳①问杨朱曰:"有人于此,贵生爱身,以蕲②不死,可乎?"曰:"理无不死。""以蕲久生,可乎?"曰:"理无久生。生非贵之所能存,身非爱之所能厚。且久生奚为?五情③好恶,古犹今也;四体安危,古犹今也;世事苦乐,古犹今也;变易治乱④,古犹今也。既闻之矣,既见之矣,既更⑤之矣,百年犹厌其多,况久生之苦也乎?"

孟孙阳曰:"若然,速亡愈于久生;则践锋刃,入汤火,得所志矣。"

杨子曰:"不然。既生,则废⑥而任之,究其所欲,以俟于死。将死,则废而任之,究其所之,以放于尽。无不废,无不任,何遽⑦迟速于其间乎?"

【注释】

①孟孙阳:杨朱的弟子。
②蕲:古同"祈",祈求。
③五情:喜、怒、哀、乐、怨五种情感。
④治乱:安定和动乱。
⑤更:经历。
⑥废:废弃,弃之不顾,有放任的意思。
⑦遽:惊惧,慌张。

【译文】

孟孙阳问杨朱说:"假如这里有个人,珍视生命,爱惜身体,以此祈求不死,能办到吗?"杨朱说:"人没有不死的道理。"孟孙阳又问:"以此祈求长寿,能办到吗?"杨朱说:"人没有长寿的道理。生命并不因为珍视它就能长寿,身体并不因为爱惜它就能健康。而且长生不死做什么呢?人情感的好恶,古今是一样的;身体的安危,古今是一

样的;人间的苦乐,古今是一样的;朝代的变迁、安定与动乱,古今是一样的。这人世间的方方面面都已经听过了,已经看过了,已经经历过了,活上百年都嫌太多,何况长久活着又要经受更多痛苦呢?"

孟孙阳说:"如果这样,早点死亡要胜过长久活着;那么这很容易办到,比如去践踏剑锋刀刃,跳入沸水大火,不就可以满足意愿了。"

杨子说:"不是这样的。人既然已经出生,就应当听之任之,自己想要什么就要尽量满足,直到死亡。将要死亡,也应当顺其自然,活到什么时候算什么时候,直至命终。没有什么不可废弃的东西,没有什么不可放任的东西,为什么还要为生命的长短而惶恐不安呢?"

【原文】

杨朱曰:"伯成子高①不以一毫②利物,舍国而隐耕。大禹不以一身自利,一体偏枯③。古之人损一毫利天下不与也,悉天下奉一身不取也。人人不损一毫,人人不利天下,天下治矣。"

禽子④问杨朱曰:"去⑤子体之一毛以济一世,汝为之乎?"杨子曰:"世固非一毛之所济。"禽子曰:"假济,为之乎?"杨子弗应。禽子出语孟孙阳。孟孙阳曰:"子不达⑥夫子之心,吾请言之。有侵若肌肤获万金者,若为之乎?"曰:"为之。"孟孙阳曰:"有断若一节⑦得一国,子为之乎?"禽子默然有间⑧。

孟孙阳曰:"一毛微于肌肤,肌肤微于一节,省矣。然则积一毛以成肌肤,积肌肤以成一节。一毛固一体万分中之一物,奈何轻之乎?"禽子曰:"吾不能所以答子。然则以子之言问老聃、关尹,则子言当矣;以吾言问大禹、墨翟,则吾言当矣。"孟孙阳因顾与其徒说他事。

【注释】

①伯成子高:即伯益。古代嬴姓的祖先。相传善于畜牧和狩猎,被舜任为虞(掌管山林之官)。一说他为禹所提拔,曾因助禹治水有功,禹去世时传位于他,但他固辞不受,故下文说他"舍国而隐耕"。

②毫:细长而尖的毛。比喻极细小的东西;细微。

③偏枯:偏瘫,半身不遂。

④禽子:即禽滑釐。属墨家,主张兼爱。故此文中有诘难杨朱"贵生"之辞。

⑤去:本义为去掉、拔去,这里引申为取。

⑥达:通晓事理,理解,明白。

⑦一节:身体的一部分。

⑧有间:片刻;有一会儿。

【译文】

杨朱说:"伯成子高不愿以一毛而有利于天下,因而舍弃王位,隐居耕田。大禹不愿将自己的身体据为己有,为自身谋利,因而劳累过度,半身不遂。古代的人损伤一根毫毛而有利于天下,他都不愿意给;而用普天下的财物都来奉养他一人,他也不乐意要。人人都不损伤自己的一根毫毛,人人都不做有利于天下的事情,然而天下大治。"

禽子问杨朱说:"取你身上一根汗毛来救济天下,你愿意做吗?"杨子说:"天下本来就不是一根汗毛所能救济的。"禽子说:"假使能够救济,愿意做吗?"杨子没有应声。禽子出来告诉了孟孙阳。孟孙阳说:"你没有领会先生的心意,请让我来说说吧。有人侵害你的肌肤而后给你一万金,你愿意做吗?"禽子说:"愿意做。"孟孙阳说:"有人砍掉你一段肢体而后给你一个国家,你愿意做吗?"禽子一言不发,默默地待在那里有一阵子。

孟孙阳说:"一根汗毛轻于肌肤,一片肌肤又轻于一段肢体,这是非常明白的。但是积累一根根汗毛就能成为肌肤,积累一片片肌肤就能成为一节肢体。一根汗毛固然只是整个身体中万分之一的部分,但难道就可以轻视它吗?"禽子说:"我无话来解释你提出的问题。但是若是拿你的这番话去问老聃、关尹,那么你的话就是正确的;若是用我的这番话去问大禹、墨翟,那么我的话就是正确的。"孟孙阳听罢,就回过头去同他的弟子谈论其他的事情去了。

【原文】

杨朱曰:"天下之美归之舜、禹、周①、孔,天下之恶归之桀、纣。然而舜耕于河阳②,陶③于雷泽④,四体不得暂安,口腹不得美厚,父母之所不爱,弟妹之所不亲。行年三十,不告而娶。乃受尧之禅,年已长,智已衰。商钧⑤不才,禅位于禹,戚戚然⑥以至于死:此天人之穷毒⑦者也。

"鲧⑧治水土,绩用不就,殛⑨诸羽山⑩。禹纂业⑪事雠⑫,惟荒⑬土功,子产不字⑬,过门不入;身体偏枯⑭,手足胼胝⑮。及受舜禅,卑宫室,美绂冕⑯,戚戚然以至于死:此无人之忧苦者也。

"武王既终,成王⑰幼弱,周公摄⑱天子之政。邵公⑲不悦,四国⑳流言。居东三年,诛兄放弟㉑,仅免其身,戚戚然以至于死:此天人之危惧者也。

"孔子明帝王之道,应时君之聘㉒,伐树于宋㉓,削迹于卫㉔,穷于商周㉕,围于陈、蔡㉖,受屈于季氏㉗,见辱于阳虎㉘,戚戚然以至于死:此天民之遑遽㉙者也。

"凡彼四圣者,生无一日之欢,死有万世之名。名者,固非实之所取也。虽称之弗知,虽赏之不知,与株块㉚无以异矣。

"桀㉛藉累世之资，居南面之尊；智足以距群下，威足以震海内；恣耳目之所娱，穷意虑之所为，熙熙然㉜以至于死：此天民之逸荡㉝者也。

"纣亦藉累世之资，居南面之尊；威无不行，志无不从；肆情于倾宫㉞，纵欲于长夜；不以礼义自苦，熙熙然以至于诛：此天民之放纵者也。

"彼二凶也，生有从欲之欢，死被愚暴之名。实者，固非名之所与也，虽毁之不知，虽称㉟之弗知，此与株块奚以异矣。彼四圣虽美之所归，苦以至终，同归于死矣。彼二凶虽恶之所归，乐以至终，亦同归于死矣。"

【注释】

①周：这里指周公旦，周武王的弟弟。姓姬，名旦。因封地在周（今陕西岐山北），故称周公。曾经协助武王灭商。武王去世，成王年幼，周公摄政。

②河阳：古地名，在今河南孟县西。但据《史记·五帝本纪》载："舜耕历山。"

③陶：在这里用作动词，制造陶器。

④雷泽：古泽名，又称"雷夏"，在今山东菏泽东北，久已湮没。

⑤商钧：舜的长子。因商钧缺乏才能，所以舜把天下禅让给了禹。

⑥戚戚然：忧惧、忧伤的样子。

⑦穷毒：穷困苦痛。

⑧鲧：传说中原始时代的部落首领，为大禹的父亲。他曾奉尧命治水，用筑堤堵塞的方法，九年未成。后被舜杀死在羽山。

⑨殛(jí)：杀死。

⑩羽山：位于江苏东海县和山东临沭县交界。海拔269.5米，是东海县的最高峰。羽山东西长约3公里，南北宽1.5公里，她背倚齐鲁、襟怀吴楚，是一座名垂青史的千古名山。

⑪纂业：继承大业。

⑫荒：迷乱，沉溺。这里指专心。

⑬不字：不抚养照管。禹的妻子涂山氏生下儿子启，禹忙于治水而无心照管。

⑭偏枯：偏瘫；半身不遂。

⑮胼胝(pián zhī)：皮肤等的异常变硬和增厚。

⑯绂冕(fú miǎn)：古时系官印的丝带及大夫以上的礼冠。引申为官服、礼服。

⑰成王：周成王，姓姬，名诵。其父武王去世时，他还年幼，由叔父周公旦摄政七年。他是西周

第二代国王,谥号成王。

⑲摄:代理。

⑲邵公:也作召公。姓姬名奭,周文王的儿子,武王的弟弟。因其采邑在召,曾辅助周武王灭商,被封于燕(今河南北部),是后来燕国的始祖。因最初采邑在召,故称召公或召伯。周成王时,他出任太保,与周公旦分陕而治,陕以东的地方归周公旦管理,陕以西的地方归他管理。他支持周公旦摄政当国,支持周公平定叛乱。

⑳四国:指管国、蔡国、商国、奄国。

㉑诛兄放弟:周公旦摄政后,他的兄弟管叔鲜和蔡叔度心怀猜忌,便联合殷纣王之子武庚禄父作乱。周公奉命讨伐,诛杀了管叔鲜和武庚禄父,放逐了蔡叔度,三年平定内乱。故云"诛兄放弟"。

㉒应时君之聘:孔子曾受鲁定公、卫灵公、楚昭王等的聘用。

㉓伐树于宋:孔子到宋国,与弟子在大树下练习礼仪,桓魋欲杀孔子,拔其树。

㉔削迹于卫:卫灵公原来想聘用孔子,后来听信谗言,改变了态度。孔子恐怕遭受祸患,便躲藏起来,又悄悄离开了卫国。

㉕穷于商周:孔子去陈国,经过匡。匡人曾遭受阳虎的暴凌,见孔子貌似阳虎,便误将他抓住,囚禁了五天。穷,这里是困厄。商周,古地名,即今河南商丘一带的商朝旧地。这里专指"匡"。

㉖围于陈、蔡:孔子应聘游楚。陈、蔡两国大夫一道出兵将孔子困在陈、蔡之间的野地里。

㉗受屈于季氏:孔子曾经担任季氏手下管理牲畜的小官,因此说受屈。

㉘见辱于阳虎:阳虎,又名阳货,鲁国季孙氏的家臣,要挟季氏,掌握国政,权势很大。季氏曾经设宴招待鲁国士人,孔子前去,被阳虎挡住,说:"季氏飨食,非敢飨子也。"所以说孔子"见辱于阳虎"。

㉙遑遽(huáng jù):惊惧不安。

㉚株块:木头与土块。比喻愚昧无知。

㉛桀:即夏桀。又名癸、履癸,商汤把他谥号桀(凶猛的意思)。桀是夏朝第16代君主发之子,在位52年(前1818—前1766年)。履癸文武双全,赤手可以把铁钩拉直,但荒淫无度,暴虐无道。他是历史上著名的暴君。

㉜熙熙然:温和欢乐的样子。

㉝逸荡:淫逸放荡。

㉞倾宫:巍峨的宫殿。望之似欲倾坠,故称。

㉟称:应为"惩"字之误。

【译文】

杨朱说:"天下的美誉都归于虞舜、夏禹、周公、孔子,天下的恶名都归于夏桀、商纣。然而当年虞舜在河阳耕种田地,在雷泽烧制陶器,身体得不到片刻的休息,口腹吃不到一点美味食物;父母不喜爱他,弟妹不亲近他。活到三十岁,不经父母同意就娶了妻子。等到他接受尧的帝位禅让时,年纪已经衰老,智力即将枯竭。他儿子商钧没有才能,因此只好把帝位禅让给禹,忧心忡忡地生活,一直到死:这真是天下人中最穷困苦

痛的一个啊。

"鲧治理水土,没有取得功绩,被杀死在羽山。禹继承父亲大业,侍奉杀父仇人,一心平治水土。儿子出生他没抚育,路过家门他不进去;累得身体偏瘫,手脚生茧。等到他接受舜的帝位禅让时,为了俭省而住在低矮的宫室,为了祭祀鬼神却制作华美的官服,忧心忡忡地生活,一直到死:这真是天下人中最忧愁劳苦的一个啊。

"周武王去世以后,成王还年幼,周公旦便代掌国政。邵公怀疑周公可能篡权而心中不悦,四处散布谣言。为此,周公避居东都洛阳三年,后来诛杀了叛乱的哥哥,放逐了谋反的弟弟,才得以保全自身,忧心忡忡地生活,一直到死:这真是天下人中最忧虑恐惧的一个啊。

"孔子精通帝王治国的道理,接受当时诸侯国君的邀请,却在宋国险遭桓魋砍倒大树、杀死自己的暗算,只得仓皇出逃;在卫国受到别人造谣中伤,为免除祸患,只能销声匿迹;在商周地方被拘禁;在陈、蔡两国交界处被围困;在鲁国受季氏的贬抑以及阳虎的侮辱,忧忧忡忡的生活,一直到死。这真是天下人中最惊惧慌张一个啊。

"上面这四位圣人,活着的时候没有享受一天的欢乐,死了以后却有流传千古的美名。所谓名义上的东西,本来就不是因为客观实在取得的。即使称赞它,它也不知道;即使奖赏它,它也不知道,同木桩土块没有什么区别了。

"夏桀凭借历代祖宗留下的基业,高居尊贵的天子之位,智慧足以对付群臣,威力足以震慑海内;放纵耳目所想要的娱乐,穷尽意念所想做的事情,高高兴兴地活着,一直到死:这真是天下人中最淫逸放荡的一个啊。

"商纣也是凭借历代祖宗留下的资本,高居尊贵的天子之位;威令没有任何地方不执行,意志没有任何人不服从;在巍峨的宫殿中肆意淫乱,在慢慢长夜里放纵情欲;不用礼义来约束自己,高高兴兴地活着,一直到被杀死。这真是天下人中最荒淫放纵的一个啊。

"上面这两个凶恶的家伙,活着时纵情欢乐,死后背上愚顽暴虐的骂名。所谓实在的东西,本来就不是名义上的东西所能赋予的。即使毁谤它,它也不知道;即使惩罚它,它也不知道。这与木桩土块没有什么区别了。那四位圣人虽然都得到了美名,但辛辛苦苦直到终老,最后都归于死亡。那两个凶恶的家伙虽然都背上了恶名,但高高兴兴直到终老,最后也都归于死亡了。"

【原文】

杨朱见梁王①,言治天下如运诸掌②。梁王曰:"先生有一妻一妾而不能治;三亩之园而不能芸③,而言治天下如运诸掌,何也?"对曰:"君见其牧羊者乎?百羊而群,使五尺童子荷箠④而随之,欲东而东,欲西而西。使尧牵一羊,舜荷箠而随之,

则不能前矣。

"且臣闻之:'吞舟之鱼,不游枝流⑤;鸿鹄⑥高飞,不集洿池⑦。'何则?其极远也。黄钟大吕⑧,不可从烦奏⑨之舞,何则?其音疏也。将治大者不治细,成大功者不成小,此之谓矣。"

【注释】

①梁王:即梁惠王。战国时期梁国国君。
②如运诸掌:像放在手心里摆弄一样。形容事情办起来非常容易。诸,"之于"的合音。
③芸:古同"耘",除草。
④箠(chuí):"棰"的异体字。鞭子。
⑤枝流:支流。流入干流或由干流分泻的河流。
⑥鸿鹄(hú):即天鹅。因飞得很高,所以常用来比喻志向远大的人。
⑦洿(wū)池:水塘。低洼积水的地方。
⑧黄钟大吕:黄钟,我国古代音韵十二律中六种阳律的第一律。大吕,六种阴律的第四律。形容音乐或言辞庄严、正大、高妙、和谐。
⑨烦奏:繁复的节奏。

【译文】

杨朱拜见梁王,自称治理天下就像在手掌上摆弄东西一样容易。梁王说:"先生连家里的一妻一妾都管理不好,三亩菜园里的杂草都除不干净,却说治理天下就像在手掌上摆弄东西一样容易,这是什么道理?"杨朱回答说:"您见过那牧羊的人吗?上百头的羊群,让一个五尺高的孩童拿着鞭子跟在后面,想叫它们向东就向东,想叫它们向西就向西。如果让尧牵着一只羊走在前面,让舜拿着鞭子跟在后面,那么羊就不容易往前走了。

"而且我还听说:'能吞没船只的大鱼,不到江河的支流中漫游;在长空高飞的鸿鹄,不到污秽的池塘边停落。为什么呢?因为它们的志向极其远大。黄钟大吕的音律不能为节奏繁复的舞蹈伴奏。为什么呢?因为它们的音律舒缓。将要治理大事的人不过问小事,将要成就大功的人不计较小功,说的就是这个道理啊。"

【原文】

杨朱曰:"太古①之事灭矣,孰志之哉?三皇之事若存若亡,五帝之事若觉若梦,三王之事或隐或显,亿不识一。当身之事或闻或见,万不识一。目前之事或存或废,千不识一。太古至于今日,年数固不可胜纪②。但伏羲已来三十余万岁,贤愚、好丑、成败、是非,无不消灭,但③迟速之间耳。矜④一时之毁誉,以焦苦其神形,要死

后数百年中余名，岂足润枯骨？何生之乐哉？"

【注释】

①太古：远古；最古老的时代。
②不可胜纪：亦作"不可胜记"。不能逐一记述。极言其多。
③但：仅，只。
④矜：顾惜，拘谨。

【译文】

杨朱说："太古时代发生的事情已经完全湮灭了，谁还记得它呢？三皇时代发生的事情至今是恍恍惚惚，若有若无；五帝时代发生的事情至今是模模糊糊，似梦似幻；三王时代发生的事情至今是或隐或现，但人们知道的恐怕连原有史料的亿分之一也不足。当代发生的事情或闻或见，人们知道的连万分之一也不到。眼前发生的事情或存或废，人们知道的连千分之一也不到。从太古直到今天，年数本来就计算不清。自伏羲以来就已三十多万年，其中的贤愚、好坏、成败、对错，无不归与湮灭，只是时间上有早有晚罢了。顾惜一时的毁谤与荣誉，使自己心神焦虑、形体受苦，以追求死后几百年中留下的名声，难道名声能够润泽枯槁的尸骨吗？这样活着又有什么乐趣呢？"

【原文】

杨朱曰："人肖①天地之类，怀五常②之性，有生③之最灵者也。人者，爪牙不足以供守卫，肌肤不足以自捍御④，趋走不足以从利逃害，无毛羽以御寒暑，必将资物以为养，任智而不恃力。

"故智之所贵，存我为贵；力之所贱，侵物为贱。然身非我有也，既有，不得不全之；物非我有也，既有，不得而去之。身固生之主，物亦养之主。虽全生，不可有其身；虽不去物，不可有其物。有其物，有其身，是横私⑤天下之身，横私天下之物。不横私天下之身，不横私天下之物者，其唯圣人乎！公天下之身，公天下之物，其唯至人⑥矣！此之谓至至者也。"

【注释】

①肖：相似，类似。
②五常：指人的五种常有的品德，是自然界金、木、水、火、土五行之性的反映。五常即仁、义、礼、智、信。
③有生：有生命者；生物。
④捍御：保卫，防御。

⑤横私：任意据为私有。
⑥至人：指思想和道德修养最高超的人。

【译文】

杨朱说："人类同自然界的天地类似，禀受万物的五行之性，是生物之中最有灵性的。人的指甲牙齿不足以用来守卫，肌肉皮肤不足以保卫自己，疾行快走不足以趋利避害，身上没有羽毛来防御寒暑，就一定要利用外物来供养自己，运用智慧而不依靠气力。

"因此，智慧之所以可贵，就在于能够保存自我而可贵；气力之所以低贱，是由于常常侵害外物而低贱。然而身体并非是我个人所有的，既然活着，就不能不保全它；外物也并非属于个人所有的，既然存在，就不必将它舍弃。自身固然是生命的主题，外物也是保养生命的主体。虽然保全了生命，却不可占有自己的身体；虽然不必抛弃外物，却不可占有那些外物。占有外物，占有身体，就是将属于天下的身体不合理地据为己有，将属于天下的外物不合理地据为己有。不无理的据有属于天下的身体，不无理的据有属于天下的事物，大概只有圣人才能做到吧！把属于天下的身体公有，把属于天下的外物公有，大概也只有德操完备的人才能做到了！这就叫做最崇高最完美的人了。"

【原文】

杨朱曰："生民①之不得休息，为四事故：一为寿，二为名，三为位，四为货。有此四者，畏鬼，畏人，畏威，畏刑，此谓之遁民②也。可杀可活，制命在外。

"不逆命，何羡寿？不矜③贵，何羡名？不要势，何羡位？不贪富，何羡货？此之谓顺民也。天下无对，制命在内。

"故语有之曰：'人不婚宦，情欲失半；人不衣食，君臣道息。'周谚曰：'田父④可坐杀。'晨出夜入，自以性之恒；啜菽茹藿⑤，自以味之极；肌肉粗厚，筋节䟰急⑥，一朝处以柔毛绨幕⑦，荐⑧以粱肉⑨兰橘，心㾛⑩体烦，内热生病矣。商、鲁之君与田父侔⑪地，则亦不盈一时而憊矣。故野人之所安，野人之所美，谓天下无过者。

"昔者宋国有田夫，常衣缊黂⑫，仅以过冬。暨春东作⑬，自曝⑭于日，不知天下之有广厦隩室⑮，绵纩⑯狐貉。顾谓其妻曰：'负日之暄⑰，人莫知者；以献吾君，将有重赏。'里之富室⑱告之曰：'昔人有美戎菽⑲，甘枲茎⑳芹萍子㉑者，对乡豪称之。乡豪取而尝之，蜇于口，惨于腹，众哂㉒而怨之，其人大惭。子，此类也。'"

【注释】

①生民：指人民。
②遁（dùn）民：违背自然之性的人。

③矜：怜悯，顾惜。
④田父：老农。
⑤啜菽茹藿：吃大豆，吃豆叶。啜（chuò），饮，吃。菽，豆类的总称。茹，吃，引申为忍受。藿，豆类植物的叶子。
⑥膹急：谓筋节发紧。膹，当作"膭"。膭（kuì），《集韵》："音喟，筋节急也。"
⑦绨幕：用绨布做成的帐幕。绨（tí）：光滑厚实的丝织品。
⑧荐：进献，献上。
⑨粱肉：指精美的饭食。
⑩心痟：忧虑，发愁。
⑪侔（móu）：相等，齐。
⑫缊黂（yùn fén）：麻絮衣。
⑬东作：谓春耕。
⑭曝：晒。
⑮隩室：暖室。隩（yù），通"燠"。
⑯绵纩（kuàng）：丝绵。
⑰暄：温暖，太阳的温暖。
⑱富室：富家，富户。指钱财多的人家。
⑲戎菽：山戎所种植的一种豆科植物。即大豆。
⑳枲（xǐ）茎：枲耳的茎。
㉑芹萍子：萬类植物，又作"苹"，嫩芽可以食用。
㉒哂：讥笑。

【译文】

杨朱说："人们之所以不能好好休息，是因为以下这四件事：一是为长寿，二是为名声，三是为地位，四是为财货。有了这四件事，就会怕鬼，怕人，怕威势，怕刑罚，这样的人叫做违背自然本性的人。对于这样的人，可以让他死去，也可以让他活着，因为控制他们生命的力量在自身之外。

"不违逆天命，何必羡慕长寿？不重视尊贵，何必羡慕名声？不求取权势，何必羡慕地位？不贪图富有，何必羡慕财货？这样的人叫做顺应自然本性的人。这样的人天下没有敌手，因为控制他们生命的力量在自身之内。

"因此有句话说：'人不婚娶做官，欲望就少了一半；人不穿衣吃饭，君臣之道就会消失。'周代谚语说：'老农不会累死，但坐着会闲死。'早出晚归，自己觉得这是人之常情；吃豆子豆叶，自己感到滋味最美；肌肉粗壮，筋骨僵硬，一旦让他躺在柔软舒服的皮毛褥子上，睡到光滑厚实的丝绸帐幕中，吃上精美的饭菜与香甜的水果，反而倒心忧体烦，最终导致内热生病了。让宋国、鲁国的国君与老农处在同样的境地，那他们恐怕用不了多长时间就疲惫不堪了。因此，农夫所安逸的地方，农夫所喜欢的东西，他们自认为天下没有比这更好的了。

"从前宋国有个农夫,经常穿着麻絮做的衣服,并只用它来过冬。到了春耕的时候,他在田间劳作,自己被太阳晒着,感觉暖和极了,不知道天下还有大厦温室、丝棉与皮衣。回头对他的妻子说:'晒太阳的暖和,没有别人知道,咱们把这个办法献给国君,一定会得到重赏。'乡里的一户富人告诉他说:'过去有以大豆饭、胡麻茎、蒿子苗为甘美食物的人,对乡里的富人称道它们,乡里富人就拿过这些东西一尝,谁料口舌就像被什么东西蜇了一下似的,肚子也疼痛起来。大家都讥笑并埋怨那个人,他也大为惭愧。你,就是这种人。'"

【原文】

杨朱曰:"丰屋①美服,厚味②姣色,有此四者,何求于外?有此而求外者,无厌之性。无厌之性,阴阳之蠹③也。

"忠不足以安君,适④足以危身;义不足以利物,适足以害生。安上不由于忠,而忠名灭焉;利物不由于义,而义名绝焉。君臣皆安,物我兼利,古之道也。

"鬻子曰:'去名者无忧。'老子曰:'名者实之宾。'而悠悠⑤者趋名不已。名固不可去?名固不可宾邪?今有名则尊荣,亡名则卑辱。尊荣则逸乐,卑辱则忧苦。忧苦,犯性者也;逸乐,顺性者也,斯实之所系矣。名胡可去?名胡可宾?但恶夫守名而累实。守名而累实,将恤⑥危亡之不救,岂徒逸乐忧苦之间哉?"

【注释】

①丰屋:高大的房屋。
②厚味:味道甘美的食物。
③蠹(dù):蛀蚀器物的虫子。
④适:往往。
⑤悠悠:形容众多。
⑥恤:忧虑。

【译文】

杨朱说:"高大的房屋,华丽的衣服,甘美的食物,娇艳的女色,有了这四样东西,还要向外追求些什么东西呢?有了这些东西还要向外继续苦苦追求的,就是贪得无厌的本性。贪得无厌的本性,是损害阴阳之气的蛀虫。

"忠诚不足以使君主安逸,往往会危及自身;道义不足以让外物受益,往往会危及外物的生存。使君主安逸不是出于忠诚,那么忠诚的名声就消失了;让外物受益不是出于道义,那么道义的名声就灭绝了。君主与臣下都得安处,外物与自身同时有利,这是

古代的行为准则。

"鬻子说：'摒弃名声的人没有忧愁。'老子说：'名声是实体的附属。'然而仍有许许多多的人不停地追求名声。难道名声本来就不可摒弃吗？难道名声本来就不能当作附属吗？现在，有了名声就尊贵荣耀，没有名声就卑贱屈辱；尊贵荣耀的就安逸快乐，卑贱屈辱的就忧愁苦恼。忧愁苦恼是违背人的本性的，安逸快乐是顺应人的本性的。这样看来，名声又确实是实体所维系着的。名声怎么可摒弃呢？名声怎么能作附属呢？只是应该厌恶那些死守名声而损害实在的啊！死守名声而损害实在的，将整日忧虑世事危险败亡而无法拯救，其痛苦难道仅仅是在安逸快乐与忧愁苦恼这二者之间吗？"

【解读】

《杨朱》，又称《达生》。"达"指通晓、通达，"生"指生存、生命，"达生"，就是通达生命的意思。怎样才能"达生"呢？文中强调的就是"厚味、美服、好色、音声"，只有获得这些并尽情享受，才能充分满足性情，才能充分愉悦耳目，这也才能称之为"达乎生生之趣"。杨朱的学说在战国时代独树一帜，他指出：生和死乃是一种自然现象，它是一气之暂聚，一物之暂灵。生不能因爱之而永生，死不能因恶之而不死。两者相比，生之不易，应该倍加珍惜。这种贵己乐生全性保真的思想，在视个人生命如草芥、禁欲主义横行的时代有着巨大的历史意义。既不要以穷损生，也不要以富累生，一切顺应自然之性，物既养生自当用之。但是这个"用"要有个限度，不能贪得无厌，要不羡寿，不羡名，不羡势，不羡货。物质方面只要有"丰屋美服、厚味姣色"，满足生命的需要也就可以了。有人把这种合理的生命需要一概诬之为享乐主义、纵欲主义是不公正的。从孟子开始攻击杨朱是"损一毫利天下而不为"的极端的利己主义的同时，却忽略了他"悉天下奉一身而不取"的不计较名利的一面。可贵的是《列子》八篇中保留了

《杨朱》这一篇，从而为研究杨朱贵己、珍惜生命的思想提供了可以借鉴的资料。

对于《杨朱》一篇，传统的看法是，它鲜明地提出了享乐主义、放纵主义的人生观，强烈地反映了魏晋时期世家大族荒淫纵欲思想情绪。这种传统看法有一定道理，但是尚不全面。首先，《杨朱》明确地否定君臣纲常、礼义教条。明确指出，应该让君臣之道止息，认为礼义是伪名，不过是追逐个人荣利的遮羞布。其次，他主张人按照自然的天性生活以及处理人际关系。认为正确的生活态度应该是"不违自然所好"。它强烈地抨击了那些为寿、为名、为位、为货的行为，热烈地倡导人与人之间"公天下之身，公天下之物"的关系。只有抱着这种生活态度和这样处理人际关系，才能保持人的天性，进而达到做人的理想境界。再次，对当时的丑恶现实是厌恶的，是极具批判锋芒的。它指出，名声是虚伪的，并以古讽今，对子产准备私授其弟以禄位的事情，实实在在地嘲弄了一番。"今有名则尊荣，亡名则卑辱"，对于社会的不公平，对于人心的险恶，在一定程度上作了揭露和批判。从这些方面看，《杨朱》篇的思想都是有积极的社会意义的。

当然，它的纵欲享乐，被渲染得太浓重了，消极影响十分严重，这也是不容忽视的。同时它还强调劳动者与富贵者其习性、生活环境生来就不可更移，这就是唯心的宿命观了。

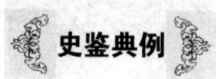

伯成子高

尧帝晚年提拔年轻的伯成子高，封他做了诸侯。

伯成子高很认真地做着事情。

舜帝时，伯成子高仍在为国家服务，成为当朝一位很有资历的元老。

大禹掌权后，伯成子高辞退了诸侯的职位，回到自己的家乡种起田来。

伯成子高走后，大禹想想很不舒坦，觉得没有面子，就走了好多路，亲自到伯成子高的家乡请他出来做官。

伯成子高正在自己家的地里除着杂草，大禹远远地就看见他了，紧走几步，冲他喊道："子高哦，我来看你了。"

子高用手遮住太阳，看看来人，知道是大禹，答应一声后，继续锄他的地，并不理会他的到来。

大禹稍稍感到了一点儿意外。他站在地头愣了一会儿，终于说道："老人家，我这次是专门请你到朝廷来做官的。刚刚建立的大夏王朝，离不开你老人家啊。"

伯成子高摇摇头："吭吭，咱俩不提这事吧。我这地里草都长疯了……"

伯成子高拒绝了他。大禹有点纳闷，就问他："从前尧帝的时候，你做官；舜帝

的时候,你也做官;为什么我做帝了,你就不肯做官了呢?"

伯成子高说:"我老啦。"

大禹说:"不对吧?过去……"

伯成子高俩手落在锄头柄上,锄头柄顶着下巴,说:"你既要听,我就说说。吭吭,过去尧帝管理天下,把整个天下都传授给别人,从来不去想到满足自己的私欲。朝廷中的各个职位也都经由了大家的选举,人人都在适当的位置上,当官的都是贤良有德有能的人物,这就是公平。首领办事公平,天下人人都看得分明,所以没有什么赏赐,人们仍然能勤勉做事;没有什么刑罚,人们都敬畏他服从他。舜帝时期也是这样。现在呢?你这个大夏的君主虽然立了刑法,有了赏赐的标准,可是人们仍然不服从你不敬畏你,人人都有了过分的欲念和私心。四面八方的诸侯,防风氏啊,有扈氏啊……都在跟你捣乱,这都是因为君主你有私心,玩的是选拔,最高首领是你选拔的,吭吭,还是你的公子!天下人都看得明白——啊,原来这王位可以这么弄啊?……"

"子高啊,你可不能乱说啊?那大舜爷还不是尧帝选拔的?我……"大禹打断了他。

"那不一样。人家尧帝选的不是自己的公子,何况,人家还要经历一番历练不是?吭吭,说到大舜,那大舜还不是叫你废了?可你为了要个名,硬说是'禅让',就跟当初尧禅让给了舜一样——你拍拍胸脯子说说良心话:是那么回事么?吭吭,你别打断我,你想说什么我都知道。你说,你把大舜爷放逐到苍梧,是不是?完事你还说是舜爷'南巡'去了,弄得大舜爷的两位夫人一路上去寻,生不见人,死不见尸,到末了,这两位夫人哭得湘竹都是斑斑的泪点儿……"

"子高,你听我说……"

"甫价,我知道你想说什么。吭吭,你这么做,不就是仗着你手头有一群听话的士兵吗?今儿个我说句最要紧的话给你听:你可以这样做,别人也一样可以这样做呢!这样,你争我夺的事就要不断发生了。从此以后,天下人的道德心、廉耻心就会越来越淡,用于刑法赏赐的事就会越来越多,社会就会这样堕落下去了。吭吭,这世道让你开了这么个头,往后……选举这件事是完了,大家伙儿就等着'选拔'吧。我老了,不忍心看到这样的事,所以才跑到这里来种田。"

大禹说:"老先生,就算您说的事是这么回事,可是您也要知道,这社会在往前走,人们都在变,不这么着……"

伯成子高不待他说完,就挥了挥手,说:"你不要说了。我知道你往下要说什么。不管怎么说,这社会乱到这个地步,你,你这个做君主的是有责任的。好啦,我这地里的草都要长疯了。你真不该来见我。吭吭,你走吧,不要误了我做活。"

说罢,伯成子高往手心啐口唾沫,握住锄头去锄那垄上的草,再也不理大禹了。

大禹呆呆地立在那里,午后的太阳从他背后照过来,在他身前留下了长长的影子,归巢的乌鸦在空中聒噪着了。

因势利导

玄武门之变发生于唐高祖武德九年。当时的秦王李世民在长安城宫城北门玄武门杀死太子李建成和齐王李元吉。随后,李渊诏立李世民为皇太子,下令军国庶事无论大小悉听皇太子处置。不久之后李世民即位,年号贞观。

公元617年,李渊在李世民的支持下在太原起兵反隋并很快占领长安。公元618年,隋炀帝被杀之后,李渊建立唐朝,并立世子李建成为太子。据说太原起兵是李世民的谋略,李渊曾答应他事成之后立他为太子。但天下平定之后,李世民功名日盛,李渊却犹豫不决。李建成随即联合李元吉,排挤李世民。李渊的优柔寡断,也使朝中政令相互冲突,加速了诸子的兵戎相见。

是年,李建成向李渊建议由李元吉做统帅出征突厥,借此把握住秦王的兵马,然后趁机除掉李世民。李世民在危急时刻决定背水一战,先发制人。

武德九年六月四日,李世民向李渊告发了李建成和李元吉的阴谋,李渊决定次日询问二人。李建成获知阴谋败露,决定先入皇宫,逼李渊表态。在宫城北门玄武门任执行禁卫总领的常合本是太子亲信,却被李世民策反了。六月四日,秦王亲自带着一百多人埋伏在玄武门内。李建成和李元吉一同入朝,待走到临湖殿,发觉不对头,急忙拔马往回跑。李世民带领伏兵从后面追赶而来。李元吉情急之下向李世民连射三箭,无一射中。李世民一箭就射死李建成,尉迟恭也射死李元吉。东宫的部将得到消息前来报仇,和秦王的部队在玄武门外发生激烈战斗,尉迟敬德将建成元吉的头割下示众,李建成的兵马才不得已散去。之后,

李世民跪见父亲,将事情经过上奏。

三天后,李世民被立为皇太子,诏曰:"自今军国庶事,无大小悉委太子处决,然后闻奏。"

两个月后,李渊退位,李世民登基。

适可而止

陈敬仲是春秋时期陈国国君陈厉公的儿子。当时统治秩序和社会伦理道德异常混乱。在争权夺利的斗争中陈宣公的太子被杀,而陈敬仲跟陈宣公的太子关系很好,是他的同党。因此,为了逃避不测之祸,陈敬仲带着家人逃到了齐国。

齐桓公早就听说陈敬仲德才兼备,在陈国声望很高,心中很想与他会面,只是苦于没有机会。陈敬仲刚到齐国,齐桓公便迫不及待地接见了他。一席交谈,齐桓公顿生相见恨晚的感觉。他便立即决定让陈敬仲做卿。

卿在当时是一种高官,一般是不轻易让别国的人做的,能做齐国的卿,是许多人梦寐以求的事情。陈敬仲恭敬地向齐桓公施了一礼,辞谢道:"我在陈国被逼得无栖身之所,只好逃到贵国来寄居。承蒙您的恩典,如果有幸能在您的国家生活,我就已经心满意足了。我本是个不明事理、无才无能的人,您不责怪我,我已经是感激不尽了,哪里敢贪图富贵,巴望做卿那样的高官呢?况且,让我这样一个客居贵国的无能之人做官,一定会招致人们对您的怨责,我又怎么能给您增添麻烦呢?这件事万万不可。"

齐桓公见他再三推辞,情真意切,也就没再难为他,而是让他做了工正,管理各种工匠。陈敬仲做了工正以后,表现很出色,齐桓公对他的才能更加赏识。

有一天,陈敬仲请齐桓公到家中喝酒。齐桓公兴冲冲地带着随从人员来到陈敬仲家中,酒席已摆好在庭院中了。

这天,风和日丽,加上庭院中景色雅致,桓公一见,早将那些烦人的政务抛到了脑后,忍不住开怀畅饮。

席间,桓公与陈敬仲一起评古论今,臧否人物,越说越投机。说到兴奋处,情不自禁地相视哈哈大笑;谈到气愤处,不免要摩拳擦掌、扼腕长叹。

俗话说"酒逢知己千杯少",再加上遇到陈敬仲这样一个慕名已久的知己,更是酒不醉人人自醉。不知不觉中,左一杯,右一杯,已经喝到了太阳西下。桓公虽然已有几分醉意,但是他仍然感觉没有尽兴,于是便吩咐左右,说:"赶快点上灯火,我要与陈大夫再饮几杯。"

陈敬仲赶紧站起来,恭恭敬敬地说:"不能再喝了!我只想白天请您喝酒,晚上就不敢奉陪了！"

桓公感到有些失望，脸上露出不高兴的神情，说："我与你正喝到兴头上，你怎么能扫我的兴呢？"

陈敬仲赶紧解释道："酒宴是一种礼仪性的活动，适可而止就可以了，不能过度。过了，就不好了，倘若您因为跟我喝酒而没有把握住分寸，遭到别人的指责，我怎么能够逃脱罪责呢？所以请您原谅，我实在不能执行您的命令。如果您认为没有尽兴，改日我再请您来，咱们再次共饮，把酒言欢。至于今日，就到此为止吧！希望您见谅！"

桓公听后，冷静下来一想，感觉也有道理，便不再坚持了。

慎独君子

柳下惠，原姓展，名获，战国时期人。

柳下惠曾经做过鲁国大夫，还做过掌管监狱的小官。据说，柳下惠做官期间，为官清正，执法严谨，用我们现在的话说就是一个为国为民的好官了。但是由于生性耿直，不愿攀附权贵，后来便弃官归隐了。他居住在柳下，也就是现在的濮阳县的柳屯，"柳下惠坐怀不乱"的故事就发生在这里。

相传一个寒冷的夜晚，柳下惠宿于郭门，那晚，凛冽的寒风刺人肌骨。柳下惠穿着衣服拥在被窝里，还感觉寒气逼人。柳下惠心里想，不知道这样冷的冬夜，有没有无家可归的人，想想各国征战不休，生灵涂炭，柳下惠不禁辗转难眠。正在这时，忽然传来了敲门声。柳下惠急忙起身开门，原来是一个赶夜路的妇女来投宿，只见她冻得浑身抱成一团，还不住的瑟瑟发抖，脸色也冻得发青，嘴唇发紫，眼看就要支撑不住了。柳下惠连忙把她让进屋里，并请她到床上暖和暖和。可是她在被子里缩成一团,浑身发抖,还是暖和不过来。柳下惠四下看了看,家里也没有什么可供取暖的东西,柳下惠恐她冻死,于是就叫她坐在自己怀里,并解开外衣把她裹紧,这样,过了好一会儿,那位妇女才渐渐地缓过神来。只听她断断续续地说只因出门走亲戚,回来晚了,衣服穿得又太单薄,实在冻得不行了,所以才不得已敲门,并想借宿一晚。柳下惠看她那副可怜的模样,想到如果不收留她,或许她就会冻死在荒郊野外,于是就让她在怀中取暖一晚,可是柳下惠毫无私心杂念,对妇人举止有礼,绝没乘人之危,逾越道义之举。

"柳下惠坐怀不乱"的故事就此流传开来。在他死后,被后人称为"惠",又因为他居住在柳地,所以世称柳下惠。

不言功禄

春秋战国时代,晋献公的妃子骊姬为了让自己的儿子奚齐继位,就设毒计谋害太子申生,申生被逼自杀。申生的弟弟重耳,为了躲避祸害,流亡出走。在流亡期间,重耳受尽了屈辱。原来跟着他一道出奔的臣子,大多陆陆续续地各奔出路去了。只剩下少数几个忠心耿耿的人,一直追随着他。其中一人叫介子推。有一次,重耳饿晕了过去。介子推为了救重耳,从自己大腿上割下了一块肉,用火烤熟了送给重耳吃。十九年后,重耳回国做了君主,这就是著名春秋五霸之一的晋文公。

晋文公执政后,对那些和他同甘共苦的臣子大加封赏,唯独忘了介子推。有人在晋文公面前为介子推叫屈。晋文公猛然忆起旧事,心中有愧,马上差人去请介子推上朝受赏封官。可是,差人去了几趟,介子推不来。晋文公只好亲自去请。可是,当晋文公来到介子推家时,只见大门紧闭。介子推不愿见他,已经背着老母躲进了绵山(今山西介休市东南)。晋文公便让他的御林军上绵山搜索,没有找到。于是,有人出了个主意说,不如放火烧山,三面点火,留下一方,大火起时介子推会自己走出来的。晋文公于是下令举火烧山,孰料大火烧了三天三夜,大火熄灭后,终究不见介子推出来。上山一看,介子推母子俩抱着一棵烧焦的大柳树已经死了。晋文公望着介子推的尸体哭拜一阵,然后安葬遗体,发现介子推脊梁堵着个柳树树洞,洞里好像有什么东西。掏出一看,原来是片衣襟,上面题了一首血诗:

　　割肉奉君尽丹心,但愿主公常清明。
　　柳下作鬼终不见,强似伴君作谏臣。
　　倘若主公心有我,忆我之时常自省。
　　臣在九泉心无愧,勤政清明复清明。

晋文公将血书藏入袖中。然后把介子推和他的母亲分别安葬在那棵烧焦的大柳树下。为了纪念介子推，晋文公下令把绵山改为"介山"，在山上建立祠堂，并把放火烧山的这一天定为寒食节，晓谕全国，每年这天禁忌烟火，只吃寒食。

走时，他伐了一段烧焦的柳木，到宫中做了双木屐，每天望着它叹道："悲哉足下。""足下"是古人下级对上级或同辈之间相互尊敬的称呼，据说就是来源于此。

第二年，晋文公领着群臣，素服徒步登山祭奠，表示哀悼。行至坟前，只见那棵老柳树死树复活，绿枝千条，随风飘舞。晋文公望着复活的老柳树，像看见了介子推一样。他敬重地走到跟前，珍爱地掐了一下枝，编了一个圈儿戴在头上。祭扫后，晋文公把复活的老柳树赐名为"清明柳"，又把这天定为清明节。

以后，晋文公常把血书袖在身边，作为鞭策自己执政的座右铭。他勤政清明，励精图治，把国家治理得很好。

此后，晋国的百姓得以安居乐业，对有功不居、不图富贵的介子推非常怀念。每逢他死的那天，大家禁止烟火来表示纪念。

坚持原则

司马迁祖辈都担任着史官，他的父亲司马谈任汉朝的太史令。司马迁38岁时（即父亲去世后三年）在丞相的举荐下继任父职。司马迁42岁那年，汉武帝下令实行太初历，他开始着手写作《史记》。司马迁夜以继日地写作，几年以后，写出了《史记》的部分手稿。司马迁把它呈给武帝，武帝翻阅后大发雷霆。因为司马迁在书稿中毫不避讳地记载了武帝的过失和错误。武帝的宠妃懿妃曾经想让司马迁为她写赋，司马迁拒绝了她，所以对司马迁怀恨在心，这个时候便趁机向武帝进谗言说："听说司马迁恃才自傲，自比圣人，根本不把陛下放在眼里。"武帝立即召集文武大臣，向司马迁问罪。大臣们都沉默着不说话，只有一位大臣因受懿妃的指使而极力怂恿武帝严惩司马迁。但是老丞相仗义为司马迁求情，御史大夫也支持丞相，武帝便只好从轻发落，责令司马迁重新修改《史记》。

司马迁痛苦愤怒之下要辞官："不求苟活于世，但求无愧于心！"当他来到父亲灵位禀告时，想起了对父亲的承诺："一定要完成老人家著史的遗愿！"于是，他下定决心忍辱发愤，对《史记》进行修改，将历史的事实分散写在诸多章节中。不久，汉军北伐匈奴胜利而归，武帝吩咐司马迁将此事记入史书。司马迁本来只为卫青立传，但是经过调查，发现李广威武无敌，战功显赫，却含恨而死，决定也为他立传。有人提醒司马迁："你这样做，只怕又会招来祸端。"司马迁一笑置之，坚持为李广作传。

司马迁正在写《李广转》时，一个朋友来看他，顺手拿起刚写出的部分手稿看

起来，朋友发现，司马迁对李广打仗退敌、脱险、射虎等细节，写得神采飞扬，但后面又写李广心胸不宽，公报私仇，于是就问司马迁："你后面这样写李广，不是有损他的形象吗？"司马迁说道："我写历史，真实是第一原则，不能以个人好恶而隐匿真相。"

《李广转》写得文辞华美，武帝看后非常满意。但是懿妃却无事生非，说道："李广如此勇猛善战，战功如此卓著，然而却未能封侯，而且在战场上只让他起辅助作用，这不是批评朝廷用人不当吗？还有他自刎而死，这不是说朝廷逼害忠良吗？"

时隔不久，李陵兵败被俘，投降了匈奴。武帝盛怒之下，下令诛杀其全家。有一武将冒死求情，武帝也将其斩首。于是，文武百官没有人敢为李陵说话。武帝命令司马迁将此事写入史书，以警后世。

司马迁四处寻访考究，得知李家世代忠良，一心为国，李陵投降匈奴也是为了救所属士兵的性命。司马迁又找到李陵的旧部，得到了第一手资料。于是，他心里有了底，毅然决然要写出真相，坚决不能让忠良之人蒙受不白之冤。

他的朋友又提醒他，说："这件事情要三思而后行，不然，可能会招来杀身之祸。"但是司马迁却不改变初衷。他说："先父在世，曾经谆谆教导我，'史须采实，著史须以事实为准'，我也深知此理。所以，我怎么能违背父训和良知，不让事实真相大白于天下呢？"

武帝看了司马迁的手稿以后，立刻下令将司马迁投入大牢，定为死刑。后来连同丞相在内的诸多大臣为司马迁求情，武帝才赦免了他的死罪，但条件是要求司马迁用钱财或接受宫刑来代替死罪。

这让司马迁无可奈何：钱财——家徒四壁，没有钱可用来抵押；宫刑——士可杀不可辱，无法接受！他就只有等着被处死。

这天夜里，司马迁前思后想，久久不能入睡。天快亮时，迷迷糊糊地睡着了，梦见父亲言之谆谆地对他说："忍辱方能负重！我辈著史，只为传真相于后世。你如此撒手而去，谁能担著史之重任？"司马迁惊醒了，陷入了沉思……司马迁接受了残酷的宫刑，从此以后他忍辱负重，发愤写作，终于完成了不朽的史学巨著——《史记》。

弃财保国

弦高,春秋战国时期郑国的商人。公元前628年,秦军发兵攻打郑国,留在郑国的将军也送信给当时的秦国国君秦穆公说:"郑国北门的防守掌握在我们手里,要是秘密派兵来偷袭,肯定能够成功。"

秦穆公为图霸业不听百官劝阻,派百里奚的儿子孟明视为大将,蹇叔的两个儿子西乞术、白乙丙为副将,率领三百辆兵车,偷偷地去攻打郑国。

秦国的大军进入滑国地界(在今河南省)。当时有一位郑国的牛贩子叫弦高,正要去洛阳做买卖,途中听闻秦军前来进犯的消息,弦高非常为自己的国家着急,立即派人快马加鞭报告郑国国君,自己则买了很多礼物,并挑选了十二头肥牛,冒充郑国的使者求见秦军的大将。

他见到秦军大将,不慌不忙地说:"敝国国君听说贵国三位将军远道而来,特意命令我先送来肥牛给贵军。这不过是一点儿小意思,算不上犒劳,丰厚的礼物还会陆续送来,先请将军笑纳。敝国国君说,敝国承蒙贵国军队保护北大门,十分感激,我们自己也不敢怠慢,做好了一切准备,请将军尽管放心。"孟明视听后大吃一惊,接着,弦高献上四张熟牛皮和十二头肥牛。

孟明视原来打算在郑国毫无准备的情况下,进行突然袭击。现在郑国使臣老远跑来犒劳军队,这说明郑国早已经有了准备,要偷袭是不可能的了。

想到此,孟明视收下了弦高送给他们的礼物,对弦高说:"我们并不是到贵国去的,你们何必这么费心。你回去告诉你们国君,我们只是路过此地。"

弦高走了以后,孟明视对手下的将军说:"郑国已经有了准备,偷袭肯定没有成功的希望。我们还是回国吧。"说吧,就灭掉滑国,率领军队回国了。

郑国的国君接到弦高的信,急忙叫人到北门去观察秦军的动静。果然发现秦军把刀枪磨得雪亮,马喂得饱饱的,正在作打仗的准备。他就不客气的向秦军的三个将军下令逐客令,说:"各位在郑国住得太久,我们实在是供应不起。听说你们要离开,就请便吧。"三个将军知道已经泄露了机密,眼看待不下去,只好连夜把人马带走。

事后,郑国国君要封赏弦高,弦高说:"因欺诈而得到赏赐,那么郑国的朝政真的要废弛了。作为一个国家如果没有信义,是败国之俗。赏赐一个人而败坏了国家,聪明的人是不会这样做的。"于是弦高隐身东夷,一直没有回郑国。

一同进退

疏广(前?—前45),字仲翁,祖籍东海兰陵(今山东苍山县西南兰陵镇)人。少

年好学，治学严谨，深通《论语》、《春秋》大义。本始元年，初征博士、太中大夫，后为太子太傅。在职五年辞归。

疏受（前？—前48），字公子，是疏广的侄子。疏受少时跟其父和叔父疏广学习儒家经典。疏受才思敏捷，言辞逻辑缜密，精于《礼》的奥微。疏广为人恭谨，以贤良方正被任为太子家令。疏受策对应答、行为举止，都合乎规矩，合乎法度，因此被提拔为太子少傅。

在封建天下的时代，"太子是天下的根本"，对于太子的成长与教育，是举国瞩目的大事。当时太子的外祖父许伯被特赐为平恩侯，许伯以太子年幼为由，请求皇上让他的弟弟中郎将许舜监护太子。皇上以此询问疏广，疏广回答说："太子是国家的继承者，他的老师朋友必须是天下的英俊之才，不应该只亲近外戚亲族。况且太子自有太傅、少傅，官属也已具备，如果让许舜监护太子，这样的做法未免会局限太子的视野，不能广布太子的美德于天下。"皇上认为他说的有道理，就把这个意思和丞相魏相讲了，魏相免冠致礼，谢罪说："这样的高见，是为臣所不能达到的。"疏广从此更为皇上器重，多次受到皇上的赏赐。太子每次上朝进见，都由师傅引导，太傅在前，少傅在后。叔侄同为太子师傅，朝廷上下也感到这是一种荣耀。

疏广任职五年，太子12岁，就已精通《论语》、《孝经》，学有所成，见识日进。疏广对疏受说："古人说'知足不辱，知止不殆'，老子也说'功遂身退，天之道'。现在，我们叔侄官至二千石，应该算是功成名立了，何况天下有更多高明的才俊，是该给他们让出位置的时候了。如果现在还不辞去，恐怕就没有比这更合适的时候了。我们叔侄相随出关，回归故里终老一生，这不正是一个很完美的结局吗？"疏受致礼说："我听从叔父的意见。"

于是，二人同时以年老多病为由上表辞职，请求退休回家，颐养天年。宣帝批阅他们的表章时，读着他们恳切的文章，为他们叔侄在年高体衰的状况下，长期为教育太子殚精竭虑、辛苦奔波而积劳成疾，深深感动，便加赐黄金二十斤，诏准两人的请求。皇太子也赠赐黄金五十斤，致谢师恩。

疏广、疏受回家后，都以寿终。他们在历史上成为"宁邑二疏"，其故里分别被命名为"东疏"和"西疏"，以纪念这两位宁邑先贤。

说符篇

【题解】

"说",即论说;"符",即符号、验证。所谓"说符",就是对事物加以事实上的论说或逻辑上的验证。验证的基本内容是事物"倚伏相推"的关系。之所以要验证,是由于"事故无方";怎样验证,则是掌握"变通之会"。本篇的寓言和故事多达30个。如若将其归类,可以分为:一、说明"恃道而不恃智巧"的;二、逢其时则昌,失其时则亡的;三、名实应相符,不能因名害实;四、居后持胜,慎善自处;五、名利善恶相随,应以善待人;六、治身治国,终归符验的。总而言之,说符就是讲人的主观意志要符合自然界的客观规律。本篇的中心思想就是讲"心合于道",即在纷纭的万事万象中做到见微知著。知其变化之由,明善恶之归宿,察祸福之所倚,才能做到"心合于道",遇事应对自如。文中众多寓言故事皆寓此理。

【原文】

子列子学于壶丘子林。壶丘子林曰:"子知持后①,则可言持身②矣。"列子曰:"愿闻持后。"曰:"顾若影,则知之。"列子顾而观影:形枉③则影曲,形直则影正。然则枉直随形而不在影,屈申④任物而不在我,此之谓持后而处先。

【注释】

①持后:居于后而不争,遇到有利的事情,即做到先人后己。意为谦虚、谨慎,不与人争先。
②持身:保持身体的端正态度,对自身言行的把握。意为内心纯正,不为外物干扰。
③枉:弯曲,曲折。
④屈申:屈,使弯曲,与"伸"相对。申,通"伸"。伸展,伸张。

【译文】

列子跟着壶丘子林学道。壶丘子林说:"等你懂得保持谦退,就可以探讨如何立身处世了。"列子说:"希望听您讲讲保持谦退的道理。"壶丘子林说:"回头看看自己的身影就知道了。"列子回头观察自己的身影:身体弯曲,影子就随着弯曲;身体挺直,影子就随着挺直。既然这样,可见影子的弯曲与挺直依赖于身体的变化,而不在影子自身;处世的窘困与顺利听凭于外物的制约,而不在于个人的主观意志,这就是保持谦退而使自己最终处于领先地位的道理。

【原文】

关尹谓子列子曰:"言美则响美,言恶则响①恶;身长则影长,身短则影短。名也者,响也;身也者,影也。故曰:慎尔言,将有和之;慎尔行,将有随之。是故圣人见出以知入,观注以知来,此其所以先知之理也。

"度②在身,稽③在人。人爱我,我必爱之;人恶我,我必恶之。汤、武爱天下,故王;桀、纣恶天下,故亡,此所稽也。稽度皆明而不道也,譬之出不由门,行不从径④也。以是求利,不亦难乎?尝观之神农、有炎之德,稽之虞、夏、商、周之书,度诸法士⑤贤人之言,所以存亡废兴而非由此道者,未之有也。"

【注释】

①响:回音,回响。
②度:礼度,法度或度量标准。
③稽:考核,考察。
④径:小路;亦指道路。
⑤法士:崇尚礼法之士。

【译文】

关尹对列子说:"发出的言辞美好,声音动听,回音就美好动听;发出的言辞丑恶,声音难听,回音也就丑恶难听。身体修长,影子就修长;身体短小,影子就短小。个人的名声就等于回音,个人的行为就等于身影。所以说:谨慎你的言语,将会有应和它的回音;谨慎你的行为,将会有跟随它的身影。因此,圣人听到一个人的言辞就能判断出别人对他的看法,看见一个人的过去行为就能预料出他将来的命运,这就是他们能够先知先觉的道理。

掌握行为的法度在于自身,而考察它的客观效果却在于别人。谁敬爱我,我必定敬爱他;谁厌恶我,我必定厌恶他。商汤、周武热爱天下百姓,所以称王天下;夏桀、商纣厌恶天下百姓,所以丧失天下,这是历史所验证过的事实。客观事实的验证与自身行为的法度都很明了却不去遵守,就好比外出不通过门口,行走不顺着道路一样。用这种违反常理的方法去追求利益,岂不是很困难吗?我曾经考查过神农、有炎的德行,检核过虞舜、夏禹、商汤、周武的书籍,研究过那些提倡礼法和推崇德化之人的言论,发现历史上任何朝代的存亡废兴都是遵循这条规律的,例外的情况从来没有发生过。"

【原文】

严恢①曰："所为问道者②为富,今得珠亦富矣,安用道?"子列子曰:"桀、纣唯重利而轻道,是以亡。幸哉余未汝语也!人而无义,唯食而已,是鸡狗也。强食靡角③,胜者为制,是禽兽也。为鸡狗禽兽矣,而欲人之尊己,不可得也。人不尊己,则危辱及之矣。"

【注释】

①严恢:人名,事迹不详。
②问道者:请问道理、道术的人。
③强食靡角:指为争食而相互角斗。强,使用强力。靡,此处应为"摩"字之误。这里的"靡角",当指以角相摩,即角斗、角逐。

【译文】

严恢说:"那些学习道术的人为的是求得财富。假如我现在获得珠宝也能富有,哪里还用什么道呢?"列子说:"夏桀、商纣就是因为只重财利而轻视道义才灭亡的。幸好有些事情还没有告诉你!作为一个人却不懂得道义,只知道吃喝,这不过是鸡狗罢了。逞强争食,相互角斗,胜利的就是宰制者,这不过是禽兽罢了。已经干出鸡狗禽兽般的事情了,却还想要别人尊敬自己,这是不可能办到的。当别人都不尊敬自己的时候,那么祸患耻辱就会降临了。"

【原文】

列子学射中①矣,请于关尹子。尹子曰:"子知子之所以中者乎?"对曰:"弗知也。"关尹子曰:"未可。"退而习之。三年,又以报关尹子。尹子曰:"子知子之所以中乎?"列子曰:"知之矣。"关尹子曰:"可矣;守而勿失也。非独射也,为国与身亦皆如之。"故圣人不察存亡而察其所以然。

【注释】

①中(zhòng):指射箭已能射中箭靶。

【译文】

列子练习射箭已能射中箭靶,便去报告给关尹子。关尹子问:"你知道你能射中箭靶的原因吗?"列子回答说:"不知道。"关尹子说:"那你的箭术还不行。"列子回去继续苦练。三年以后,又把练习情况报告了关尹子。关尹子说:"你知道你是怎样射中箭

靶的吗？"列子说："知道了。"关尹子说："可以了；牢牢记住，千万不要忘记它。不只是射箭，治理国家与修养身心也都是这样。"因此圣人不局限于事物存亡成败的表面现象，而要考察事物存亡成败的真正原因。

【原文】

列子曰："色①盛者骄，力盛者奋②，未可以语道也。故不班白③语道，失，而况行之乎？故自奋则人莫之告。人莫之告，则孤而无辅矣。贤者任人，故年老而不衰，智尽而不乱。故治国之难在于知贤而不在自贤。"

【注释】

①色：指气色，面色。
②奋：逞强好胜。
③班白：指须发花白。"班"通"斑"。

【译文】

列子说："气血旺盛的人容易骄傲，体力充沛的人容易激愤，都不可能和他们论道。因此头发没有花白的人论道，往往会丧失道德本意，更何况行道呢？因此骄横激愤的人，就不会有人来将缺点告诉他。而没有人将缺点告诉他，那他就孤立无援了。贤明的人善于任用别人，因此虽然年纪老了，但精神仍然没有衰弱；虽然智力耗尽，但思维仍然没有昏乱。因此，治理国家难就难在治理者能否知人善任，而不在于依仗自己的贤能。"

【原文】

宋人有为其君以玉为楮叶①者，三年而成。锋杀②茎柯③，毫芒④繁泽⑤，乱之楮叶中而不可别也。此人遂以巧食⑥宋国。

子列子闻之，曰："使天地之生物，三年而成一叶，则物之有叶者寡矣。故圣人恃道化⑦而不恃智巧⑧。"

【注释】

①楮叶：楮（chǔ），亦称构树。叶子卵形，叶上有毛，落叶乔木。
②锋杀：亦作"丰杀"，意即"增减"，引申为肥瘦。
③柯：草木的枝茎。
④毫芒：毫毛的细尖。

⑤繁泽：光泽。
⑥食：指俸禄。这里有取得俸禄的意思。
⑦道化：道德风化。
⑧智巧：智慧与技巧。

【译文】

宋国有个人用玉石为国君雕刻构树叶片，三年完成。茎脉和叶柄肥瘦适度、叶毛与柄刺繁密而有光泽，即使混杂在真的构树叶片中也无法辨别。这个人就凭着他的这个精巧手艺得到了宋国的俸禄。

列子闻听这件事，说："假使天地孕育万物，要三年才能长成一片叶子，那么万物之中有枝叶的树木就太少了。因此圣人依靠自然规律来施行教化，而不依赖个人的智慧与技巧。"

【原文】

子列子穷，容貌①有饥色②。客有言之郑子阳③者，曰："列御寇盖有道之士也，居君之国而穷。君无乃④为不好士乎？"郑子阳即令官遗⑤之粟。子列子出见使者，再拜⑥而辞。使者去。子列子入，其妻望之而拊心⑦曰："妾闻为有道者之妻子皆得佚乐⑧。今有饥色，君过⑨而遗先生食。先生不受，岂不命也哉？"

子列子笑谓之曰："君非自知我也。以人之言而遗我粟，至其罪我也，又且以人之言，此吾所以不受也。"其卒⑩，民果作难而杀子阳。

【注释】

①容貌：人的容颜相貌。
②饥色：饥饿的面色。
③郑子阳：郑国的子阳。子阳，人名，姓驷，即驷子阳。乃郑国国相。
④无乃：表示委婉反问。不是；岂不是。
⑤遗（wèi）：赠送。

⑥再拜：古代一种隆重的礼节，先后拜两次，表示郑重奉上的意思。
⑦拊(fǔ)心：拍胸。表示哀痛或悲愤。
⑧佚乐：悠闲安乐。
⑨过：这里指来访；拜访、探望之义。
⑩其卒：后来；终于。

【译文】

列子过着贫困的生活，面带饥色。有门客对郑国国相子阳说："列御寇原是有道之士，居住在您的国家却贫困不堪，您恐怕是不喜欢有道之士吧！"子阳立即派官吏给列子送去粮食。列子出来见到使者后，再三拜谢，坚决辞受。使者只好离开。列子进屋，他的妻子用怨责的眼光看着他，并捶着胸口说："我听说作为有道之人的妻子都能过上悠闲安乐的生活。现在我们面带饥色，国相以礼相待，派人给你送来粮食，你却不接受，难道我就是忍饥挨饿的命吗？"

列子笑着对她说："国相并非是自己赏识我，而是根据别人的话才来给我送粮食；等到他要加罪于我时，又会根据别人的话来办，这就是我不接受粮食的原因。"后来，郑国的百姓果然作乱杀掉了子阳。

【原文】

鲁施氏①有二子，其一好学，其一好兵。好学者以术干②齐侯；齐侯纳之，以为诸公子之傅。好兵者之楚，以法干楚王；王悦③之，以为军正④。禄富其家，爵荣其亲。

施氏之邻人孟氏，同有二子，所业亦同，而窘⑤于贫。羡施氏之有，因从请进趋⑥之方。二子以实告孟氏。孟氏之一子之秦，以术干秦王。秦王曰："当今诸侯力争，所务兵食而已。若用仁义治吾国，是灭亡之道。"遂宫⑦而放之。

其一子之卫，以法干卫侯。卫侯曰："吾弱国也，而摄⑧乎大国之间。大国吾事之，小国吾抚之，是求安之道。若赖⑨兵权，灭亡可待矣。若全而归之，适于他国，为吾之患不轻矣。"遂刖⑩之，而还诸鲁。

既反，孟氏之父子叩胸⑪而让施氏。施氏曰："凡得时者昌，失时者亡。子道与吾同，而功与吾异，失时者也，非行之谬也。且天下理无常是，事无常非。先日所用，今或弃之；今之所弃，后或用之。此用与不用，无定是非也。投隙抵时⑫，应事无方，属乎智。智苟不足，使若博如孔丘，术如吕尚⑬，焉注而不穷哉？"

孟氏父子舍然⑭无愠容⑮，曰："吾知之矣，子勿重言！"

【注释】

①施氏：姓施的人家。
②干（gān）：追求，求取，旧指追求职位俸禄。
③悦：喜欢。
④军正：军中执法官。
⑤窘迫：拘禁，局限。
⑥进趋：追求，求取。
⑦宫：即宫刑，又称"腐刑"。古时一种残酷肉刑，阉割生殖器。
⑧摄：迫近，夹迫。
⑨赖：倚靠，仗恃。
⑩刖（yuè）：即刖刑。古代的一种酷刑，把脚砍掉。
⑪叩胸：拍打胸部，表示恼恨。
⑫投隙抵时：迎合时机，行动及时。投，指迎合。隙，机会。抵，到达。时，适时。
⑬吕尚：即姜太公，周代齐国的始祖。本名吕尚，姜姓，字子牙，被尊称为太公望。传说他智勇双全，精通兵法，是中国历史上最享盛名的政治家、军事家和谋略家。
⑭舍然：释然。谓疑虑隔阂顿消。舍，通"释"。
⑮愠（yùn）容：愤怒的神色。

【译文】

鲁国姓施的人家有两个儿子，一个爱好学问，一个喜欢军事。爱好学问的用学术向齐侯求取官职；齐侯任用了他，让他担任各位公子的老师。爱好军事的到了楚国，用兵法向楚王求取官职；楚王很喜欢他，让他担任军正。这两个儿子的俸禄使家庭逐渐富有，官爵使亲人感到荣耀。

施家的邻居姓孟的人家，同样有两个儿子，所学的东西也与施家两个儿子相同，却陷于贫困之中。他们十分羡慕施氏的富有，便前去请教谋取功名的方法。施家二子把情况如实地告诉了孟氏。孟家的一个儿子到了秦国，用学术向秦王求取官职。秦王说："当今各国诸侯都用武力争夺天下，眼前最重要的事情是扩充军队，广积粮草。倘若用仁义来治理我的国家，那是一条自取灭亡的道路。"于是，对他施行了宫刑才给予释放。

另一个儿子到了卫国，用兵法向卫侯求取官职。卫侯说："我国是弱国，却夹在大国之中。我们的政策是，对大国采取侍奉的态度，对小国采取安抚的办法，这才是求得国家安全的方法。如果依靠兵权，那灭亡之日也就不远了。倘若让你健健康康地回去，到了其他的国家，肯定会成为我国的不小祸患。"于是就砍断他的双脚，才放他回到鲁国。

回家以后，孟氏的父子捶胸顿足地责骂施氏。施氏说："大凡把握时机的就会昌

盛，丧失时机的就会灭亡。你们求取功名的方法与我们相同，而结果却与我们不同，是因为错过了时机，并非是你们的做法错误。况且，天下根本就没有永远正确的道理，也没有永远错误的事情。过去所使用的方法，现在也许被抛弃；现在所抛弃的方法，将来也许还要被使用。这种或使用或不用，是没有固定的是与非的。抓住机会，及时行动，随机应变，不遵常法，这种能力属于智谋。智谋如果不够，即使像孔丘那样博学多才，像吕尚那样善用兵法，也是会处处碰壁的。"

孟氏父子听了，心中释然，满脸怒色顿时消失，说："我们明白了，你不要再说了。"

【原文】

晋文公①出会②，欲伐卫，公子锄③仰天而笑。公问何笑。曰："臣笑邻之人有送其妻适私家④者，道见桑妇，悦而与言。然顾视其妻，亦有招之者矣。臣窃笑此也。"

公寤⑤其言，乃止。引师而还，未至，而有伐其北鄙⑥者矣。

【注释】

①晋文公：即重耳，春秋时期晋国国君。曾在践土（今河南荥阳东北）大会诸侯，成为霸主。
②出会：即与诸侯会师出兵。
③公子锄：晋文公之子，名锄。
④私家：娘家。
⑤寤：古同"悟"，理解，明白。
⑥北鄙：北方边境地区。

【译文】

晋文公出师，会盟诸侯，准备讨伐卫国。公子锄听后仰天大笑。晋文公问他笑什么。他说："我笑我的邻居送他的妻子到娘家去，路上遇见一个采桑的妇人，不觉产生好感，便上前和她谈笑起来。可是回头看看自己的妻子，也有别的男子正向她招手调情。我偷笑的就是这件事。"

晋文公领悟了他话中的意思，于是停止了讨伐卫国的行动。当他率领军队回国，还没有回到晋国，就有消息传来，已经有其他国家正举兵进犯晋国北部边境地区了。

【原文】

晋国苦盗①。有郄雍②者，能视盗之貌，察其眉睫之间，而得其情。晋侯使视盗,千百无遗一焉。晋侯大喜,告赵文子③曰:"吾得一人,而一国盗为尽矣,奚用多为?"文子曰:"吾君特伺察④而得盗,盗不尽矣,且郄雍必不得其死焉。"俄而群盗谋曰:"吾所穷者郄雍也。"遂共盗而残之。

晋侯闻而大骇,立召文子而告之曰:"果如子言,郄雍死矣!然取盗何方?"文子曰:"周谚有言:察见渊鱼者不祥,智料隐匿者有殃。且君欲无盗,莫若举贤而任之;使教明于上,化行于下,民有耻心,则何盗之为?"于是用随会⑤知政⑥,而群盗奔秦焉。

【注释】

①苦盗:以盗为苦,苦于盗患。苦,作动词用。
②郄雍:人名,善于侦破盗贼作案的人。
③赵文子:赵国人,老子弟子,生活年代大概与孔子相同。
④伺察:侦视,观察。
⑤随会:人名。晋国宰相。
⑥知政:为政;主持政务。

【译文】

晋国苦于盗贼猖獗。有个名叫郄雍的人,擅长识别盗贼相貌,只要察看他们的眉目神情,就能获得真情。晋侯派他去辨认盗贼,千百人中无一漏网。晋侯大为高兴,告诉赵文子说:"我得到一个人,全国的盗贼差不多都快抓干净了,还要用那么多人干什么呢?"赵文子说:"主上依仗窥伺观察来捕捉盗贼,盗贼不但清除不尽,而且郄雍必将不得好死。"过了不久,一群盗贼聚在一起商议:"我们之所以走投无路,就是因为这个郄雍。"于是他们一同抓住郄雍并将他残忍地杀害了。

晋侯听说这个消息后大为惊骇,立即召见赵文子,并且对他说:"果然像你所说的那样,郄雍死了。可是抓捕盗贼究竟用什么方法呢?"赵文子说:"周地的谚语说:'能够看到深渊中游鱼的人不吉祥,以智巧推测出隐藏着的东西的人有灾殃。'君王要想彻底消除盗贼之患,最好的办法是选拔贤能的人并加以任用;使政教清明形成于上,良好风气流行于下,百姓有了羞耻之心,那还有谁去做盗贼呢?"于是晋侯便任用随会主持政务,而强盗都成群的逃到秦国去了。

【原文】

孔子自卫反鲁,息驾①乎河梁②而观焉。有悬水③三十仞,圜流④九十里,鱼鳖弗能游,鼋鼍⑤弗能居,有一丈夫方将厉⑥之。孔子使人并涯⑦止之,曰:"此悬水三十仞，圜流九十里，鱼鳖弗能游，鼋鼍弗能居也。意者⑧难可以济乎？"丈夫不以错意⑨，遂度⑩而出。孔子问之曰："巧乎？有道术乎？所以能入而出者，何也？"丈夫对曰："始吾之入也，先以忠信；及吾之出也，又从以忠信。忠信错⑪吾躯于波流，而吾不敢用私，所以能入而复出者，以此也。"

孔子谓弟子曰："二三子⑫识之！水且犹可以忠信诚身亲之，而况人乎？"

【注释】

①息驾：停车休息。
②河梁：与《黄帝篇》中的"吕梁"为同一处。
③悬水：瀑布。
④圜(huán)流：漩涡急流。
⑤鼋鼍(yuán tuó)：大鳖和猪婆龙。
⑥厉：连衣涉水。
⑦并涯：顺着河岸。
⑧意者：表示测度。大概，或许，恐怕。
⑨错意：在意，注意。错，通"措"。
⑩度：同"渡"。
⑪错：通"措"，安置。
⑫二三子：犹"你们"，长辈对小辈或者上对下之称。

【译文】

孔子从卫国返回鲁国，在河堤上停住马车观览。只见这里的瀑布高达三十仞，漩涡有九十里，鱼鳖不能游渡，鼋鼍无法停留，却有一个汉子正要涉水。孔子派人沿着河岸跑去制止他，说："这里的瀑布高达三十仞，漩涡有九十里，鱼鳖不能游渡，鼋鼍无法停留。大概很难游渡过去吧？"那汉子听了毫不在意，就渡过河去，上了岸。孔子问他说："凭技巧呢？还是有道术呢？你能钻入水中又能钻出水面，靠的是什么呢？"那汉子回答说："我刚钻入水中的时候，依靠忠信；待我钻出水面的时候，又依靠忠信。忠信使我的身躯安处在波涛激流中，而我不敢怀有任何的私心杂念，使用任何个人的心智和技巧，我之所以能钻进水中又钻出水面的原因，就是这个。"

孔子对弟子们说："你们记住：水，尚且能够凭忠信之心来亲近，又何况人呢！"

【原文】

白公①问孔子曰："人可与微言②乎？"孔子不应。白公问曰："若以石投水，何如？"孔子曰："吴之善没③者能取之。"曰："若以水投水何如？"孔子曰："淄渑④之合，易牙⑤尝而知之。"白公曰："人固不可与微言乎？"

孔子曰："何为不可？唯知言之谓者乎！夫知言之谓者，不以言言⑥也。争鱼者濡⑦，逐兽者趋，非乐之也。故至言去言，至为无为。夫浅知⑧之所争者末矣。"白公不得已，遂死于浴室。

【注释】

①白公：白公胜，春秋时期楚国大夫，楚平王之孙。楚惠王十年（前479），白公胜发动政变，杀死令尹子西、司马子期，控制楚都。后被叶公子高击败，自缢而死。
②微言：密谋，密言。
③善没：善于潜水或游泳。
④淄渑：淄水和渑水的并称。皆在今山东省。相传二水味各不同，混合之则难以辨别。
⑤易牙：又称狄牙，名巫。春秋时代一位著名的厨师，擅长调味，专管料理齐桓公饮食。相传他曾烹其子做成羹汤以献给桓公，成为春秋时期齐桓公的著名宠臣。
⑥言言：用语言表达。
⑦濡：沾湿，润泽。
⑧浅知：识见肤浅。

【译文】

白公胜问孔子："人可以和别人一起密谋吗？"孔子没有回答。白公胜再问："如果把石块投入水中会怎样呢？"孔子说："吴国善于潜水的人就能把它取出来。"白公又问："如果把水倒入水中会怎样呢？"孔子说："淄水与渑水混合在一起，易牙尝一尝就能分辨出来。"白公胜说："那么，一个人就绝对不能同别人密谋了吗？"

孔子说："为什么不可以？只要心领神会不就可以了吗！所谓心领神会，就是不依靠语言来表达意思。争抢鱼虾的沾湿一身，追逐野兽的跑痛双腿，并非是乐意这样做。因此最高明的言论不用语言表达，最崇高的行为是无所作为。那些识见肤浅的人所争执的都是事物的细枝末节。"白公胜没有参透孔子话中的意思，仍然密谋造反，最后政变失败，被迫吊死在浴室中。

【原文】

赵襄子①使新稚穆子②攻翟③，胜之，取左人、中人④；使遽人⑤来谒之。襄子方食而有忧色。左右曰："一朝而两城下，此人之所喜也；今君有忧色，何也？"襄子曰："夫江河之大也，不过三日；飘风⑥暴雨不终朝，日中不须臾。今赵氏之德行无所施于积，一朝而两城下，亡其及我哉！"孔子闻之曰："赵氏其昌乎！"

夫忧者所以为昌也，喜者所以为亡也。胜非其难者也，持之，其难者也。贤主以此持胜，故其福及后世。齐、楚、吴、越皆尝胜矣，然卒取亡焉，不达乎持胜也。

唯有道之主为能持胜。

孔子之劲能拓⑦国门之关，而不肯以力闻。墨子为守攻，公输般服，而不肯以兵知。故善持胜者以强为弱。

【注释】

①赵襄子：赵无恤，春秋末年晋国大夫，赵鞅之子。战国时期赵国的创始人。他出生于五霸称雄的春秋末代，卒于诸侯兼并的战国早期。卒谥襄，史称赵襄子。

②新稚穆子：也叫新稚狗，是赵襄子的家臣。

③翟（dí）：古同"狄"，称北方的少数民族。春秋前，长期活动于齐、鲁、晋、卫、邢、宋等国之间。

④左人、中人：都是古代邑名，皆在今河北省境内。

⑤遽（jù）人：驿使；驿卒。

⑥飘风：旋风、暴风。

⑦拓：举起，托起。

【译文】

赵襄子派新稚穆子攻打狄族人，大获全胜，夺取了左人、中人两座城邑；新稚穆子派驿使回来向赵襄子报捷。赵襄子正在吃饭，听后面带愁容。身边侍候他的人说："一天就攻下两座城邑，这是人人应该高兴的事；而现在您却有愁容，为什么呢？"襄子说："江河涨潮不过三天即退，暴风骤雨不过一个早晨就停，正午的太阳转瞬便斜。如今赵家没有积下多少德行，一天就攻下两座城邑，恐怕败亡的命运就要降临到我的头上了！"孔子听到这件事后，说："赵氏大概要昌盛起来了！"

存有忧患意识是未来昌盛的原因，总是喜悦忘形是导致败亡的祸根。夺得胜利并不是艰难的事情，保持胜利才是最艰难的事情。贤明的君主根据这条道理来保持胜利，因而他们的福气能够延及后代。齐国、楚国、吴国、越国都曾取得过巨大的胜利，但终归都灭亡了，就是因为不能通晓这个保持胜利的道理。只有那些有道德的君主才能保持胜利。"

孔子的力气能够举起国都城门的门闸，然而他却不愿以勇猛气力夸耀于世。墨子精通攻防之策，连公输般都佩服，然而他却不愿以善于用兵扬名四海。所以善于保持胜利的人，总是以强大表现为弱小。

【原文】

宋人有好行仁义者，三世不懈。家无故黑牛生白犊，以问孔子。孔子曰："此吉祥也，以荐①上帝。"居一年，其父无故而盲，其牛又复生白犊。其父又复令其子问孔子。其子曰："前问之而失明，又何问乎？"父曰："圣人之言先迕②后合。其事未究③，姑复问之。"其子又复问孔子。孔子曰："吉祥也。"复教以祭。其子归致命。其父曰："行孔子之言也。"居一年，其子又无故而盲。

其后楚攻宋，围其城。民易子而食④之，析骸而炊⑤之；丁壮者皆乘城⑥而战，死者大半。此人以父子有疾皆免。及围解而疾俱复。

【注释】

①荐：进献，祭献。
②迕：违背，相抵触。
③未究：未见结果。
④易子而食：原指春秋时宋国被围，城内粮尽，百姓交换子女以当食物。后形容灾民极其悲惨的生活。
⑤析骸而炊：指因被围日久，处于粮尽柴绝的困境，所以剔下骨头当柴。亦以形容战乱或灾荒时期百姓的悲惨生活。
⑥乘城：登城。

【译文】

宋国有个好行仁义的人，连续三代都不懈怠。他家中的黑牛无缘无故地生下一头

白色牛犊，便去请教孔子。孔子说："这是吉兆，可以用它来祭祀上帝。"过了一年，他父亲的眼睛无缘无故地瞎了，他家中的黑牛又生下一头白色牛犊。他父亲又叫儿子去请教孔子。儿子说："上次问他以后你的眼睛就瞎了，还问他做什么？"父亲说："圣人的寓言同事实先是相背然后才吻合，这事还没有最后结果，姑且再问问他。"他儿子又去询问孔子。孔子说："吉兆啊。"又叫他们用白色小牛来祭祀上帝。他的儿子回家向父亲转达了孔子的意思，他的父亲说："按照孔子的话去做。"过了一年，儿子的眼睛也无缘无故地瞎了。

后来楚国攻打宋国，包围了宋国的都城，都城的百姓困苦不堪，不得已交换孩子杀了充饥，剔下骨头当柴烧；青壮年都登城作战，死伤的超过半数。这家人因为父子两人有眼疾而得以幸免。等到包围解除后，他俩的眼睛又都恢复正常了。

【原文】

宋有兰子①者，以技干②宋元③。宋元召而使见④其技，以双枝长倍其身，属其胫⑤，并趋并驰，弄七剑迭而跃之，五剑常在空中。元君大惊，立赐金帛。

又有兰子又能燕戏⑥者闻之，复以干元君。元君大怒曰："昔有异技干寡人者，技无庸⑦，适值寡人有欢心，故赐金帛。彼必闻此而进，复望吾赏。"拘而拟戮⑧之，经月乃放。

【注释】

①兰子：以技妄游者。即指走江湖的人。兰，通"阑"，妄。
②干：追求，求取，旧指追求职位俸禄。
③宋元：即下文的"元君"，即宋元君，亦作宋元王。
④见：同"现"。
⑤胫：小腿，从膝盖到脚跟的一段。
⑥燕戏：古代一种杂技。因动作轻疾如燕，故名。
⑦庸：用。
⑧戮：羞辱。

【译文】

宋国有个走江湖玩杂耍的人，想以杂技表演求得宋元君赏识。宋元君召见了他，并让他表演技艺。只见他用两根比身体长一倍的木杆绑在小腿上，时而快走，时而奔跑；手上还轮流抛接七把短剑，总有五把短剑在空中飞跃。元君大为吃惊，立即赏赐给他金银布帛。

又有一个走江湖玩杂耍的人，能够像燕子一样轻捷如飞，听说这件事后，也想以自己的技艺求得宋元君的赏识。元君大怒说："上次有个用奇异的技艺来求见我的人，其实那技艺毫无用处，只是恰逢我心里高兴，所以赏赐了金银布帛。这个人一定是听说了这件事后才来求见我的，也希望得到我的赏赐。"于是，宋元君命人把那个人拘捕起来，准备羞辱之后再处以刑罚，经过一个月才释放。

【原文】

秦穆公①谓伯乐②曰："子之年长矣，子姓③有可使求马者乎？"伯乐对曰："良马可形容筋骨相也。天下之马者，若灭若没④，若亡若失⑤，若此者绝尘弭辙⑥。臣之子皆下才也，可告以良马，不可告以天下之马也。臣有所与共担纆⑦薪菜⑧者，有九方皋⑨，此其于马非臣之下也。请见之。"

穆公见之，使行求马。三月而反，报曰："已得之矣，在沙丘。"穆公曰："何马也？"对曰："牝⑩而黄。"使人往取之，牡⑪而骊⑫。穆公不说，召伯乐而谓之曰："败矣，子所使求马者！色物、牝牡尚弗能知，又何马之能知也？"伯乐喟然太息曰："一至于此乎！是乃其所以千万⑬臣而无数者也！若皋之所观天机⑭也，得其精而忘其粗，在其内而忘其外；见其所见，不见其所不见；视其所视，而遗其所不视。若皋之相者，乃有贵⑮乎马者也。"马至，果天下之马也。

【注释】

①秦穆公：姓嬴，名任好。春秋时代秦国国君，在位三十九年（前659－前621）。谥号穆。

②伯乐：相传为秦穆公时的孙阳，善相马。他是春秋时代的人。由于他对马的研究非常出色，人们便忘记了他本来的名字，干脆称他为伯乐。

③子姓：泛指子孙、后辈。

④若灭若没：恍惚迷离的样子。

⑤若亡若失：似有似无的样子。

⑥绝尘弭辙：谓马奔驰极快，四足落地不沾尘土，车轮过后不见辙印。弭，消。辙，车轮碾过的痕迹。

⑦担纆（mò）：负荷捆扎。纆，绳索。

⑧薪菜：拾取柴草之义的意思。薪，柴。菜，通"采"。

⑨九方皋：人名。善相马者。

⑩牝（pìn）：雌性的鸟或兽，与"牡"相对。

⑪牡：雄性的鸟或兽，亦指植物的雄株，与"牝"相对。

⑫骊（lí）：纯黑色的马。

⑬千万：用作动词。

⑭天机：此处指天赋的灵性或内在奥秘。

⑮贵：宝贵。

【译文】

秦穆公对伯乐说："你的年岁大了，你的子孙中有没有可以派去访求良马的人呢？"伯乐回答说："良马可以从它的体态、外貌、筋骨鉴别出来；至于天下最好的马，其神气却在恍恍惚惚、似有似无之间，像这样的马，跑起来四足不沾尘土，车轮不留痕迹，极为迅速。我的子孙都是下等人，可以教他们怎样识别良马，却无法教他们怎样识别天下最好的马。我有一个同我一起挑担子拾柴草的朋友，名叫九方皋，这个人相马的本领不在我之下。请让我引他来见您。"

穆公接见了九方皋，派他出去寻找良马。三个月以后，九方皋回来向秦穆公报告说："已经找到了，在沙丘那边。"穆公问："什么样的马？"九方皋回答道："母马，毛色纯黄。"秦穆公派人前往沙丘取马，却是一匹纯黑色的公马。秦穆公很不高兴，把伯乐

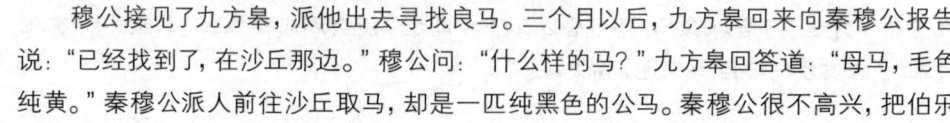

召来并对他说:"太差劲了,你向我推荐的那个相马人!他连马的毛色、雌雄都分辨不清,又怎么能鉴别马的优劣呢?"伯乐长叹一口气说:"他相马的本事竟然到了这种境界啦!这正是他比我高明不止千万倍的地方啊!像九方皋所看见的是马的内在实质,掌握它的内在精华而忽略它的外表现象,洞察它的实质而忘记它的外表;只见他所应看的东西,不看他所不必看的东西;只关注他所应当关注的内容,而忽略他所不必关注的形式。像九方皋这样相马,如能深刻体味,恐怕会悟出比相马更为宝贵的意义。"马送到之后,经鉴定,果然是一匹天下少有的好马。

【原文】

楚庄王①问詹何②曰:"治国奈何?"詹何对曰:"臣明于治身而不明于治国也。"楚庄王曰:"寡人得奉宗庙社稷,愿学所以守之。"詹何对曰:"臣未尝闻身治而国乱者也,又未尝闻身乱而国治者也。故本在身,不敢对以末③。"楚王曰:"善。"

【注释】

①楚庄王:春秋时期楚国国君,前614—前591年在位。他即位后励精图治,重用孙叔敖,改革内政,兴修水利,北伐陆浑,陈兵周郊。后又大败晋军,迫使郑、宋归附,成为代晋而起的诸侯霸主。
②詹何:战国时期哲学家。
③末:末节,次要的事情。

【译文】

楚庄王问詹何说:"治理国家应该怎么办啊?"詹何回答说:"我只懂得修养身心的道理,不懂得治理国家的道理。"楚庄王说:"我得以祭祀宗庙和掌管国家,希望学到怎样保持它的办法。"詹何回答说:"我从来没有听说过身心修养好了而国家却混乱的,也从来没有听说过身心修养不好而国家却治理好的。因此,治国的根本在于修养身心,不敢用无关紧要的话来答复。"楚王说:"说得好。"

【原文】

狐丘丈人①谓孙叔敖②曰:"人有三怨,子知之乎?"孙叔敖曰:"何谓也?"对曰:"爵高者,人妒之;官大者,主恶之;禄厚者,怨逮之。"孙叔敖曰:"吾爵益高,吾志益下;吾官益大,吾心益小;吾禄益厚,吾施益博。以是免于三怨,可乎?"

【注释】

①狐丘丈人：狐丘，邑名。丈人，指地方上的长老。
②孙叔敖：芈氏，名敖，字孙叔，春秋时期楚国期思（今河南固始）人，楚国名臣。公元前601年，出任楚国令尹（楚相），辅佐楚庄王施教导民，宽刑缓政，发展经济，政绩赫然。主持兴修了芍陂（今安丰塘），改善了农业生产条件，增强了国力。司马迁《史记·循吏列传》列其为第一人。

【译文】

狐丘丈人对孙叔敖说："人们有三件事最容易招致怨恨，你知道吗？"孙叔敖说："说的是什么呢？"

狐丘丈人回答说："爵位高的，别人会妒忌；官职大的，君主会猜忌；俸禄厚的，怨仇会降临。"孙叔敖说："我的爵位越高，我的志向就越低；我的官职越大，我的雄心就越小；我的俸禄越厚，我的施舍就越广。用这种方法来避免三种怨恨，可以吗？"

【原文】

孙叔敖疾，将死，戒其子曰："王亟①封我矣，吾不受也。为我死，王则封汝。汝必无受利地！楚越之间有寝丘②者，此地不利而名甚恶。楚人鬼而越人禨③，可长有者唯此也。"

孙叔敖死，王果以美地封其子。子辞而不受，请寝丘，与之，至今不失。

【注释】

①亟（qì）：多次；屡次。
②寝丘：古邑名。春秋楚地，在今河南固始东部。寝，丑陋，恶劣。
③禨：吉祥，祈福禳灾之事。

【译文】

孙叔敖病重，快死的时候，告诫他的儿子说："大王多次要封赏土地给我，我都没有接受。如果我死了，楚王就会封赏给你。你一定不要接受肥沃的土地。楚国和越国之间有个名叫寝丘的地方，这里不仅土地贫瘠，而且地名不吉利。当地的楚人相信鬼神，而越人则习惯祈祷吉祥，能够长久拥有的封地也就只有这里了。"

孙叔敖死后，楚王果然拿出肥美的土地封赏他的儿子。孙叔敖的儿子坚决推辞不接受，请求要寝丘这块地方，楚王就给了他，孙叔敖的后代直到今天都没有丧失这块土地。

【原文】

牛缺①者,上地②之大儒③也,下之邯郸④,遇盗于耦沙⑤之中,尽取其衣装车,牛步而去。视之欢然无忧吝⑥之色。盗追而问其故。曰:"君子不以所养害其所养。"盗曰:"嘻!贤矣夫!"既而⑦相谓曰:"以彼之贤,往见赵君。使以我为⑧,必困我。不如杀之。"乃相与追而杀之。

燕人闻之,聚族相戒,曰:"遇盗,莫如上地之牛缺也!"皆受教。俄而其弟适秦,至关⑨下,果遇盗。忆其兄之戒,因与盗力争;既而不如,又追而以卑辞⑩请物⑪。盗怒曰:"吾活汝弘⑫矣,而追吾不已,迹将著焉。既为盗矣,仁将焉在?"遂杀之,又傍害其党四五人焉。

【注释】

①牛缺:人名。姓牛,名缺,秦国人。
②上地:地名。在今河北省境内。
③大儒:旧时指学问渊博而著名的学者。
④邯郸:古都邑名。战国时为赵国都城,故址在今河北邯郸西南。
⑤耦沙:河流名。现称沙河,在河北南部。
⑥忧吝:忧伤吝惜之色。吝,古"悋",同"吝"。
⑦既而:不久,一会儿,副词。指上件事情发生后不久。
⑧为:下当脱"事"字。
⑨关:此处指函谷关。
⑩卑辞:言辞谦恭。这里指低声下气。
⑪请物:请求归还财物。
⑫弘:度量宽宏。

【译文】

牛缺是上地的一位知识渊博的学者,他到邯郸去,在耦沙这个地方遇上了强盗,把他的衣物车马全部抢走了,牛缺便步行而去。牛缺被抢后看上去依然是欢欢喜喜的样子,毫无忧愁吝惜的神色。强盗追上前问他原因。他说:"君子不因为这些身外之物而损害自己的身心。"强盗说:"嘻!真高尚啊!"接着又相互商议说:"以他的贤明,前去拜见赵国国君,如被任用来对付我们,必定要来围困我们,不如趁早杀了他。"于是就一齐追赶上去,把牛缺杀了。

一个燕国人听说了这件事,就集合族人相互告诫,说:"遇见强盗,不要像上地的牛缺那样迂腐。"大家都接受了这种告诫。不久,这个燕国人的弟弟到秦国去,走到函谷关下,果然遇上了强盗。他想起哥哥的告诫,便同强盗尽力争夺;争夺不过,又追赶上去低声下气地哀求强盗归还他的财物。强盗生气地说:"我们没有杀你,就够宽宏大量的了,你却追个不停,我们的行踪都要让你给暴露了。既然做了强盗,哪里还要什么仁义?"于是就动手杀了他,还连累四五个同伴被杀害。

【原文】

虞氏①者,梁②之富人也,家充殷盛,钱帛无量,财货无訾③。登高楼,临大路,设乐陈酒,击博④楼上,侠客相随而行。楼上博者射,明琼⑤张中,反两㯮⑥鱼而笑。飞鸢⑦适坠其腐鼠⑧而中之。侠客相与言曰:"虞氏富乐之日久矣,而常有轻易人之志。吾不侵犯之,而乃辱我以腐鼠。此而不报,无以立懄⑨于天下。请与若等戮力一志⑩,率徒属⑪灭其家为等伦⑫。"皆许诺。至期日之夜,聚众积兵以攻虞氏,大灭其家。

【注释】

①虞氏:寓言中虚拟的人物。
②梁:国名,在今河南开封一带。
③訾:估量,限度。
④击博:古代一种游戏。张湛注:"击,打也,如今双陆碁也。"
⑤明琼:琼,古博具,如后世的骰子。投琼得五白曰"明琼"。
⑥㯮:指比目鱼。
⑦飞鸢:飞翔的老鹰。鸢(yuān),老鹰。
⑧腐鼠:腐烂的死老鼠。
⑨懄(qín):勇敢。
⑩戮力一志:努力一心,通力协作。
⑪徒属:徒众,属众。
⑫等伦:同辈;同类。亦谓与之同等或同类。

【译文】

虞氏,是梁国的富人,家境充盈殷实,金钱布帛无法统计,资财货物无法估量。虞家的人登上高楼,俯临大路,奏着乐队,摆上酒席,在楼上下棋掷骰取乐,碰巧有一群侠客经过楼下。楼上的赌客在掷骰子,中了头彩,因连胜两招而高兴得放声大笑。恰好天上飞翔的老鹰张嘴掉下一只腐烂的老鼠,打中了从楼下路过的侠客。侠客们听见笑声,以为是从楼上扔下来的,便共同议论说:"虞氏富足淫乐的日子已经太久啦!经常有轻蔑别人的意思。我们不侵犯他,他却用腐烂的老鼠来侮辱我们。此仇不报,就无法在天下树立我们的勇武名声。我与大家合力同心,率领手下人,一定要灭绝他的全家。"大家都同意了。到了约定日期的夜里,他们聚集同伙,会拢武器,来攻打虞氏,结果彻底毁灭了虞氏一家。

【原文】

东方有人焉曰爰旌目①，将有适也，而饿于道。狐父之盗曰丘，见而下壶餐②以铺③之。爰旌目三铺而后能视，曰："子何为者也？"曰："我狐父之人丘也。"爰旌目曰："譆！汝非盗耶？胡为而食我？吾义不食子之食也。"两手据地④而欧⑤之，不出，喀喀⑥然遂伏而死。狐父之人则盗矣，而食非盗也。以人之盗因谓食为盗而不敢食，是失名实者也。

【注释】

①爰旌目：人名。
②壶餐：用壶盛的汤饭或其他熟食。
③铺（bū）：以食与人，让别人吃东西。
④据地：以手按着地；席地而坐。
⑤欧："呕"的本字，吐。
⑥喀喀：呕吐或吞饮的声音。

【译文】

东方有个人叫爰旌目，要到某个地方去，却饿得晕倒在半路上。狐父地方一个强盗名叫丘的，看见了就用一壶水泡饭喂给他吃。爰旌目吃了三口以后便睁开了眼，说："你是干什么的？"强盗说："我是狐父地方的人，名叫丘。"爰旌目说："啊！你不是强盗吗？为什么要给我东西吃呢？我是有节操的君子，宁死也不会吃你的食物。"说罢，两只手就撑在地上便呕吐起来，吐不出来，喀喀咳了几声，最后趴在地上死去了。狐父的这个人是强盗，但食物却不是强盗。因为人是强盗就认为他的食物也是强盗而不敢吃，是没有正确弄清名称与实际的关系啊。

【原文】

柱厉叔①事莒敖公②，自为不知己，去，居海上。夏日则食菱芡③，冬日则食橡栗。莒敖公有难，柱厉叔辞其友而往死之。其友曰："子自以为不知己，故去。今往死之，是知与不知无辨也。"柱厉叔曰："不然；自以为不知，故去；今死，是果不知我也。吾将死之，以丑后世之人主不知其臣者也。"

凡知则死之，不知则弗死，此直道④而行者也。柱厉叔可谓怼⑤以忘其身者也。

【注释】

①柱厉叔：人名。为莒穆公之相。

②莒敖公：莒国的国君，亦称穆公。

③菱芰（língjì）：即菱角。

④直道：犹正道。指确当的道理、准则。

⑤憝（duì）：怨恨。

【译文】

柱厉叔侍奉莒敖公，自己认为莒敖公不了解自己，便离开了他，隐居在海边。夏天吃菱角，冬天就吃橡栗。后来，莒敖公遭受危难，柱厉叔辞别他的朋友，前去拼死援救他。他的朋友说："你自己认为莒敖公不了解你，所以才离开他的。现在又要拼着性命前去援救他，这样，了解与不了解就没有分别了。"柱厉叔说："不是这样的；我正是因为自己不被了解，因此才离开莒敖公；现在为他而死，这正表明他是确实不了解我。我将为他而死，以此来羞辱后世那些不了解自己臣下的君主。"

凡是能视为知己的就为他而死，不能视为知己的就不为他而死，这才是依循正道而行的人。柱厉叔可以说是因为怨恨而不顾自己生命的人了。

【原文】

杨朱曰："利出者实及①，怨注者害来。发于此而应于外者唯请②，是故贤者慎所出。"

【注释】

①及：得到。
②请：通"情"，情实，情感。

【译文】

杨朱说："带给别人利益，就会收到实惠；带给别人怨恨，就会招来祸害。从这里发出而在外面得到响应的，只有内心的情感，因此贤明的人十分谨慎自己的言行举止。"

【原文】

杨子之邻人亡羊，既率其党，又请杨子之竖①追之。杨子曰："嘻！亡一羊何追者之众?"邻人曰:"多歧路②。"既反,问:"获羊乎?"曰:"亡之矣。"曰:"奚亡之?"曰:"歧路之中又有歧焉。吾不知所之,所以反也。"杨子戚然③变容,不言者移时④,不笑者竟日⑤。门人怪之,请曰:"羊,贱畜,又非夫子之有,而损言笑者,何哉?"杨子不答。门人不获所命。弟子孟孙阳⑥出以告心都子⑦。

心都子他日与孟孙阳偕入,而问曰:"昔有昆弟⑧三人,游齐、鲁之间,同师而学,进仁义之道而归。其父曰:'仁义之道若何?'伯曰:'仁义使我爱身而后名。'仲曰:'仁义使我杀身以成名。'叔曰:'仁义使我身名并全。'彼三术相反,而同出于儒。孰是孰非邪?"

杨子曰:"人有滨河而居者,习于水,勇于泅⑨,操舟鬻渡⑩,利供百口。裹粮⑪就学者成徒,而溺死者几半。本学泅,不学溺,而利害如此。若以为孰是孰非?"心都子嘿然⑫而出。孟孙阳让⑬之曰:"何吾子问之迂,夫子答之僻?吾惑愈甚。"

心都子曰:"大道以多歧亡羊,学者以多方⑭丧生。学非本不同,非本不一,而末异若是。唯归同反一,为亡得丧。子长先生之门,习先生之道,而不达先生之况⑮也,哀哉!"

【注释】

①竖:旧称未成年的童仆,小臣。
②歧路:从大路上分出来的小路;岔路。
③戚然:忧伤的样子。
④移时:经历一段时间。
⑤竟日:终日;从早到晚。
⑥孟孙阳:人名。当为杨朱门下的大弟子。
⑦心都子:人名。当为杨朱同时的学者。
⑧昆弟:兄和弟。
⑨泅:游泳。
⑩鬻(yù)渡:指以摆渡为谋生之业。
⑪裹粮:携带干粮。
⑫嘿然:沉默无言的样子。嘿,同"默"。
⑬让:责备。
⑭方:指方术,古代关于治道的方法。
⑮况:比拟,譬喻。

【译文】

杨朱的邻居丢失一只羊,邻居率领全家老小,又请杨朱的童仆帮助一齐追赶。杨朱说:"唉!丢失一只羊,为什么要那么多人去追呢?"邻居说:"岔路太多。"追羊的人回来以后，杨朱问："找到羊了吗？"邻居说："丢失啦。"杨朱问："怎么会丢失呢？"邻居说："岔路之中又有岔路，我们不知道该往哪里追，所以只好回来了。"杨朱听后，脸色变得很忧伤，好久不说话，整天也不笑。他的弟子很奇怪，向他请教说："羊，是不值钱的牲畜，再说又不是先生所有，您却长时间不说不笑，为什么呢？"杨朱不予回答。弟子得不到先生的指教。弟子孟孙阳出来告诉了心都子。

一天，心都子和孟孙阳一同走进杨朱的房间，问道："从前有兄弟三人，在齐国与鲁国之间游历，向同一位老师求学，掌握了仁义的道理就返回家了。他们的父亲问：'仁义的道理是怎样的？'老大说：'仁义使我爱惜生命而把名誉放在后面。'老二说：'仁义使我为了名誉不惜牺牲性命。'老三说：'仁义使我同时保全生命和名誉。'他们三个人的观点完全相反，但同样都出自儒家。你说谁对谁错呢？"

杨子说："有个住在河边的人，谙习水性，勇于泅渡，以划船摆渡为业，获利可以供养百人。自带干粮来向他学习泅水的人一批又一批，但下水淹死的人几乎达到一半。他们本来是来学游泳的，而不是来学淹死的，但利害的差别竟是这样悬殊。你说谁对谁错呢？"心都子听后，默默地走了出来。孟孙阳责备他说："为什么您问得那么曲折，而先生又答得那么古怪呢？我迷惑得更加厉害了。"

心都子说："大路因为岔道太多而找不回羊，求学的人也因为治道的途径太多而丧失方向，也就消耗了生命。各种学说并非根源不相同，并非依据不一样，而学习结果的差异竟是如此之大。只有回归到相同，返回到统一的本质上，才能不迷失方向。你是先生的大弟子，熟悉先生的思想，却不懂得先生的譬喻，可悲啊！"

【原文】

杨朱之弟曰布，衣素衣①而出。天雨，解素衣，衣缁衣②而反。其狗不知，迎而吠之。杨布怒，将扑③之。杨朱曰："子无扑矣！子亦犹是也。向者④使汝狗白而往，黑而来，岂能无怪哉？"

【注释】

①素衣：泛指白色衣服。
②缁衣：泛指黑色衣服。
③扑：这里指打。
④向者：以往，从前。

【译文】

杨朱的弟弟叫杨布，穿着白布衣服外出。正好赶上天下雨，他就脱下白布衣服，穿着里面的黑布衣服回家。他的狗没有认出来,冲着杨布乱叫。杨布大为恼怒,准备打它。杨朱说:"你不要打啦!你也会这样做的。先前如果让你的狗白色出去,黑色回来,你难道不感到奇怪吗?"

【原文】

杨朱曰:"行善不以为名,而名从之;名不与利期①,而利归之;利不与争期,而争及之:故君子必慎为善。"

【注释】

①期:期待,希望。

【译文】

杨朱说:"做好事不是为了名声,而名声却会随之而来;有名声不是为了获得利益,而利益也会跟着到来;有利益并不希望争夺,而争夺就会随之到来。因此,有德行的人做好事必须要谨慎。"

【原文】

昔人言有知不死之道者,燕君使人受之,不捷①,而言者死。燕君甚怒,其使者将加诛焉。幸臣②谏曰:"人所忧者莫急乎死,己所重者莫过乎生。彼自丧其生,安能令君不死也?"乃不诛。

有齐子亦欲学其道,闻言者之死,乃抚膺③而恨。富子闻而笑之曰:"夫所欲学不死,其人已死而犹恨之,是不知所以为学。"

胡子曰:"富子之言非也。凡人有术不能行者有矣,能行而无其术者亦有矣。卫人有善数④者,临死,以决喻⑤其子。其子志其言而不能行也。他人问之,以其父所言告之。问者用其言而行其术,与其父无差焉。若然,死者奚为不能言生术哉?"

【注释】

①不捷:即"不克",指没有成功。
②幸臣:又称宠臣。指为君主所宠爱的臣子。
③抚膺:抚摩或捶拍胸口。表示惋惜、哀叹、悲愤等。
④数:算术。古代六艺"礼、乐、射、御、书、数"之一。
⑤喻:告诉,使人知道。

【译文】

从前有个自称通晓长生不死之术的人,燕国国君派人向他学习,没有学成,而自称通晓长生不死之术的人死了。燕王很是恼怒,要把那个派去学习的人处死。燕王宠幸的臣子劝谏说:"人们所担忧的事情,没有比死亡更急切的;个人所重视的事情,没有比生命更重要的。他自己都丧失了生命,怎么能让您长生不死呢?"燕王听罢,觉得很有道理,就不再处死那使者了。

有一个名叫齐子的人也想学那人的长生不死之术,听说那个自称通晓长生不死之术的人死了,便捶拍胸口悔恨不已。一个名叫富子的人听说后,嘲笑他说:"你想要学的是长生不死之术,可是那人已经死了,你却还要悔恨不已,这正说明你不知道所学究竟是为了什么。"

一个名叫胡子的人说:"富子的话错啦!一般说来,掌握道术而自己不能实行的人是有的,能够实行而不懂得道术的人也是有的。卫国有个善于术数的人,临死时把诀窍告诉了他儿子。他儿子记住了他的话,却不能实行。别人请教他,他便把他父亲所说的话告诉别人。请教的人凭他的话使用他的这门技术,结果同他父亲简直没有差别。要是这样,那个死去的人为什么不能通晓长生不死的道术呢?"

【原文】

邯郸之民以正月之旦①献鸠②于简子③,简子大悦,厚赏之。客问其故。简子曰:"正旦放生,示有恩也。"客曰:"民知君之欲放之,故竞而捕之,死者众矣。君如欲生之,不若禁民勿捕。捕而放之,恩过不相补矣。"简子曰:"然!"

【注释】

①正月之旦:即农历正月初一。
②鸠:斑鸠。
③简子:即赵简子。

【译文】

邯郸地方的百姓在正月初一日向赵简子敬献斑鸠,赵简子非常高兴,重重地赏赐了他们。有个门客见了,问他其中的原因。赵简子说:"正月初一放生,表示我对小生命的恩德。"门客说:"百姓知道您要放掉这些小生命,因此就竞相去捕捉它们,这样被弄死的斑鸠就多啦!您如果想要它们活命,倒不如禁止百姓进献,不准他们捕捉。像这样捕捉又释放,您的恩德还抵不上罪过呢,他们不能互相弥补。"赵简子说:"确实像您说的一样。"

【原文】

齐田氏祖①于庭,食客千人。中坐有献鱼雁②者,田氏视之,乃叹曰:"天之于民厚矣! 殖五谷,生鱼鸟以为之用。"众客和之如响③。

鲍氏之子年十二,预④于次,进曰:"不如君言。天地万物与我并生,类也。类无贵贱,徒以大小智力而相制,迭⑤相食;非相为而生。人取可食者而食之,岂天本为人生之? 且蚊蚋⑥噆⑦肤,虎狼食肉,非天本为蚊蚋生人、虎狼生肉者哉?"

【注释】

①祖:古代祭祀祖先以及祭祀路神称为"祖"。
②雁:即鹅。
③响:回声。
④预:参与,参加。
⑤迭:交换,轮流。
⑥蚊蚋(ruì):蚊虫。
⑦噆(zǎn):叮咬。

【译文】

齐国的贵族田氏在大堂上祭祀祖先,前来参加的客人有一千多人。酒席中,有人献上鲜鱼和肥鹅,田氏看着这些菜,便感慨地说:"上天对人类的恩德真是深厚啊,它繁殖五谷,又生育鱼鸟来供我们享用。"众位宾客听后,像回声一样附和。

鲍家的孩子只有十二岁,也参加了酒宴,站起来说:"我不同意您的这种说法。天地万物与人类共同生存,同属生物一类。同类中没有贵贱之分,只是根据体力大小和智力不同而相互制约,弱肉强食,形成一种天然的食物链;并非是这类生物为那类生物而生存的。人类获取可吃的东西吃,难道这些可吃的东西就是上天专门为人类而创造的吗? 正如蚊虫叮咬人的皮肤,虎狼吃食人的骨肉,肯定也不是上天专门创造人类让蚊虫叮咬、虎狼享受的吧!"

【原文】

齐有贫者,常乞①于城市。城市患其亟②也,众莫之与。遂适田氏之厩③,从马医作役而假食。郭④中人戏之曰:"从马医而食,不以辱乎?"乞儿曰:"天下之辱莫过于乞。乞犹不辱,岂辱马医哉?"

【注释】

①乞:乞讨。

②亟：屡次。指频繁行乞。
③厩：马棚，泛指牲口棚。
④郭：外城。这里泛指城市。

【译文】

齐国有个穷人，经常在城里的集市上讨饭。人们厌恶他这样频繁讨要，就没有人再肯施舍给他了。于是他到了田氏的马棚里，跟着马医干苦力而得到一些食物。城里的人戏弄他说："跟着马医做苦力混饭吃，不觉得耻辱吗？"讨饭的人说："天下最耻辱的事情莫过于讨饭。我过去讨饭都不觉得耻辱，难道还会以跟着马医干苦力为耻辱吗？"

【原文】

宋人有游①于道，得人遗契②者，归而藏之，密数其齿③。告邻人曰："吾富可待矣。"

【注释】

①游：这里指闲逛，悠闲无所事事。
②契：契约，契据。
③齿：古代刻木为契，木契上刻出的齿痕，须与符相合，以辨别契约的真伪。

【译文】

宋国有个人在路上闲逛，捡到了一个别人废弃的契据，他连忙拿回家藏了起来，仔仔细细地数了数那契据上的刻齿。然后告诉邻居说："我发财的日子就要来到啦！"

【原文】

人有枯梧树①者，其邻父言枯梧之树不祥，其邻人遽②而伐之。邻人父因请以为薪。其人乃不悦，曰："邻人之父徒欲为薪而教吾伐之也。与我邻，若此其险，岂可哉？"

【注释】

①枯梧树：枯死的梧桐树。枯，枯干，凋枯。
②遽（jù）：急，仓猝。

【译文】

有个人家里的梧桐树凋枯了，他邻居家的老人说枯死的梧桐树长在院里不吉祥，吓得这个人赶忙把枯树砍倒了。邻居家的老人于是请求把枯树送给他当柴烧。这个人听了很不高兴，说："邻居家的老人原来只是想要柴火才让我把枯树砍掉的。同我是邻居，却是这样阴险，做人难道可以这样吗？"

【原文】

人有亡铁①者，意②其邻之子，视其行步，窃铁也；颜色③，窃铁也；言语，窃铁也；动作态度，无为而不窃铁也。俄而抇④其谷而得其铁，他日复见其邻人之子，动作态度无似窃铁者。

【注释】

①铁（fū）：同"斧"，即斧头。
②意：猜想，怀疑，主观揣测。
③颜色：这里指脸色，面部表情。
④抇（gǔ）：发掘。

【译文】

有个人丢失了一把斧子，怀疑是他邻居家的孩子偷了。看那个孩子的走路姿势，像是偷斧子的；面部表情，像是偷斧子的；言谈话语，像是偷斧子的；总之，这个孩子的所有动作态度，无不像是一个偷斧子的人。不久，他在山谷里掘地，找到了自己丢失的那把斧子。过了几天又见到他邻居家的孩子，动作和态度便没有一处像偷斧子的人了。

【原文】

白公胜虑乱①，罢朝而立，倒杖策，錣②上贯颐③，血流至地而弗知也。郑人闻之曰："颐之忘，将何不忘哉？"意之所属著④，其行足踬⑤株⑥埳⑦，头抵⑧植木⑨，而不自知也。

【注释】

①虑乱：谋划作乱。
②錣：马棰头上的铁刺。
③贯颐：穿通面颊。颐，面颊，腮。这里指下巴。
④属著：注意力高度集中。属，专注。著，依着，附着。
⑤踬（zhì）：被东西绊倒。
⑥株：露出地面的树桩。
⑦埳（kǎn）：古同"坎"。
⑧抵：碰；撞。
⑨植木：树干。

【译文】

楚国大夫白公胜整天阴谋叛乱,朝见结束后还站在那里一动不动,倒拄着马棰,棰端的铁针刺破了他的下巴,鲜血一直流到地上,他都没有察觉。郑国的百姓听说这件事后说:"连自己的下巴都忘了,还有什么不会忘记呢?"意念高度倾注在一点上,走路时脚绊到树桩上,或掉进土坑里,甚至脑袋撞到直立的树干上,自己也觉察不到。

【原文】

昔齐人有欲金者,清旦①衣冠②而之市,适鬻③金者之所,因攫④其金而去。吏捕得之,问曰:"人皆在焉,子攫人之金何?"对曰:"取金之时,不见人,徒见金。"

【注释】

①清旦:清晨。
②衣冠:衣服和帽子。这里用作动词,即穿好衣服,戴好帽子。
③鬻(yù):卖。
④攫(jué):抓取。

【译文】

从前,齐国有个想得到金子的人,清早穿好衣服、戴好帽子来到集市上,走进一家卖金子的店铺,拿起人家的金子就跑。官吏捉住了他,问道:"人都在那里,你为什么还要拿人家的金子呢?"他回答说:"我拿金子的时候,没有看见人,只看见了金子。"

【解读】

《说符》篇是《列子》一书的最后一篇,前面七篇,分别从不同的方面论述了人生观、社会观、宇宙观等问题,第八篇则从"验证"的角度谈论事物的发展规律和事物的逻辑结果,从而具有归纳总结的性质。本篇的旨意是:人们的任何思想言行,都必须受到验证,而验证的目的,是为了符合于"道"。用关尹子对列子的话来说,

就是"稽度皆明而不道也,譬之出不由门,行不从径也。"这当然是不可能的。所以其要义在于,"度在身,稽在人",必须坚持应有的为人标准,必须认真对自己的思想言行进行验证,这才符合于"道"的要求。

不仅如此,《说符》还与首篇《天瑞》终始相应。"天瑞"讲天道,"说符"讲人道。天道、人道自有其规律,天道主宰人道,人道受天道约束,天道无处不在,它存在于万事万物中,也存在于人道之中。人道就是人的心要合于天道,违背天道自然规律的主观意志必然失败、灭亡。所谓"说符"就是对事物进行事实上和逻辑上的验证。对于验证,本篇强调四个方面:一是人自身的验证。"人爱我,我必爱人;人恶我,我必恶人",这样做的结果,必然是善有善报,恶有恶报。二是"道"的验证。当人们不能自觉验证的时候,"道"便无时无处不在起作用,一定的思想言行必有一定的验证。三是"时"的重要。"凡得时者昌,失时者亡"。无论是自我验证还是"道"的验证,都必须在某种有利的条件下,在特定的偶然机遇下,才能有明显的成效,否则便会导致错误发生。四是强调"持后"。这是一种保持成效,巩固胜利的决定性步骤和方法,因此得出结论,"善持胜者以强为弱",这样就能永远处于谨慎、明察的有利地位,不致被小胜、不致被外物冲昏头脑和扰乱心智。

其次,关于"心合于道"与"智巧"的关系,本篇也有明确的说明。首先提出用智慧必须避免骄盛,以退让求平安。"河梁济水"、"詹何政治"、"寝丘之封"等讲的不逞私、不骄盛、持退让的道理。其次,对于心术不正的智巧,作者是排斥的,是持否定态度的,如"郄雍视盗"、"白公问孔"、"齐人盗舍"等等。文中并不是一概反对用智,而是主张用智必须符合规律、把握机会。"施氏儿子与孟氏儿子"、"宋国子兰"等故事讲的就是用智机恰当就会成功,违反客观规律就招来灾难。此外,篇中的"爰旌目据食"、"疑人偷斧"等故事讲述了名实关系,强调求诚务实,反对贪慕虚名,反对主观主义。

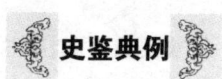

田忌赛马

齐国的大将田忌,很喜欢赛马,有一次,他和齐威王约定,要进行一次比赛。他们把各自的马分成上、中、下三个等级。比赛的时候,他们上马对上马,中马对中马,下马对下马。由于齐威王每个等级的马都比田忌的马强,所以赛了几次,田忌都以失败告终。

田忌觉得很扫兴,比赛还没有结束,就垂头丧气地想要离开赛马场。这时,田忌抬头一看,人群中有个人,原来是自己的好朋友孙膑。孙膑招呼田忌过来,拍着他的肩膀说:"我刚才看了赛马,齐威王的马比你的马也快不了多少呀。不要气馁,我想办法让你赢他。"

孙膑还没有说完,田忌就瞪了他一眼,说:"想不到你也来挖苦我!"孙膑说:"我不是挖苦你,我是说让你再同他赛一次,我保准有办法让你取胜。"田忌疑惑地看着孙膑,说:"你是说另换几匹马来?"孙膑摇摇头说:"不用,连一匹马也不需要更换。"田忌更疑惑了,毫无信心地说:"那还不照样输!"孙膑胸有成竹地说:"你就按照我的安排办吧,肯定让你赢!"

齐威王屡战屡胜,正在得意洋洋地夸耀自己马匹的时候,看见田忌陪着孙膑迎面走来,便站起来讥讽他说:"怎么,莫非你还是不服气?"田忌说:"当然不服气,咱们再赛一次!"说着,"哗啦"一声,把一大堆钱倒在桌子上,作为他下注的赌钱。

齐威王一看,心里暗暗发笑,于是吩咐手下,把前几次赢得的钱全部抬来,另外又加了一千两黄金,也放在桌子上,齐威王轻蔑地说:"那就开始吧!"一声锣响,比赛开始了。

孙膑让田忌先以下等马对齐威王的上等马,第一局输了。齐威王站起来说:"想不到赫赫有名的孙膑先生,竟然想出这样拙劣的对策。"孙膑不去理他。接着进行第二场比赛。孙膑拿上等马对齐威王的中等马,获胜了一局。齐威王有点儿心慌意乱了。第三局比赛,孙膑拿中等马对齐威王的下等马,又战胜了一局。这下,齐威王目瞪口呆了。比赛的结果是三局两胜,当然是田忌赢了齐威王。

徒有虚名

公元前262年,秦昭襄王派大将白起进攻韩国,占领了野王邑(今河南沁阳),截断了上党郡(治所在今山西长治)和韩都的联系,上党形势危急。上党的韩军将领不愿意投降秦国,打发使者带着地图把上党献给赵国。

赵孝成王(赵惠文王的儿子)派军队接收了上党。过了两年,秦国又派王龁围住上党。

赵孝成王听到消息,连忙派廉颇率领二十多万大军去救上党。他们才到长平(今山西高平县西北),上党已经被秦军攻占了。

王龁还想向长平进攻。廉颇连忙就地扎营,命令兵士们广修堡垒,深挖壕沟,跟远来的秦军对峙,准备作长期抵抗的打算。

王龁几次三番向赵军挑战,廉颇说什么也不跟他们交战。王龁想不出什么法子,只好派人回报秦昭襄王,说:"廉颇是个富有经验的老将,不轻易出来交战。我军长途跋涉到这里,长期下去,就怕粮草接济不上,怎么是好呢?"

秦昭襄王请范雎出主意。范雎说:"要打败赵国,必须先叫赵国把廉颇调回去。"

秦昭襄王说:"这哪里办得到呢?"

范雎说:"让我来想办法吧。"

过了几天,赵孝成王听到左右纷纷议论,说:"秦国就是怕让年轻力强的赵括带兵;廉颇不中用,眼看就要投降啦!"

他们所说的赵括,是赵国名将赵奢的儿子。赵括小时候爱学兵法,谈起打仗用兵来,头头是道,而且自以为是天下无敌,就连他的父亲也不放在眼里。

赵王听信了左右的议论,立刻把赵括找来,问他能不能打退秦军。赵括说:"要是秦国派白起来,我还得考虑对付一下。如今来的是王龁,他不过是廉颇的对手。要是换上我,打败他不在话下。"

赵王听了很高兴,立即拜赵括为大将,去接替廉颇。

蔺相如对赵王说:"赵括只懂得读父亲的兵书,不会临阵应变,不能派他做大将。"可是赵孝成王对蔺相如的劝告听不进去。

赵括的母亲也向赵王上了一道奏章,请求赵王别派他儿子去。赵王把她招来,问她其中的缘由。赵母说:"他父亲临终的时候再三嘱咐我说,'赵括这孩子把用兵打仗看作儿戏,谈起兵法来,就眼空四海,目中无人。将来大王不用他还好,如果用他为大将的话,只怕赵军会断送在他的手里。'所以我恳请大王千万不要让赵括领兵打仗。"

赵王说:"我已经决定了,你就不要管了。"

公元前260年,赵括领兵二十万到了长平,请廉颇验过兵符。廉颇移交了兵权,之后回邯郸去了。

赵括统率着四十万大军,声势十分浩大。他把廉颇规定的一套制度全部废掉,下命令说:"秦国如果再来挑战,必须迎头打回去。敌人打败了,就得追下去,非杀得他们片甲不留不算完。"

那边范雎得到赵括替换廉颇的消息,知道自己的反间计成功,就秘密派白起为上将军,去指挥秦军。白起一到长平,布置好埋伏,故意打了几阵败仗。赵括不知是计,拼命

追赶。白起把赵军引到军队预先埋伏好的地区，派出精兵二万五千人，切断了赵军的后路；另派五千骑兵，直冲赵军大营，把四十万赵军切成两段。赵括这才知道秦军的厉害，只好筑起营垒坚守，等待救兵。秦国又发兵把赵国救兵和运粮的道路切断了。

赵括的军队，内无粮草，外无救兵，守了四十多天，兵士们都叫苦连天，无心作战。赵括带兵冲出重围，秦军万箭齐发，把赵括射死了。赵军听到主将被杀，也纷纷扔下武器，投降了秦军。四十万赵军，就在纸上谈兵的主帅赵括手里全部覆灭了。

约法三章

汉元年十月，刘邦的军队在各路诸侯中最先到达霸上。秦王子婴驾着白车白马，用丝绳系着脖子，封好皇帝的玉玺和符节，在枳道旁投降。将领们有的说应该杀掉秦王。刘邦说："当初怀王派我攻打关中，就是认为我能够宽厚容人；再说人家已经投降了，又杀掉人家，这么做不吉利。"于是把秦王交给主管官吏，就向西进入咸阳。

看到那豪华的宫殿、美貌的宫女和大量的珍宝异物，兵士们顿时忘乎所以，昏昏然以为从此可以尽享天下了。连刘邦也情不自禁，为秦宫里所有的一切倾倒，竟然想要留居关中，安享富贵。武将樊哙冒死犯颜强谏，直斥刘邦"要做富家翁"。然而刘邦根本不予理睬，部下的一些贤达志士对此心急如焚。关键时刻，张良向刘邦分析利害，劝道："秦王无道，做的都是不义的事情，所以您才能推翻他而进入咸

阳。既然您已经为天下人铲除了祸害，就应该布衣素食，以示节俭。现在大军刚入秦地，您就沉迷在享乐中，这不是和暴秦无异吗？常言道：良药苦口利于病，忠言逆耳利于行，愿沛公听从樊哙等人的劝言。"张良语气平和，尤其话中对古今成败的揭示以及"无道"、"和暴秦无异"等苛刻字眼，隐隐地刺痛了刘邦近乎沉醉的心。这种紧打慢唱的做法，果然奏效。刘邦欣然接受了这一卓有远见的规劝，下令封存秦朝府库、财物，还军霸上，整

治军队，以待项羽。

在此期间，刘邦还采纳张良建议，召集诸县父老豪杰，与之约法三章："杀人者处死，伤人及偷盗按情节轻重判罚。"此外，其他的秦法全部废除，各地方官吏维持原任，一切照常。

刘邦采纳了张良的建议，采取了一系列安民措施，赢得了民心，为他日后经营关中，并以此为根据地与项羽争雄天下，奠定了良好的政治基础。

孔子相师

孔子，名丘，字仲尼，是儒家学派的创始人，被后世尊为"至圣"、"万世师表"。他曾向七岁的项橐请教问题，给后人留下了好榜样。

有一次，孔子与弟子们东游。待马车行至齐地纪障城的时候，大道边上有一群玩耍的小孩儿，其中一个孩子用土围成了一座"城"，坐在里面一动不动。子路见状，停车呵斥小孩，道："小孩子怎么不让车？撞到你怎么办？"

只见那童子缓缓说道："城池在此，车马安能通过？"孔子探身说："城在何处？"小孩儿说："筑在足下。"孔子下车观看，果见小孩儿立于石子、瓦砾摆成的"城"中。童子接着又问道："是城让车马，还是车马让城？"孔子笑道："好伶俐的小孩儿！你叫什么名字？多大年龄了？"

小孩儿回答说："我叫项橐，今年七岁。"然后眨巴眼睛，反问孔子说："请教您是哪一位？"

孔子笑了笑，回答说："我是鲁国的孔子。"

"您就是大名鼎鼎的孔夫子！"项橐惊讶道，"那么我请教您三个问题行不行？如果您答得出来我就让路，答不出来就请您绕道而行了。"

孔子觉得这个小孩子很有意思，于是点头说道："一言为定！"

项橐说："天地人为三才，夫子可知天有多少星辰？地有多少五谷？人有多少根眉毛？"

孔子摇摇头说："这个，我还这不知道。"

项橐得意地说："天有一夜星辰，地有一茬五谷，人有黑白两根眉毛。"

项橐接着问道："请教一下，什么水没有鱼？什么火没有烟？什么树没有叶？什么花没有枝？"孔子答道："江河湖海，水中都有鱼；柴草灯烛，是火就有烟；没有叶不成树，没有枝又哪里有花呢？"项橐听后摇着脑袋说："不对，是井水没有鱼，萤火没有烟，枯树没有叶，雪花没有枝。"

项橐又问道："什么山上无石？什么车子无轮？什么牛无犊？什么马无驹？什么男人

没有妻子？什么女人没有丈夫？什么天太短？什么天太长？什么城里没有官员？什么人没有别名？"孔子逗他说："啊呀，我还真不知道。"项橐又道："土山无石，轿车无轮，泥牛无犊，木马无驹，神仙无妻，仙女无夫，冬天白日里短，夏天白日里长，空城里没有官员，小孩子没有别名。"

孔子听后大惊，心想，这孩子实在是智慧过人！

孔子心中实在是佩服这个七岁的小孩子，于是向项橐行礼，绕道而行。这就是后来传说的"项橐三难孔夫子"的故事。

天地有知

杨震（？—124），字伯起，东汉弘农华阴（今陕西华阴县东南）人。幼年时家境贫寒，但他勤奋刻苦，博学多才，"明经博览，无不穷究"，成为当时的大儒学家，开馆授学，有"关西孔子"之称。

据说曾经有一只冠雀衔了三条鳝鱼，飞到他家的窗台上。他的学生看到后说："老师，这种形状的鱼，据古书上所说它的颜色与官服的颜色相近，三条是表示三公的职位，老师以为一定会高升发达！"杨震听后，并不以为意，仍然潜心学问，不为所动。50岁时，接受大将军邓骘的推荐举茂才，历任荆州刺史、东莱太守，迁太仆、太常、司徒等，位列三公。杨震做官清正廉明，不谋私利。从来不私下接见任何人，也不接受任何人的请托。有人看见他生活清苦，就劝他置办些产业。他则回答说："让后世称清白吏子孙，以此遗之，不亦厚乎！"

杨震任荆州刺史时，发现荆州茂才王密才华出众，便向朝廷举荐王密为昌邑县令。王密心里十分感激，深怀报答之心。后来，当杨震调任东莱太守，途径昌邑（今山东金乡县境）时，王密亲赴郊外迎接。当晚，王密拜会恩师杨震，俩人交谈十分投机，非常高兴，深夜王密告辞时，从怀中拿出一些黄金，说："难得有拜见恩师的机会，学生特意备办了一点薄礼，不成敬意，只是略表心意，实在不能报答栽培之恩，恳求老师收下。"

杨震意味深长地说："作为相知相敬的挚友，以前正因为我了解你的才学人品，所以才向朝廷举荐你，希望你做一个廉洁奉公，守法爱民的好官，多为百姓办实事、办好事。只要你为官正直，为国效力，为民造福，就是你对我的最好的回报，而不是送给我多么贵重的礼物。可是今天你这样的行为，实在是违背了我的初衷和对你寄予的厚望。我感觉十分遗憾。我很了解你的为人，认为你可以做朋友，但是你却不了解你的老朋友，现在这样做，是什么原因呢？"

王密说："深夜之中，没有人知道，请您收下吧！这只是我的一点儿心意！"

杨震严肃地指着天地说："天知，地知，你知，我知，怎么能说没有人知道呢！虽然此时此刻没有旁的人在场，可是你我的良心就不在了吗？其实天地神明无时无刻不在注视着每个人的一言一行，我们又能欺骗得了谁呢？谁的行为能逃得过上天的注视呢？古往今来，哪个贪官恶官能够逃脱得了上天的惩罚？况且，居心端正，行为正直，又何必躲藏人们的眼睛呢？"杨密深深地呼了一口气继续说："今天我若是接受了你的黄金，我们就都愧对皇上的恩典，百姓的信赖。你今天的行为不是来谢我的，是来领我走向歧路的，真是枉费我栽培你的一片苦心！"

王密无言以对，十分惭愧地走了出去。从此以后，王密没有再给杨震送过任何的东西，而是默默地为百姓勤恳做事，时刻都在努力做个好官！

德高望重

富弼（1004—1083年）北宋人，字彦国，洛阳人。26岁踏上仕途，竭尽全力为朝廷尽忠。

年少时的富弼，总是假装糊涂。有一次，他走在洛阳大街上，有人过来悄声说："某某在背后骂你！"富弼看也不看，说："大概是在骂别人吧。"那人又说："人家指名道姓在骂你呢！"富弼依然不慌不忙地说："怕是在骂别人吧，估计是有人跟我同名同姓。"骂他的人"闻之大惭"，赶紧向富弼道歉。可见，俯仰之间就显示出了一个人的心胸狭阔。

二十岁不到，富弼就以文章出名，被誉为"洛阳才子"。当时范仲淹已经颇有名气，认识富弼后，对富弼大加赞赏，说他是"王佐之才"，并且把他的文章推荐给当时的宰相晏殊。晏殊看了富弼的文章，当即将自己的女儿许配给了富弼。

庆历二年（1042年），富弼升为知制诰，纠察在京刑狱。十年春，契丹国大兵压境，扬言要以武力扫平中原，要求大宋割地赔款才息兵。当时的宋王室已经是六神无主了，赶忙商议派大臣前往契丹求和，但朝中大臣皆因此行凶险，不敢前去。这时有人推荐富弼。富弼临危受命，被任命为大使，拜任枢密直学士，出使契丹。

见到契丹王，富弼问："为何出兵攻我大宋？"契丹王回答："是你们违约在先，堵塞了关隘，所以我们要进攻。如果你们肯割地赔款，我就考虑撤兵。"富弼正色道："我知道你自己并不想出兵，而是你的臣子主张打仗，你可知道他们是为了自己的利益？"契丹王听了十分惊讶，问道："此话怎讲？"富弼整了整冠帽，说："我大宋封疆万里，精兵百万，上下一心，若你们要用兵，能保证必胜吗？即使你们侥幸获胜，也必损失过半，这些损失你那些好战的大臣能够弥补吗？如果我们还像以往那样互通友好，大宋每年赠送你们钱帛，还不都是你契丹王一人任意支配吗？"

契丹王想了想，点头称是。富弼又说："至于我国堵塞关隘，本是为了防范叛军，并不是为了进攻他人。若是为了进攻，就不堵塞关隘了，而是要打通关隘，前去进攻了！"契丹王觉得富弼说的是实话，第二天就邀富弼一同打猎，但他提出一个条件："如果能割地给契丹，则两国可长久修好。"富弼问："为什么？"契丹王回答说："我们都以每年领受你们的钱帛为耻。"富弼马上反问道："你们以得地为荣，我们必以失地为耻。你说是不是这个道理啊？"然后斩钉截铁地告诉契丹王，"想让我们割地求和，万万不能！"

面对这个既善辩又强硬的来使，契丹王感到手足无措，最后无奈只得不再要求割地。就这样，富弼不避生死，不辱使命，短短一番话就打消了契丹国进犯的图谋，使两国化干戈为玉帛，此后的几十年里都相安无事，和平共处。

富弼后来又出使契丹，也大获成功，展示了超人的胆识和过硬的外交能力。他第一次去契丹，家人来报，说他的女儿死了，他不顾而行；第二次去契丹前，他的妻子生了个男孩，他都来不及看一眼就启程了。到了契丹国，每次收到家书，他连拆都不拆。随从不解地问道："这是家书，您为什么不拆开看看？"他回答说："拆开，徒乱人意，徒增烦恼！"

神宗年间，富弼见神宗重用王安石，知道自己不可与之争，于是称病退休，欲回洛阳，上疏几十次才被准许。但是每逢遇到国家大事，他仍建言献策，为国家着想，为百姓谋福。元丰六年（1083）八月，富弼在洛阳病逝，年80岁。他死前还上疏神宗：现在朝中多有投机钻营小人，非国家之福，应予以廓清。神宗读后，十分哀痛，辍朝三日，出祭文祭奠，赠太尉，谥文忠。随后富弼配享神宗庙。

纵观富弼一生，他始终以朝廷及百姓的利益为重，先后担任仁宗、英宗、神宗三朝宰相，在处理外交、边防及赈济灾民方面取得显著成就；性情至真，恭敬好修，与人言必尽敬，虽微官及布衣谒见，皆与之有礼。司马光称颂他为："三世辅臣，德高望重。"

义姑弃子

齐国军队去攻打鲁国,到了鲁国郊外的地方,看见一位妇女走在路上,妇女的一只手牵着一个孩子,另一只手抱了一个孩子。齐国的士兵就去追他。那位妇女就把手里抱着的小孩儿丢掉,拉着手中牵着的孩子一同逃跑了。

士兵把那位妇女追到了,就问他:"你丢弃手里抱着的孩子,却带了牵着的孩子一同逃走,这是什么缘故呢?"

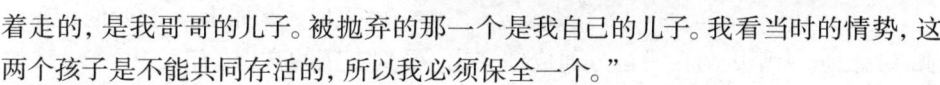

那位妇人回答道:"刚才带着走的,是我哥哥的儿子。被抛弃的那一个是我自己的儿子。我看当时的情势,这两个孩子是不能共同存活的,所以我必须保全一个。"

齐国的将官听后不解地问道:"哥哥的儿子和自己的儿子,哪一个比较亲呢?"

只听那妇人答道:"对于自己的儿子,是一种私爱;对于哥哥的儿子,是一种公爱。抛弃自己的亲骨肉,虽然心中痛苦,可是从公义上来讲,这是对的!我要坚持做对的事情,就必须忍痛割爱,保全哥哥的儿子。"

齐国的将官听后,马上命令自己的军队停止前进,不再去攻打鲁国。见士兵们满腹疑惑,便感叹地说:"鲁国的妇女尚且晓得仁义,这种仁义的国家,哪里可以去攻打他们呢!如果我们硬要违背道义去攻打鲁国,那么我们不仅会失败,而且会遭到道义的惩罚。"于是他便带兵回齐国去了。

那位妇女先前丢掉的孩子,也得以保全了。

鲁国国君知道这件事的来龙去脉之后,就派人送给那个妇人许多礼物,并且尊称她为"义姑姊"。从此,这位妇女的"弃子"故事也广为流传,成为人们遵守公义的榜样。

口蜜腹剑

李林甫,唐玄宗李隆基时期的著名奸相。他收买嫔妃宦官,探求玄宗动向,

千方百计迎合意旨，因而获得信任，掌握大权。他为人刻薄阴险，对于才学高博之人或者受到玄宗重视的官员，他都设法排斥。他表面上对人甜言蜜语，背后却阴谋害人，当时为相的张九龄、裴耀卿、李适之等人都被他排挤罢相。

李林甫对于那些可能威胁到自己宰相地位的人，必欲除之而后快。在他的观念中，官场上只有利害关系，没有亲情可言。韦坚的妻子是李林甫的舅舅姜皎的女儿，所以当韦坚受到皇上倚重时，李林甫便亲近他，巴结他，讨好他。韦坚因为在漕运方面成绩突出，受到玄宗的赏识，有入相之心，又和李适之关系密切，李林甫便讨厌他。在李林甫的授意下，朝廷罢免了韦坚江淮租庸使等职，任命他为刑部尚书，而让杨慎矜接替他。韦坚被提升为尚书，好像是安排了他一个美官，实际上却夺了他的实权，使他失去了继续取得更大成绩的机会，同时也就丧失了入相的机会。

李适之因为没有提防李林甫而中了他的圈套。李适之为人随便，不够慎重。天宝五年正月，李林甫对李适之说："华山有金矿，开矿采金可以增加国家财富，皇上还不知道这件事。"李适之见唐玄宗奏事时便建议在华山开矿。玄宗问李林甫，李林甫却说："我早就知道，但华山是陛下本命和王气所在，开凿不吉利，所以从来不敢提议在华山开矿。"玄宗写过《华岳碑》其中说过："予小子之生也，岁景戌，月仲秋，膺少皞之盛德，协太华之本命，故常寤寐灵岳，蠁向神交。"李林甫知道玄宗迷信卜卦者的话，认为华山乃自己的本命所在，所以让李适之发生这样的失误。玄宗则认为李林甫爱护自己，厌恶李适之考虑事情不够周全，从此之后，李适之对朝廷的事情没有什么发言权了。

当时有个官员叫严挺之，被李林甫排挤在外地当刺史。后来，唐玄宗想起他，跟李林甫说："严挺之还在吗？这个人很有才能，还可以用。"于是李林甫在当天下午就邀请严挺之的胞弟严损之来"叙故"，李林甫满脸笑容地亲自出迎，还亲热地拉着严损之的手哈哈大笑，嘘寒问暖："哎呀，损之兄，近来好吗？嘿，你看我，整天

瞎忙，好几次都想过来看看你，总是脱不开身，今天好不容易休息，请你大驾光临，得罪得罪呀，呵呵。"一阵虚情假意地客套之后，便说："关于你大哥的事情，我向皇上谈了几次，皇上也很重视，现在有个机会，我想让他找个借口回京一次，皇上必有重任。"严损之受宠若惊，激动得半天说不出话来，眼中噙着泪水，紧紧地抓着李林甫的双手，连表谢意。李林甫表现得也很激动，嘴巴贴近严损之的耳朵，嘀嘀咕咕地给严损之出谋划策，让严损之替兄写一状纸，借口是"奏称风疾，求还京师就医"，就这样肯定能回京城。

严损之依计行事后，李林甫立即拿着奏折，面奏唐玄宗，说："我也很想提拔严挺之，但他'年事已高，近来又患风疾，'授其闲职以便就医。"玄宗闻听，嗟叹良久，只好授严挺之以员外詹事，到东都洛阳养病去了。

李林甫还极力支持玄宗废掉太子瑛，劝立武惠妃子寿王瑁，玄宗却立了忠王玙（后改名亨，即肃宗）。他怕太子即位后对自己不利，屡兴大狱，以动摇太子根基。他促使杨国忠诛杀太子亲戚和不附己的臣僚，株连数百家。他久踞相位，自张九龄罢相后，独揽朝政，同列宰相牛仙客、陈希烈都怕他而不敢问事。天宝八年，咸宁太守赵凤璋拟揭发李林甫罪状二十条，被他指使御史台以妖言逮捕杖杀。天宝十一年，李林甫死。此前，他已和杨国忠有嫌隙，死后，杨国忠唆使安禄山诬告李林甫与番将阿布思谋反，玄宗追削李林甫官爵，没收其家产，子孙流配。李林甫在相位19年，政治黑暗，朝廷腐败，国无良臣，以致后来发生安史之乱，唐王朝迅速衰落，跟李林甫有很大的关系。